Hans Ferdinand Fuhs
Ezechiel II

Hans Ferdinand Fuhs

Ezechiel II

25–48

Echter Verlag

CIP-Titelaufnahme der Deutschen Bibliothek

Die Neue Echter Bibel. – Würzburg : Echter Verlag
Kommentar zum Alten Testament mit der Einheitsübersetzung /
hrsg. von: Josef G. Plöger ; Josef Schreiner.
Teilw. unter Mitarb. von: Georg Braulik...
Lfg. 22. Fuhs, Hans Ferdinand : Ezechiel 2. 25.–48. – 1988
NE: Plöger, Josef G. [Hrsg.]; Braulik, Georg [Mitverf.] ; Abt

Fuhs, Hans Ferdinand:
Ezechiel / Hans Ferdinand Fuhs. – Würzburg : Echter Verlag
2. 25.–48. – 1988
(Die Neue Echter Bibel : Kommentar zum Alten Testament
mit der Einheitsübersetzung ; Lfg. 22)
ISBN 3-429-01137-X

Gesamtherstellung: Echter Würzburg,
Fränkische Gesellschaftsdruckerei und Verlag GmbH
ISBN 3-429-01137-X

DIE DROHSPRÜCHE GEGEN DIE NACHBARVÖLKER: 25^1–32^{32}

Gegen die unmittelbaren Nachbarn Israels: 25^1–28^{26}

Gegen Ammon, Moab, Edom und die Philister: 25^1–17

25[1] Das Wort des Herrn erging an mich: [2] Menschensohn, richte dein 21^{33-37}
Gesicht gegen die Ammoniter, sprich als Prophet über sie, [3] und sag Am 1^{13-15}
zu ihnen: Hört das Wort Gottes, des Herrn: So spricht Gott, der Jer 49^{1-6}

25–32 bilden als Sprüche gegen die Fremdvölker eine eigene Sammlung von Prophetenworten. Der Verf. hat sie durch Ankündigung (24^{25-27}) und Eintreffen (33^{21f}) eines Boten, der den Fall Jerusalems meldet, geschickt in den Kontext des Buches eingefügt. Er leitet damit von der Unheilsprophetie (1–24) zur Heilsankündigung über, die in 33 einsetzt und in 40–48 voll entfaltet wird. Die Anordnung der Stoffe folgt dem dreigliedrigen eschatologischen Schema, das die großen Sammlungen von Jes und Jer (G) prägt und bereits in Zef begegnet.

Während sich das Gericht über Juda und Jerusalem schweigend vollzieht, richtet der Prophet seinen Blick gegen die Fremdvölker und kündigt ihnen Jahwes Gericht an. Gericht über die Feinde bedeutet Heil für Israel, so in Jes und Jer. In Ez trifft das nur für die Worte gegen die unmittelbaren Nachbarn Israels zu (25^{1-17}). Die umfangreichen Sprüche gegen Tyrus (26–28) und Ägypten (29–32) richten sich gegen die Feinde Babels. Zudem vermißt man jede Polemik gegen die Feindmacht Babel, die im Begriff steht, Juda und Jerusalem zu vernichten, im Gegensatz zu Jes 13^1–14^{23} 21^{1-10} Jer 50–51, ganz zu schweigen von DeutJes. Das hat seinen Grund. Nach Ez hat Jahwe Babel zu seinem Gerichtswerkzeug erwählt. Mit ihrem Widerstand gegen Babel halten Tyrus und Ägypten Jahwes Gericht an Israel auf. Deshalb muß er gebrochen werden. Im Gericht an sich und den Völkern, die sich Jahwe entgegenstellen, wird Israel erkennen, daß Jahwe Herr und Gott aller Völker ist. Er allein hat die Macht, zu richten und zu retten.

Die Sammlung der Völkersprüche ist in ihrer Jetztgestalt Ergebnis eines vielschichtigen Wachstums und redaktioneller Bearbeitung. Verschiedene Ordnungsprinzipien konkurrieren. Sieben Völker bzw. Städte werden angesprochen. Quer dazu verläuft eine, jetzt gestörte, zeitliche Ordnung von sieben Daten. Sechs leiten mit der Wortereignisformel sieben Ägyptenworte ein, nur 30^1 fehlt die Zeitangabe. Sie steht 26^1 vor den Tyrusworten und verzahnt beide Komplexe. Innerhalb der Ägyptenworte wird in 29^{17-20} zudem eine Drohung gegen Tyrus aufgenommen und korrigiert. Formal zeigt sich die Beziehung beider Wortgruppen in der gleichen Abfolge von Gerichtsverkündigung und Klage. Insgesamt ergibt sich eine dreifache, ineinander greifende Siebenerordnung. Die Siebenzahl der Völker begegnet Am 1–2 (vor Zufügung der Judastrophe) und Jer 46^1–49^{33}. Damit ist sinnbildlich die Gesamtheit der Völkerwelt ausgedrückt. Dabei

Herr: Weil du gegen mein Heiligtum hin »Ha, ha« geschrien hast, als es entweiht wurde, und gegen das Land Israel, als es verwüstet wurde, und gegen das Haus Juda, als es verschleppt wurde, [4] darum

mag Dtn 7[1] im Hintergrund stehen: Wie vor dem ins Verheißungsland einwandernden Israel die sieben Völker Kanaans vertilgt werden mußten, so werden jetzt die sieben Völker gerichtet, bevor Israel in der neuen Heilszeit aus dem Exil in die Heimat zurückkehren kann. Ein anderes Ordnungsgefüge wird in der Schlußbemerkung 28[24] bzw. 28[25f] greifbar. Es stellt die Sprüche nach geographischen Gesichtspunkten zusammen von NO bis SO (Ammon, Moab, Edom) über SW bis NW (Philistäa, Tyrus, Sidon). Dahinter steht die Absicht, in 25–28 Worte gegen die umliegenden Nachbarn Israels in einer eigenen Sammlung zu vereinen. In dieser Sammlung fehlt Ägypten. Nun fehlt den Ägyptenworten ein entsprechender Abschluß und das Datum 29[1] greift hinter das von 26[1] zurück. Das läßt vermuten, daß zumindest ein Ägyptenwort ursprünglich vor 26 im Anschluß an 15[14] gestanden hat. Daß das Feindvolk im Norden, Aram-Damaskus, nicht erwähnt wird, ist verständlich. Es hatte bereits 732 durch die Assyrer seine Selbständigkeit verloren.

25[1–17] ist eine kleine Sammlung von fünf Sprüchen gegen die vier unmittelbaren palästinischen Nachbarn Israels: zwei gegen Ammon [3b–5.6–7], je eins gegen Moab [8–11], Edom [12–14] und Philistäa [15–17]. Sie stammen nicht von gleicher Hand, obwohl sie nach Form und Inhalt verwandt sind. Botenformel und Erkenntnisformel rahmen die Sprüche. [6–7] fehlt die Nennung des Adressaten und wechselt die Anrede von der 2. Sg. fem. zur 2. Sg. m. In [8] erfolgt der Übergang zur unpersönlichen Rede in der 3. Pers. Dem entspricht ein Numeruswechsel in der Erkenntnisformel von der 2. Pl. m. [5] über die 2. Sg. m. [7] zur 3. Pl. [11.14.17]. Die fünf Sprüche sind zusammen unter das Ergehen des göttlichen Wortes gestellt[1]. Jedoch gehört die Wortereignisformel mit der direkten Anrede des Propheten und der Aufforderung zur wirkmächtigen Gebärde [2a] sowie dem doppelten Botenauftrag [2b.3a] zur ursprünglichen Einleitung des ersten Ammonwortes [3b–5], wie die beschließende Erkenntnisformel in der 2. Pl. m. [5] erweist.

Die Sprüche sind undatiert. Sie setzen die endgültige Katastrophe und die damit verbundenen feindseligen Reaktionen der Nachbarn voraus. Sie gehören in die Zeit nach 587 und sind vermutlich später als die datierten Worte gegen Tyrus und Ägypten anzusetzen. Sie stammen kaum von Ezechiel selbst. Vielmehr schöpfen sie aus dem Repertoir eines prophetischen Redens, das in der magisch-rituellen Verwünschung der Feinde durch einen Kultpropheten wurzelt (vgl. 1 Kön 20[13.28]; ägyptische Ächtungstexte) und von den klassischen Propheten zurückhaltend aufgenommen und entsprechend aktualisiert wurde. Jer 19[1–2a.10–11a] ahmt in symbolischer Handlung im Zerbrechen des Kruges den letzten Akt des Rituals nach; für Am 1[3]–2[16] bildet es die textliche Grundlage.

[1–5] Die feierliche Einleitung des ersten Ammonwortes [1–3a] ist in Anlehnung an 6[1–3a] gestaltet. [3b] leitet mit der Botenformel die direkte göttliche Gerichtsrede [3b–5] ein.

Israel weiß sich mit den Ammonitern über Lot, den Neffen Abrahams, verwandt (Gen 19[38]). Beide haben um

gebe ich dich jetzt den Völkern des Ostens zum Besitz. Sie werden
ihre Zelte bei dir aufschlagen und ihre Siedlungen bei dir errichten.
Sie werden deine Früchte essen und deine Milch trinken. 5 Rabba ma-
che ich zum Weideplatz der Kamele und die Städte der Ammoniter
zum Lager der Schafe und Ziegen. Dann werdet ihr erkennen, daß
ich der Herr bin. 6 Denn so spricht Gott, der Herr: Weil du in die
Hände geklatscht und mit dem Fuß auf den Boden gestampft hast,

25^{4} Völker des Ostens, wörtlich: »Söhne des Ostens«; Ostleute, das sind nomadisierende Beduinenstämme (s. Auslegung).

25^{5} Städte der Ammoniter, H: »Söhne Ammons«, gehört ursprünglich zu Rabba: »Die Große der Söhne Ammons« (vgl. 21^{25}). Die Verteilung auf zwei parallele Aussagen ist sekundär nach 25^{10}.

die Wende zur Eisenzeit eigenes Wohngebiet erlangt. Doch schon früh kommt es zu Zusammenstößen (Ri 3^{13} 10^{17f} 11 1 Sam 11). David gliedert Ammon seinem Großreich ein (2 Sam 12^{26ff}), Ammon erlangt aber nach dessen Zerfall wieder Selbständigkeit. Die Folgezeit ist von Spannungen und einer wechselhaften Politik Ammons gegenüber Israel-Juda bestimmt. Nach dem Abfall Jojakims von Babylon führt es im Auftrag Nebukadnezzars eine Strafexpedition durch (2 Kön 24^{2}), tritt 594 in Bündnisverhandlungen mit Juda ein (Jer 27^{1ff}), ist beteiligt an der Ermordung Gedaljas (Jer 40^{14}) und besetzt israelitisches Gebiet (Jer 49^{1ff}). Das alles begründet zwar ein großes Ressentiment Israels gegenüber Ammon, nicht aber Jahwes Gerichtsankündigung. Für sie ist allein Ammons Schadenfreude maßgebend angesichts der Entweihung des Tempels, der Verwüstung Judas und der Deportation seiner Bewohner. Anstatt in diesem Geschehen Jahwes Gerichtshandeln an seinem Volk zu erkennen, sieht Ammon darin den Erweis der Unterlegenheit und Schwäche Jahwes gegenüber den Göttern Babels und damit die Hinfälligkeit seiner Verheißungen an Israel.

Darum bricht über Ammon das Gericht herein. Jahwe bedient sich dazu der »Söhne des Ostens«, räuberischer Beduinenstämme aus der Safa-Gegend, deren Überfälle seit jeher von den Siedlern am Rand des Kulturlands gefürchtet waren (vgl. Ri $6^{3.33}$ 7^{12} 8^{10} Jes 11^{4} Jer 49^{28}). Sie überfluten das Wohngebiet Ammons, das sich vom Stadthügel Rabba aus nach NW in die fruchtbare Senke *el–buḳē'a* nördlich von *eṣ–ṣuwēleḥ* erstreckt, und machen es zum Standplatz ihrer Ringlager und Zeltwohnungen. Die »Große der Söhne Ammons«, die stolze Hauptstadt, wird zur Trift für Kamele und Kleinvieh. Die Wüste erobert ein Stück Kulturland zurück. Darin wird Ammon Jahwes mächtiges Handeln erkennen und anerkennen müssen.

Die Konzentration auf die religiöse Verschuldung Ammons rückt das Wort theologisch in die Nähe Ezechiels. Es mag von einem Schüler stammen, der zudem die Ausdrucksmittel seines Meisters beherrschte.

6–7 Mit Konjunktion und einfacher Botenformel ist ein zweites Wort gegen Ammon angefügt, dessen Eigenart deutlich hervortritt. Es greift zurück auf 6^{11-13} und überträgt die dort gegen Israel ergangene Ankündigung seiner völligen Vernichtung auf

voll höhnischer Schadenfreude über das Land Israel, [7] darum strecke
ich jetzt meine Hand gegen dich aus, ich überlasse dich den Völkern
zur Plünderung, ich rotte dich aus unter den Nationen und sorge da-
für, daß du aus der Zahl der Länder verschwindest; ich vernichte
dich. Dann wirst du erkennen, daß ich der Herr bin.
Jes 15; Jer 48 [8] So spricht Gott, der Herr: Weil Moab und Seïr sagen: Dem Haus
Juda geht es wie allen anderen Völkern!, [9] darum will ich die Flanke
Moabs aufreißen, so daß es bei ihm keine Stadt mehr gibt von einem
Ende zum andern, nicht mehr Bet-Jeschimot, Baal-Meon und Kir-

25^{7} Ich vernichte dich: durch G bezeugt, steht aber syntaktisch isoliert und fällt aus dem Parallelismus (Vg, S setzen die Kopula), vermutlich Randglosse.

25^{8} Und Seïr: fehlt in G; ist nach 25^{12ff} sekundär ergänzt.

25^{9} So daß... zum andern: EÜ sinngemäß; H: »von seinen Städten, von den Städten seiner Erstreckung«.

Ammon. Dabei erscheint die Schuld Ammons reduziert auf die Schadenfreude über die Verwüstung des Landes Israel. Die Gerichtsandrohung wirkt in ihrer maßlosen Steigerung eher farblos. Ein später Zusatz, der sprachlich und theologisch hinter dem ersten Wort zurückbleibt.

$^{8-11}$ Einfache Botenformel leitet ein Wort gegen Moab ein. Es ist, wie die beiden folgenden, in unpersönliche Rede gefaßt. Jedoch steht es in größerer Nähe zum ersten Ammonwort sowohl in der Begründung der Schuld wie der Strafandrohung. Darauf wollte ein später Glossator mit der zweimaligen Erwähnung Ammons in ^{10} aufmerksam machen.

^{8} Moab steht zu Israel in gleichem Verwandtschaftsverhältnis wie Ammon (Gen 19^{37}). Schon früh hat es einen Staat gebildet, dessen Gebiet sich zwischen dem *wādi el-ḥesā* im Süden und *sēl el-mūjib* (Arnon) im Norden erstreckt. Das Land nördlich des Arnon war zwischen Moab und Israel stets umstritten und damit Anlaß zu kriegerischen Auseinandersetzungen (Ri 3$^{12-30}$ 11). David unterwirft Moab (2 Sam 8). Im 9. Jh. rühmt sich Mescha auf der bekannten Sieges-Inschrift, Israels Joch abgeschüttelt zu haben (AOT^{2} 440–442; ANET 320f; vgl. 2 Kön 3). Zur Zeit von Jojakims Abfall von Babel betätigt es sich mit Ammon als dessen Strafwerkzeug (2 Kön 24^{2}), beteiligt sich aber auch an Bündnisverhandlungen gegen Babel in Jerusalem (Jer 27^{3}). Nach dem Fall Jerusalems steht es auf der Seite der Sieger und verhöhnt die Besiegten (Zef 2^{8} Jer 48^{27}). Aber nicht das ist Moabs Schuld. Mit der Behauptung, Israel sei wie die anderen Völker, was als Forderung Israel einst zur Sünde wurde (1 Sam 8^{5}) und einem Teil der Exilierten wie ein unabwendbares Verhängnis erscheint (Ez 20^{32}), stellt Moab Jahwe auf eine Stufe mit den Göttern der anderen Völker und verkennt damit sein souveränes Gerichtshandeln, das selbst vor dem eigenen Volk nicht haltmacht.

^{9} stammt gewiß von späterer Hand. Die Strafe Moabs wird konkretisiert. Die befestigten Städte auf den nach Westen zur Jordansenke abfallenden Berghängen, die Moabs Flanke schützen sollen, werden aufgebrochen. Die genannten Orte, Bet-Jeschimot (vgl. Num 33^{49} Jos 12^{3} 13^{20};

jatajim, die Zierde des Landes. [10] Zusammen mit den Ammonitern
gebe ich es den Völkern des Ostens zum Besitz, so daß die Ammoni-
ter unter den Nationen nicht mehr erwähnt werden [11] und ich an
Moab das Urteil vollstrecke. Dann werden sie erkennen, daß ich der
Herr bin.
[12] So spricht Gott, der Herr: Weil Edom sich am Haus Juda gerächt 35[1–15]
hat, weil es Schuld auf sich geladen und Rache an ihm genommen Jer 49[7–22]
hat, [13] darum – so spricht Gott, der Herr: Ich strecke meine Hand ge- Ps 137[7]
gen Edom aus, ich vernichte darin Mensch und Tier und mache es Am 1[11f]
zur Wüste. Von Teman bis Dedan sollen sie unter dem Schwert fal-
len. [14] Ich lege meine Rache an Edom in die Hand meines Volkes Is-
rael. Sie werden an Edom meinem Zorn und Grimm entsprechend
handeln. Dann wird Edom meine Rache kennenlernen – Spruch Got-
tes, des Herrn.

25[10] Zweimalige Erwähnung der Ammoniter ist sekundär.

25[11] Und ich an Moab das Urteil vollstrecke: sekundärer Anschluß infolge der Ergänzungen in 25[10].

heute: *tell el-ʿazēme*), (Bet-)Baal-Meon (vgl. Num 32[38] Jer 48[23]; heute: *maʿīn*) und Kirjatajim (vgl. Num 32[37] Jos 13[19]; heute: *chirbet el-ḳurēje*) liegen auf ehemals rubenitischem und damit auf zwischen Israel und Moab umstrittenem Gebiet. Es handelt sich offenbar um einen in die Form der Androhung gekleideten politischen Besitzanspruch.

[10f] Deshalb wird Moab im Gericht, dessen Ankündigung nach [3–5] gestaltet ist, das Herrsein Jahwes erkennen. Trotz mancher Ähnlichkeit mit dem ersten Ammonwort dürfte es kaum vom selben Verf. stammen.

[12–17] Die Worte gegen Edom [12–14] und Philistäa [15–17] gehören formal und inhaltlich zusammen. Sie stehen unter dem Leitwort Rache, das sowohl die Begründung wie die Ankündigung des Gerichts beherrscht.

[12–14] Näher als Moab und Ammon ist Edom mit Israel verwandt. Dtn 23[8] bezeichnet es als Bruder. Jedoch besteht zwischen beiden eine Art Erbfeindschaft, die in den Stammessagen grundgelegt und weitergegeben (Gen 27–33), in dynastischer Zeit mit aller Erbitterung ausgetragen wurde (2 Sam 8[13f] 1 Kön 11[14ff] 22[48] 2 Kön 8[20–22] 14[7.22] 16[6]). Ohne Bedenken der schweren Übergriffe des eigenen Volkes wirft der Verf. Edom pauschal Rachsucht vor, die Jahwe rächen soll »von Teman bis Dedan«. Die Formulierung erinnert an die Gebietsumschreibung »von Dan bis Beerscheba« (1 Sam 3[20] u.ö.), ist aber eine ungenaue Nachahmung. Teman, im Ortsnamen *ṭawīlān* nahe Petra erhalten, liegt in edomitischem Gebiet. Dedan (vgl. Gen 10[7] 25[3]) dagegen ist eine nicht identifizierte Ortslage außerhalb Edoms im Süden. Die Ausübung der Rache, die dann entsprechend ausfallen wird, gibt Jahwe angeblich in die Hand Israels. In Umbiegung der Erkenntnisformel soll Edom darin Jahwes Rache kennenlernen. Die Gottesspruchformel verleiht dem Spruch abschließendes Gewicht. Ein Machwerk, aus dem nicht prophetisches Geistwort, sondern nationalistischer Ungeist spricht.

Jer 47 [15] So spricht Gott, der Herr: Weil die Philister rachsüchtig waren und
Jes 14^{29-32} voll Verachtung Rache nahmen, um Juda aus uralter Feindschaft zu
Am 1^{6-8} vernichten, [16] darum – so spricht Gott, der Herr: Ich will jetzt meine
Zef 2^{4-7} Hand gegen die Philister ausstrecken, ich will die Kereter ausrotten
und die übrigen Völker an der Küste vernichten. [17] Ich nehme an ihnen gewaltige Rache, mit grimmigen Strafen. Dann werden sie erkennen, daß ich der Herr bin, wenn ich mich an ihnen räche.

Gegen Tyrus: 26^{1-21}

26^{1} Am ersten Tag des (zwölften) Monats im elften
Jahr erging das Wort des Herrn an mich:

26^{1} Monatsangabe fehlt in H.

$^{15-17}$ Gleiches gilt für den Spruch gegen die Philister. Trotz einiger Nuancen dürfte er vom selben Verf. stammen. Auch hier wird auf uralte Feindschaft abgehoben. Gewiß haben die Philister, als sie als Gruppe der Seevölker um 1200 aus der Ägäis kommend sich in der Küstenebene ansiedelten, die israelitische Stämmegesellschaft in manche Bedrängnis gebracht und dadurch letztlich die Staatsgründung Israels ausgelöst, immerhin hat aber David mit ihnen kollaboriert, aus einem ihrer Stämme, den Keretern, seine Söldner rekrutiert (2 Sam 8^{18} u. ö.) und aus den eroberten Stadtstaaten (2 Sam 5) die Beamtenschaft übernommen, die sich weitgehend assimilierte. Von einer besonderen Rolle der Philister in den Kämpfen um Jerusalem ist nichts bekannt. Jedenfalls werden sie Jahwes Rache erfahren. Die Erwähnung der Kereter ermöglicht das Wortspiel mit *krt* »ausrotten«. Jahwe wird sie ausrotten, und den Rest der Völker wird er vernichten. Beide Züge sind Zef 2^{5} entnommen.

26^{1}–28^{19} bilden die umfangreiche Sammlung von Worten gegen Tyrus und seinen Fürsten. Verschiedene Hände haben daran gearbeitet. Die Wortereignisformel in 26^{1} 27^{1} $28^{1.11}$ gliedert den Komplex in vier, der kehrreimartige Schlußvers in 26^{21} 27^{36b} 28^{19b} in drei Wortgefüge. Diese tragen deutliche Merkmale von Überarbeitung und Erweiterung, ein Zeichen für die intensive Beschäftigung der Nachfahren mit dem Wort des Propheten. In seiner ursprl. Gestalt ist es ein Meisterwerk der Dichtkunst. Ezechiel mobilisiert seine ganze poetische und prophetische Wortgewalt, um Tyrus Jahwes Gericht anzusagen. Neben Ägypten ist Tyrus der einzige ernsthafte Machtfaktor im palästinischen Raum, der im politischen Kalkül der führenden Kreise Judas eine Abwendung der babylonischen Gefahr erhoffen ließ (Jer 27^{3}). Wie Jeremia ist Ezechiel überzeugt, daß Jahwe sein Volk dem Gericht preisgegeben und Babel zum Vollstrecker dieses Gerichts bestimmt hat. Jeder Widerstand gegen Babel mißachtet den göttlichen Plan und bedeutet Auflehnung gegen Jahwe selbst. Darüber muß sein Gericht ergehen.

26^{1-21} stellt eine thematische Einheit dar. Sie handelt von Belagerung und Eroberung der Stadt durch Nebukadnezzar. Formal und inhaltlich lassen sich aber vier verschiedene

2 Menschensohn, weil Tyrus über Jerusalem sagte: Jes 23; Am 1[9f]
Ha, das Tor zu den Völkern ist zerbrochen;
alles fällt mir zu, jetzt kann ich mich mästen;
denn die Stadt ist verwüstet!,
3 darum – so spricht Gott, der Herr:
Jetzt gehe ich gegen dich vor, Tyrus,
und lasse viele Völker gegen dich anbranden,
wie das Meer seine Wogen anbranden läßt.

26[2b] Andere Übersetzung: »mir fällt es zu. Die (einst) die Fülle besaß, ist verwüstet«.

Abschnitte unterscheiden: [1–6.7–14.15–18.19–21].

[1–6] Mit Datumsangabe und Wortereignisformel hebt das erste Wort an. Die Gottesrede beginnt mit der für Ezechiel eigenen Anrede und begründet in [2] die durch die volle Botenformel eingeführte Gerichtsankündigung [3–5], die in [5a] mit einer für den Propheten typischen Redewendung abschließt. Ganz unvermittelt führt die Gottesspruchformel in [5b] eine neue Einheit ein, die in der Erkenntnisformel ausmündet [6b]. Sie erweist sich formal und inhaltlich als spätere Erweiterung des Prophetenwortes, das in [1–5a] erhalten ist.

[1–5a] Das Datum in [1] ist beschädigt. Es fehlt die Monatsangabe. Die Jahreszahl ist für Ez unüblich formuliert. Das 11. Jahr (587/86) führt in die Zeit der Belagerung der Stadt. Da allgemein angenommen wird, das anschließende Wort setze den Fall der Stadt bereits voraus, rät man auf den 12. Monat (EÜ, u.a.), manipuliert die Jahreszahl in 12 (G) oder hält das Datum für sekundär. Die Zeitangabe gehört aber zur ursprünglichen Dichtung, deren Grundbestand in 26–28 erhalten ist und in die Zeit vor dem Untergang Jerusalems gehört. Nur dann macht das Wort gegen Tyrus im Kontext der Verkündigung des Propheten einen Sinn. Es ist eine eindringliche Warnung vor trügerischer Hoffnung auf Hilfe durch die mächtige Stadt.

[2] Wie die Geschichte zeigt, hat sie durch Tributzahlungen und geschicktes Taktieren (AOT[2] 343f; ANET 280–283) ihre relative Unabhängigkeit bewahrt und aus Kriegshändeln ihrer Nachbarn profitiert. Sie wird Jerusalem nicht helfen. Im Gegenteil! Schon jetzt freut sie sich am baldigen Untergang der Stadt, die wegen ihrer geschützten und doch zentralen Gebirgslage zumindest seit Joschija für die umliegenden Kleinstaaten wieder ein politisches Zentrum bildete (Jer 27) und wirtschaftlich eine gewisse Kontrolle über den Zwischenhandel zwischen Mesopotamien/Kleinasien und Ägypten hatte (»Tor der Völker«). Vom Untergang Jerusalems verspricht sich Tyrus wirtschaftliche und politische Machterweiterung.

[3–5] Gegen solchen Großmachtswahn wird Jahwe einschreiten. Mit der Herausforderungsformel zum Zweikampf tritt er als der eigentlich Handelnde auf. In kunstvoller Metaphorik entfaltet dies die folgende Gerichtsankündigung, die ausschließlich das Zentrum, also die Inselstadt, nicht aber die Festlandsgebiete in den Blick nimmt. Der Name der Stadt, *ṣōr* »Fels«, ist eine erstarrte Metapher, die sogleich Assoziationen von Sicherheit, Festigkeit, Un-

4 Sie zerstören die Mauern von Tyrus,
und seine Türme reißen sie ein.
Sein Erdreich schwemme ich weg,
zum nackten Felsen mache ich Tyrus.
5 Ein Platz zum Trocknen der Netze
wird es mitten im Meer;
denn ich habe gesprochen – Spruch Gottes, des Herrn.
Es wird eine Beute der Völker.
6 Seine Töchter auf dem Festland werden
vom Schwert erschlagen.
Dann wird man erkennen, daß ich der Herr bin.
29[17–21] 7 Denn so spricht Gott, der Herr:
Jer 27[6] Nebukadnezzar, den König von Babel,
den König der Könige,
führe ich von Norden gegen Tyrus heran,
mit Rossen und Wagen und Reitern,
mit einem großen Aufgebot, einem gewaltigen Heer.
8 Deine Töchter auf dem Festland
wird er mit dem Schwert erschlagen.
Er baut dir gegenüber einen Belagerungswall,
schüttet einen Damm gegen dich auf
und errichtet ein Schilddach.
9 Seinen Sturmbock setzt er an
zum Stoß gegen deine Mauern,
deine Türme reißt er mit Brecheisen ein.

26[4a] Verläßt das Bild und ist ausmalende Glosse nach 26[8bff].

einnehmbarkeit, u. ä. weckt, zumal *ṣōr* »mitten im Meer« [5a] liegt. Diese Vorstellungen prägen das Selbstbewußtsein ihrer Bewohner und werden für alle, die von der Stadt hören oder sie kennen, geradezu sprichwörtlich (AOT[2] 103; ANET 477). Hier setzt Ezechiel mit seiner Metapher von der Zerstörung der Stadt an. Wie die unendliche Brandung des Meeres im Laufe der Zeit auch den stärksten Felsen zerbricht, so läßt Jahwe immer wieder Völker gegen *ṣōr* anbranden, die unaufhaltsam ihr Zerstörungswerk verrichten. Die Schilderung dessen in der 3. Pers. [4a] dürfte ausmalende Glosse sein. [4b.5a] kehrt zur 1. Pers. der Metapher zurück. Jahwe wird alles Erdreich, d. h. jede Lebensmöglichkeit, hinwegschwemmen und *ṣōr* zu dem machen, was es einmal war: ein nackter Fels, auf dem fremde Fischer ihre Netze trocknen (vgl. Ez 47[10] AOT[2] 50). Die Selbstsicherheit von Tyrus erweist sich damit als Illusion. Gegen Jahwe vermag ihre Kraft und Stärke nichts auszurichten. [5b–6] tragen die Plünderung der Inselstadt nach und weiten die Gerichtsankündigung auf die Tochterstädte des Festlands aus. [7–14] Dieser Abschnitt ist eine targumartige Auslegung des Grundwortes samt seiner Erweiterung. Der Verf. benutzt das Formular eines Kampfliedes, das in Einzelheiten Belage-

10 Eine Staubwolke wird dich bedecken,
so viele Pferde hat er.
Unter dem Dröhnen der Reiter und Räder und Wagen
erzittern deine Mauern,
wenn er durch deine Tore eindringt,
wie man eindringt in eine Stadt voller Breschen.
11 Mit den Hufen seiner Pferde
zerstampft er all deine Straßen.
Mit dem Schwert erschlägt er dein Volk,
und deine mächtigen Säulen stürzt er zu Boden.
12 Sie plündern deinen Besitz
und rauben dir deine Waren.
Deine Mauern reißen sie ein.
Sie zerstören die prächtigen Bauten.
Deine Steine, deine Balken, deinen ganzen Schutt
werfen sie mitten ins Meer.
13 So mache ich deinen lärmenden Liedern ein Ende, Jes 24[8f]
vom Klang deiner Zithern ist nichts mehr zu hören. Jer 25[10]
14 Zum nackten Felsen mache ich dich.
Du wirst ein Platz zum Trocknen der Netze.
Man baut dich nie wieder auf;
denn ich, der Herr, habe gesprochen –
Spruch Gottes, des Herrn.

26[14] Text korr. H: »Du sollst nicht mehr aufgebaut werden«. – Ich, der Herr: *Jhwh* fehlt in vielen H-Handschriften und in G; Zusatz.

rung, Eroberung und Plünderung einer Festlandsstadt schildert [9–11]. In [8.12] berücksichtigt er die besondere Situation von Tyrus und korrigiert die durch [5b–6] verwirrte Reihenfolge der Ereignisse. Mit einem Zitat aus Am 5[23] beendet er seine Schilderung, die er durch eine entsprechende Rahmung als Gottesrede ausgibt. [7] leitet sie mit der Botenformel ein. In Aufnahme des Motivs vom Kommen des Feindes aus dem Norden (Jer 4–6; vgl. Ez 38f) wird Jahwe den »König der Könige« mit einem gewaltigen Heer gegen Tyrus aufbieten. [14] lenkt auf die Gottesrede des Grundwortes [4b.5a] zurück. Als gewichtigen Abschluß seiner Darstellung zitiert Verf. sowohl die Beschlußformel des Grundwortes [5a] als auch die Gottesspruchformel [5b], die zur Erweiterung des Grundwortes überleitet.

Im Kontext von [1–6] kann sich die Auslegung [7–14] nur auf die Belagerung der Stadt durch Nebukadnezzar beziehen. Das hat der Bearbeiter des Buches in [7a] sachgemäß eingetragen, den tatsächlichen Vorgang aber in 29[17–20] (s. u.) richtiggestellt. Nebukadnezzar ist zwar zur fraglichen Zeit gegen Tyrus gezogen und hat die Stadt unter Itobaal II. 13 Jahre (ca. 586/85 – 573/72) belagert (Josephus, Ant. X 11, 1), hat aber nur die Festlandsstädte erobern können. Die Eroberung der Inselfestung gelang erst Alexander d. Gr. 332 nach

15 So spricht Gott, der Herr, zu Tyrus: Ist es nicht so, daß die Inseln
erzittern beim Getöse deines Sturzes, beim Gestöhn der zu Tode Ge-
troffenen, beim mörderischen Blutbad in deiner Mitte?
16 Dann stei-
gen alle Fürsten der Küstenländer von ihren Thronen herab, sie legen
ihre Gewänder ab und ziehen ihre bunt gewebten Kleider aus. Sie
hüllen sich in Schrecken und setzen sich auf den Boden; immer wie-
der erfaßt sie ein Zittern, und sie sind entsetzt über dich.
17 Sie stim-
men die Totenklage über dich an und sagen zu dir:

Ach, wie bist du zerstört,
du Bewohnerin der Meere, ruhmreiche Stadt,
einst eine Macht auf dem Meer,
du und deine Bewohner,
die alle ihre Nachbarn in Schrecken versetzten.
18 Nun aber beben die Inseln
seit dem Tag deines Sturzes.
Bestürzt sind die Inseln des Meeres über dein Ende.

26^{17} Bist du zerstört: fehlt in G. Ergänzung infolge Mißdeutung von *nwšbt* als Part.Nif. von *jšb*. G bezeugt *nišbat* »du bist verschwunden«. Übersetzung: »Ach, wie bist du verschwunden von den Meeren, du ruhmreiche Stadt«. – Einst ... deine Bewohner: fehlt in G; kommentierende Verdeutlichung.

26^{18b} Prosaische Glosse zu ^{18a}.

siebenmonatiger Belagerung, indem er einen 800 m langen Damm aufschütten ließ (vgl. die römische Rampe zur Festung Massada!). Aus diesem Damm ist im Laufe der Zeit durch Anschwemmung eine Landzunge entstanden, was dazu führte, daß Tyrus heute auf einer Halbinsel liegt.

$^{15-18}$ Mit einfacher Botenformel ist ein kleiner Abschnitt angefügt, der formal und inhaltlich mit 27^{28ff} verwandt ist. Es ist eine Totenklage auf das gefallene Tyrus. Das typische Qina-Metrum ist nicht erst in der Klage ^{17f}, sondern bereits in der Einleitung nachzuweisen ^{15f}.

Die Klage knüpft in Frageform an das Vorausgehende an und stellt den Untergang der Stadt fest. Was mit Tyrus geschehen ist, löst in der mit phönizischen Handelskolonien übersäten Mittelmeerwelt (»Inseln«) tiefe Bestürzung aus. Wenn die Handelsmetropole und Seemacht Tyrus gefallen ist, hat dies für alle ihre Partner nachhaltige Folgen. Zum Zeichen der Trauer steigen die Fürsten herab von ihrem Thron, legen ihre Prachtgewänder ab und setzen sich auf die Erde (Ijob 2^{12f}). Statt der Trauerkleidung sind sie wie 7^{27} in Schrecken gehüllt. So stimmen sie ihre Klage an.

Sie redet Tyrus direkt an und stellt im üblichen Kontrastschema Einst-Jetzt ihre ruhmreiche Vergangenheit dem Elend der Gegenwart gegenüber. Mit Worten, die an 32^{23ff} anklingen, erscheint sie als gefürchtete Eroberermacht, was ihrem Wesen nicht entspricht. Die Zusätze »stark im Meer« ^{17} und ^{18b} suchen diese Unebenheit auszugleichen.

Das Stück stammt nicht vom Propheten; es hat indes Offb 18^{9f} für die

[19] Denn so spricht Gott, der Herr: Ich mache dich zur verwüsteten
Stadt; dann wirst du wie die Städte sein, die nicht mehr bewohnt
sind. Die Urflut lasse ich steigen, so daß gewaltige Wassermassen
dich zudecken. [20] Ich stoße dich zu denen hinab, die ins Grab gesun- 32^{18}
ken sind, zum Volk der Vorzeit. Ich weise dir einen Wohnsitz zu in Jes $14^{11.15}$
den Tiefen der Erde, in der ewigen Einöde bei denen, die ins Grab
gesunken sind. Denn du sollst nicht mehr bewohnt sein und dich
nicht mehr erheben im Land der Lebenden. [21] Zu einem Bild des
Schreckens mache ich dich. Du bist nicht mehr da, und wer dich
sucht, wird dich in Ewigkeit nicht finden – Spruch Gottes, des Herrn.

Die Totenklage über Tyrus, das prächtige Schiff: 27^{1-36}

27[1] Das Wort des Herrn erging an mich: [2] Du, Menschensohn, stimm
die Totenklage über Tyrus an!

26^{20} Zu denen: Änderung nach G unnötig; H: »mit denen«. – In der ewigen Einöde: Text korr. H: »wie ewige Trümmer«. – Und dich nicht mehr erheben: Text korr. nach G.

Klage der Könige um Babel als Vorlage gedient.

$^{19-21}$ greift theologisch auf das Grundwort zurück. Was ^{3f} als innergeschichtliches Handeln Jahwes darstellt, nimmt jetzt kosmische Dimensionen an. In seinem Schöpfungshandeln hat Jahwe einst die Urflut gebändigt und als Meer für Mensch und Tier als Lebensraum gewährt. Das Meer ist Tyrus' Lebensnerv, Voraussetzung und Grundlage von Reichtum und Macht. Setzt Jahwe gegen die jetzt personhaft verstandene Meerbeherrscherin die Urfluten wieder frei, macht er für sie sein Schöpfungswerk rückgängig (vgl. Ijob 3^{4ff}) und entzieht ihr jegliche Lebensgrundlage. Die in die Totenwelt hinabreichende Unterweltsflut wird sie ergreifen und hinabreißen in die Sche'ol, wo sie für immer von der Welt des Lebens abgeschnitten ist (32^{27} Gen 6^{1-4}).

Die kleine Einheit ist in deutlicher Anlehnung an den Sturz Ägyptens in die Unterwelt gestaltet (32^{14ff} 32^{17ff}) und verleiht der redaktionellen Einheit 26^{1-21} einen gewichtigen Abschluß. Sie läßt eine klare theologische Linie erkennen. Im Sturz in die Unterwelt vollendet sich das irdische Gericht Jahwes, das der Prophet Tyrus wegen seiner gottwidrigen Hybris bildhaft ankündigt, in der Eroberung durch Nebukadnezzar konkret wird und in der Totenklage seine Auswirkung auf die Umwelt zeigt.

27^{1-36} Auf die metaphorische Gerichtsansage des Propheten (26^{1-5a}) folgte ursprünglich sofort seine Totenklage über die gefallene Stadt (vgl. 17 und 19!). Sie ist gleichfalls in kunstvoller Metaphorik gestaltet. Trotz zahlreicher Erweiterungen von späterer Hand ist ihr Grundbestand klar erkennbar. Auf eine knappe Einführung $^{1-3b\alpha}$, die an 19^{1} 28^{11f} 32^{1f} erinnert und in ^{3a} nachträglich erweitert wurde, folgt in einem ersten Teil die Beschreibung der Herrlichkeit der Stadt im Bild eines Prachtschiffes $^{3b\beta-9a.10(?)}$. Der zweite Teil schildert den plötzlichen Untergang des Schiffes und die Klage der Seefahrer $^{26b-35}$. Beide Teile weisen

3 Sag zu Tyrus:
Du, die du wohnst am Zugang zum Meer,
die du Handel treibst mit den Völkern
bis hin zu den vielen Inseln,
so spricht Gott, der Herr: Tyrus, du sagst:
Ich bin (ein Schiff) von vollendeter Schönheit.
4 Im Herzen der Meere liegt dein Gebiet.
Vollendet schön schufen dich deine Erbauer.
5 Aus Zypressenholz vom Senirgebirge
bauten sie all deine Planken,
eine Zeder vom Libanon nahmen sie,
um auf dir den Mast zu errichten.
6 Deine Ruder machten sie aus Eichen vom Baschan,
dein Deck aus Elfenbein und Eschenholz
von den Inseln der Kittäer.
7 Dein Segel war bunt gewebtes ägyptisches Leinen.
Es sollte dein Erkennungszeichen sein.
Deine Planen waren aus violettem und rotem Purpur
von den Küsten Elischas.

27,3 Tyrus, du sagst, ich bin: Statt *'ᵃnī* ist *'ᵒnī* (1 Kön 9,26f 10,11.22 Jes 33,21) zu lesen: »Tyrus, du bist ein Schiff«.
27,5 Senir ist nach Dtn 3,9 der amoritische Name des Hermon.
27,6 Eschenholz: Text korr.; H ist verschrieben. – Die Kittäer sind nach der Stadt Kition in Zypern benannt, sind also die Bewohner Zyperns.
27,7 Die Stadt Elischa lag wohl in Zypern.

das Qina-Metrum auf, wobei je zwei Fünfer zu einem Distichon zusammengefaßt sind: 3bβ/4 5a/5b 6a/6b 7aα/7b 8a/9a; 26a/26b 28/29a 29b/30a 30b/31a 32b/32a 32b/34a 35a/35b. Die Einschaltung der Handelsliste 12–24 in den Kontext erfolgt durch die redaktionellen Klammern 9b.11+25a.b. In deren Gefolge stehen die Ergänzungen in 8b.27.33.34b.36, die ohne Bild von Tyrus sprechen. Die ursprüngliche Totenklage wird eingeleitet mit der Wortereignisformel, der Anrede Menschensohn und dem Botenauftrag. Daran schließt unmittelbar die Botenformel an.

1. Teil. Bildete der Prophet in 26,1–5a seine Metapher vom Namen der Stadt aus, so inspiriert ihn jetzt ihre Insellage zu seiner Bildrede, die Tyrus direkt anspricht. Die Stadt liegt wie ein Schiff im Wasser. Der Dichter lädt mit dieser Metapher den Hörer bzw. Leser ein, alle Assoziationen in Zusammenhang mit »Schiff« einzubringen: große Fahrt, Freiheit, Fernweh, fremde Länder, u. ä., aber auch: Handel, Reichtum, Macht. Das entspricht dem Status von Tyrus. Ezechiel entwickelt diese Konnotationen in der Beschreibung des Baues eines Prachtschiffes 5–7. Sachkundig schildert er die Konstruktion der Bauteile, die natürlich aus den erlesensten Materialien bestehen und aus aller Herren Ländern herbeigeschafft wurden. Ein solches Schiff trotzt jedem Sturm und Wetter, es kann nicht untergehen (vgl. Titanic!), zumal die erfahrensten Seeleute von überall her dieses Schiff

8 Deine Ruderer stammten aus Sidon und Arwad.
Erfahrene Männer, Tyrus, gab es bei dir.
Sie waren deine Matrosen.
9 Die Ältesten von Gebal
und seine erfahrensten Männer
fuhren auf dir, um deine Risse zu dichten.
Alle Schiffe des Meeres und ihre Matrosen
kamen zu dir, um mit dir Handel zu treiben.
10 Leute von Paras, Lud und Put 38[5]
dienten in deiner Mannschaft als Krieger.
Schilde und Helme hängten sie auf an dir;
diese verliehen dir prächtigen Glanz.
11 Die Söhne von Arwad und deine Mannschaft standen ringsum auf
deinen Mauern und die Wächter auf deinen Türmen. Ihre Schilde
hängten sie rings an deinen Mauern auf. Sie machten deine Schönheit
vollkommen. 12 Tarschisch kaufte bei dir wegen der Fülle deiner Gü- Jes 23[1]
ter; Silber, Eisen, Zinn und Blei gaben sie für deine Waren. 13 Jawan, 32[26], 38[2]
Tubal und Meschech waren deine Händler. Menschen und Kupferge-
räte gaben sie für deine Handelswaren. 14 Die von Bet-Togarma ga- 38[6]
ben Zugpferde und Reitpferde und Maultiere für deine Waren. 15 Die
Söhne von Rhodos waren deine Händler. Viele Inseln standen als
Kaufleute in deinem Dienst; als Abgaben brachten sie dir Elfenbein

27[8] Arwad: nördlich von Tripolis an der syrischen Küste.
27[9] Gebal ist Byblus, nördlich von Beirut.
27[11] Und die Wächter: Text korr. nach G; H ist unklar.
27[14] Bet-Togarma lag in Kleinasien.

lenken und warten [8f] und dazu eine Elitetruppe es vor feindlichen Angriffen schützt [10(?)].
2. *Teil.* Um so unbegreiflicher sein plötzliches Zerbrechen und Untergehen »mitten im Meer« in Folge des *ḫamsīn* (Ps 48[8]; vgl. Jer 13[24] Ijob 1[19])[26]. Vielleicht sind die gewaltigen Wasser eine versteckte Anspielung auf die kosmischen Urfluten? Von beklemmender Kürze ist die Schilderung des Geschehens, das sich so in seiner geheimnisvollen Unbegreiflichkeit verdichtet und durch die dreimalige Wiederholung »mitten im Meer« [4a.26a.32b] einen besonderen Akzent erhält. Lediglich das Schreien der Ertrinkenden, von dem die Küste widerhallt, spiegelt das ganze Ausmaß der Katastrophe. Bestürzt reagieren alle Seefahrer. Ihr Schreien korrespondiert mit dem Schreien der Ertrinkenden [29b.30a]. Sie vollziehen die rituellen Trauerbräuche (vgl. Lev 21[5] Jos 7[6] Mi 1[10.16] Jer 6[26] 16[6]) und stimmen die Totenklage an [30b–32a], die als Zitat in der Totenklage erscheint und die beiden Grundmuster der Gattung enthält. In hymnischer Frage erfolgt rückblickend die Schilderung der einstigen Pracht und Herrlichkeit der Stadt, von deren Reichtum alle profitierten. Jetzt diese Katastrophe. Die stolze Stadt zerbrochen »im Meer«[34]. Was bleibt, ist Ratlosigkeit und sprachloses Entsetzen der Küstenbewohner [35].

und Ebenholz. [16] Edom kaufte bei dir wegen der Fülle deiner Erzeug-
nisse. Karfunkelstein, Purpur, bunte Stoffe, Byssus, Korallen und Ru-
bine gaben sie für deine Waren. [17] Juda und das Land Israel waren
deine Händler. Weizen, Oliven, Wachs, Honig, Öl und Mastix gaben
sie für deine Handelswaren. [18] Damaskus kaufte bei dir wegen der
Fülle deiner Erzeugnisse, wegen der Fülle deiner Güter. Wein aus
Gen 10[27] Helbon und Wolle aus Zahar, [19] Wein aus Usal gaben sie für deine
Waren. Gehämmertes Eisen, Zimt und Gewürzrohr gehörte zu dei-
Gen 25[13] nen Handelswaren. [20] Dedan war dein Händler für Satteldecken.
[21] Arabien und alle Fürsten von Kedar, sie waren Kaufleute in deinen
Diensten. Sie zahlten mit Lämmern, Widdern und Böcken. [22] Händ-
Gen 10[7] ler von Saba und Ragma trieben Handel mit dir. Für den besten Bal-
sam, für alle Arten von Edelsteinen und Gold gaben sie deine Waren.
[23] Haran, Kanne und Eden, die Händler von Saba, Assur, ganz Me-
dien trieben Handel mit dir. [24] Sie waren deine Händler. Prunkge-
wänder und Mäntel aus violettem Purpur, bunte Stoffe und mehrfar-
bige Tücher, feste gedrehte Seile kauften sie ein für dich.

[25] Die Schiffe von Tarschisch dienten dir
als Karawanen für deine Waren.
So fülltest du dich,
wurdest schwer beladen mitten im Meer.

27[16] Edom: Text korr. nach vielen H-Handschriften; vgl. G; H: »Aram«.
27[17] Oliven, Wachs: H unklar.
27[19] Wein: Text korr. nach G; H: »Dan und Jawan«.
27[23] Ganz Medien: Text korr.

Über dem ganzen Geschehen liegt etwas Geheimnisvolles und Unheimliches. Ursache und Grund der Katastrophe bleiben im dunkeln. Der Urheber wird nicht genannt. Der hohe Anspruch des Gedichts verbietet allegorisierende Ausdeutung. Es rührt vielmehr an die Grundfrage menschlichen Seins, insofern es angesichts der Schrecknisse in der Geschichte selbst die größten menschlichen Schöpfungen in ihrer letzthinnigen Nichtigkeit enthüllt. Allein der Auftrag Jahwes an den Propheten, diese Klage anzustimmen, läßt im Horizont von 26[1–5a] erkennen, wer hinter dem Geschehen steht und welches die Gründe für es sind. Glauben die Verantwortlichen in Juda immer noch, sich dem Gericht ihres Gottes entziehen zu können, so erweist sich dies als Illusion. Ihr stärkster Rückhalt, das mächtige Tyrus, ist zerbrochen.

Die Handelsliste [12–24]. In das Klagelied ist von späterer Hand eine umfangreiche Liste eingefügt worden. Sie verrät ein großes Wissen über die vielfältigen Handelsbeziehungen in der damals bekannten Welt. Eine gelehrte Arbeit und in ihrer Art großartig, stilistisch aber trocken und eintönig. Es mag sein, daß ihr Verfasser eine Vorlage benutzte, die ursprünglich ägyptische oder persische Handelsbeziehungen auflistete. Jedenfalls will er die weltweiten Beziehungen der Handels- und Seemacht Tyrus herausstellen. Seine Aufzählung beginnt mit Tarschisch, einer phöni-

26 Über gewaltige Wasser brachten dich deine Ruderer.
Da zerbrach dich der Ostwind mitten im Meer.
27 Dein Reichtum, deine Waren, dein Handelsgut,
deine Seeleute und deine Matrosen,
die Männer, die deine Risse dichten,
die deine Waren eintauschen,
alle deine Soldaten auf dir
und das ganze Heer, das du hast,
fallen mitten ins Meer am Tag deines Sturzes.
28 Beim lauten Geschrei deiner Matrosen
zittern die Küsten.
29 Alle, die das Ruder führen, verlassen ihr Schiff.
Alle Seefahrer und alle Matrosen bleiben an Land.
30 Deinetwegen schreien sie laut,
bitterlich jammern sie.
Sie streuen sich Staub auf das Haupt
und wälzen sich auf dem Boden.
31 Deinetwegen scheren sie sich eine Glatze,
Trauerkleider legen sie an
und weinen über dich mit verbitterter Seele,
mit bitterer Klage.
32 In ihrem Jammer stimmen sie über dich
ein Totenlied an
und halten die Totenklage für dich:
Wer war Tyrus vergleichbar, mitten im Meer?
33 Als deine Waren vom Meer her kamen,
hast du viele Völker gesättigt.
Die Könige der Erde machtest du reich
mit deinem gewaltigen Reichtum
und deinen Handelswaren.
34 Jetzt liegst du zerbrochen im Meer,
in den Tiefen der Fluten.

27[32] War vergleichbar: Text korr.; H ist unklar.
27[34a] Text korr.; vgl. die alten Übersetzungen.

zischen Kolonie in Spanien, führt, da Rom noch keine Rolle spielt, über das östliche Mittelmeer in das Gebiet des Schwarzen Meeres (Tubal, Meschech, Bet-Togarma). Von hier aus läßt sie in N-S-Richtung die syrisch-palästinischen Handelspartner und (zum Teil nomadisierende) arabische Stämme folgen [12–21]. Quer zu dieser geographischen Auflistung werden eine Reihe wichtiger Handelsorte genannt, die an der alten Weihrauchstraße liegen. Diese führte längs der Südküste Arabiens nach Westen, bog bei Aden nach Norden ab entlang der Küste des Roten Meeres. Sie teilte sich dann und verlief in westlicher Richtung nach

Deine Handelswaren, dein ganzes Heer
sind mit dir versunken.
35 Alle Bewohner der Küsten sind entsetzt über dich;
ihren Königen sträubt sich das Haar.
Verstört sind ihre Gesichter.
36 Deine Kaufleute unter den Völkern
zischen (voll Hohn) über dich.
28^{19} Zu einem Bild des Schreckens bist zu geworden,
für immer dahin.

Gegen den Fürsten von Tyrus: 28^{1-10}

28^{1} Das Wort des Herrn erging an mich: ^{2} Menschensohn, sag zum
Fürsten von Tyrus: So spricht Gott, der Herr: Dein Herz war stolz,
Gen 3^{5} und du sagtest: Ich bin ein Gott, einen Wohnsitz für Götter bewohne
Jes 14^{13f} ich mitten im Meer. Doch du bist nur ein Mensch und kein Gott, obwohl du im Herzen geglaubt hast, daß du wie Gott bist.

Ägypten, das nicht genannt wird, und in östlicher Richtung über Syrien nach Mesopotamien (Assur und Medien) $^{22-24}$.

28^{1-19} Der Abschnitt bietet erhebliche textliche und literarische Schwierigkeiten. In seiner Endgestalt ist er klar gegliedert. Wortereignisformel ^{1} und abschließender Kehrreim ^{19b} (vgl. 26^{21} 27^{36}) erweisen ihn als literarische und thematische Einheit. Sie beschreibt das Schicksal des Königs von Tyrus als Sturz aus göttlicher Höhe in die Tiefen der Unterwelt (vgl. Jes 14^{9-21}). Das geschieht analog zu 26^{1-5a}/27* in der Abfolge Drohwort $^{1-10}$ / Klage $^{11-19a}$. Beide Worte sind selbständige Einheiten, wie die beschließende Gottesspruchformel ^{10} und die erneute Wortereignisformel ^{11} anzeigen. Sie stammen nicht von gleicher Hand. Das zeigt nicht nur die unterschiedliche Anrede des Adressaten $^{2.12}$, es bestehen auch erhebliche Divergenzen in Sprache und Inhalt. Ihre Zusammenstellung ist somit redaktionell im Gegensatz zu 26^{1-5a}/27*. Sie wird von einer späteren Bearbeitung bereits vorausgesetzt, da sie in beiden Worten festzustellen ist. In alledem zeigt sich wieder die intensive Beschäftigung mit dem Wort des Propheten, das in seiner Grundgestalt kaum noch zu ermitteln ist.

$^{1-10}$ Wortereignisformel, Anrede Menschensohn, Botenauftrag mit Botenformel leiten ein begründetes Drohwort ein $^{1.2a\alpha}$. Die Begründung erfolgt in $^{2a\beta}$. Die Gerichtsankündigung setzt ^{6a} mit der erweiterten Botenformel ein und schließt ^{10b} mit der Gottesspruchformel. ^{2b} ist als Vorwegnahme von ^{9b} sekundär. $^{3-5}$ nimmt das Thema von $^{7b.12b}$ auf und malt es in poetischer Form aus. Dadurch wird die Wiederholung der Begründung ^{6b} notwendig. Der Grundbestand des Wortes ist demnach $^{1.2a.6a.7-10}$. Es ist nicht aus einem Guß. Stilistisch steht der hochpoetischen Scheltrede ^{2a} eine in Prosa gehaltene Gerichtsankündigung gegenüber.

Die Einleitung benutzt in der Anrede den feierlichen Titel *nāgīd*. Er begegnet in Ez nur hier. Er zielt nicht auf eine bestimmte Person – damals re-

3 Gewiß, du bist weiser als Daniel. 14[14] Dan 1[17]
Kein Geheimnis war dir zu dunkel.
4 Durch deine Weisheit und Einsicht
schufst du dir Reichtum.
Mit Gold und Silber fülltest du deine Kammern.
5 Durch deine gewaltige Weisheit, durch deinen Handel
hast du deinen Reichtum vermehrt.
Doch dein Herz wurde stolz
wegen all deines Reichtums.
6 Darum – so spricht Gott, der Herr:
Weil du im Herzen geglaubt hast,
daß du wie Gott bist,

gierte Itobaal II., sondern auf den jeweiligen Herrscher, insofern er die politische Existenz des Volkes verkörpert, die in der göttlichen Ordnung verankert ist. Das Scheltwort wirft dem Fürsten maßlose Selbstüberheblichkeit vor, die das Selbstzitat, das aus zwei metrisch ungleichen Sätzen besteht, veranschaulicht [2aβ]. Der Fürst behauptet zunächst: Ich bin *'el*. Das Wort begegnet in Ez nur noch in [9]. Es bezeichnet den Eigennamen des obersten Gottes im ugaritischen Pantheon, bedeutet im appellativischen Sinne allgemein »Gott«. Die Doppelsinnigkeit der Aussage mag der Verf. beabsichtigt haben. Die pointierte Antithese in [9] legt appellativisches Verständnis nahe. Zudem ist der Stadtgott von Tyrus nicht *'el*, sondern neben Melkart Baal Schamem. Der Anspruch der Gottgleichheit gründet in der altorientalischen Königsideologie, die im König die irdische Verkörperung der sterbenden und auferstehenden Gottheit sieht, deren Schicksal er in kultischer Begehung abbildet. Vorstellungen dieser Art sind auch Israel nicht fremd (vgl. Ps 2[7] 45[7] 110[3]). Die zweite Selbstaussage begründet diesen Anspruch in mythischer Rede mit dem geheimnisvollen Wohnsitz der Götter. Davon ist [13.14] in konkreten Formulierungen zu hören. Die besondere Lage von *ṣōr* als Fels »im Herzen des Meeres« dürfte hier das Bild bestimmen. Der Fürst wähnt sich als Gott, und sein Götterwohnsitz ist die Stadt Tyrus.

Mit dieser Selbstanmaßung, in der Gen 3[5] die Ursünde des Menschen sieht, stellt der Fürst von Tyrus das Herrsein Jahwes grundsätzlich in Frage. Im Gericht wird es Jahwe erweisen. Er selbst wird »Fremde« (vgl. 7[21] 11[9] 28[10] 30[12] 31[12]) heranführen, hinter denen man wie 32[11] die Truppen Nebukadnezzars vermuten darf, die das Gericht vollstrecken. In Aufnahme des Motivs der Höllenfahrt (26[20] 32[17ff]) deutet [8] das Ende des Fürsten als Niederfahren zur Grube. Sein Schicksal in der Unterwelt entspricht dem der Scharen Pharaos in 32[17ff]. Damit ist erwiesen, daß er auch nur Mensch ist und kein Gott. Es genügt ein Wort Gottes, um seine Selbstanmaßung als Selbsttäuschung zu entlarven.

[3–5] Das Wort hat eine Erweiterung erfahren, die den »Hochmut des Herzens« [2.5] von anderer Seite her verständlich machen will. Größe und Reichtum der Stadt spiegeln Weisheit und Klugheit ihres Herrschers. Das entspricht weisheitlichem Lebensverständnis. Weisheit ist nicht nur Wissen und Denkkraft, sondern Kunst der Lebensbewältigung. Grö-

7 darum schicke ich Fremde gegen dich,
tyrannische Völker.
Sie zücken das Schwert
gegen all deine prächtige Weisheit,
entweihen deinen strahlenden Glanz.
8 Man stößt dich hinab in das Grab;
wie einer durchbohrt wird und stirbt,
so stirbst du mitten im Meer.
9 Willst du dann angesichts deiner Mörder noch sagen:
Ich bin ein Gott?
Jes 31^{3} Du bist nur ein Mensch und kein Gott
in der Hand deiner Mörder.
10 Wie Unbeschnittene sterben,
so stirbst du durch Fremde;
Denn ich habe gesprochen –
Spruch Gottes, des Herrn.

28^{7} Gegen all deine prächtige Weisheit: sekundäre Erweiterung nach $^{3-5}$; lies: »gegen dich«.

ßer noch als *Dn'il,* dem sprichwörtlich klugen Herrscher der ugaritischen Mythologie, ist die Weisheit des Königs von Tyrus. Sach 9^{2} bezeugt, mit welchem Geschick und Nachdruck tyrische Diplomatie ihre Pläne durchzusetzen wußte. Nun weiß die Spruchweisheit, daß der Weise von Hochmut und Selbstruhm gefährdet ist und sich davor hüten muß (Spr 3^{7} 26^{12}; vgl. Jes 5^{21} Jer 9^{22}). In seinem Selbstruhm, hinter dem v. d. Born das Stück eines tyrischen Königshymnus vermutet, überschreitet der König die schmale Grenze von der Weisheit zur Torheit, und so bringt ihn sein Hochmut zu Fall.

$^{11-19}$ Mit erneuter Wortereignisformel wird der Prophet aufgefordert, über den König von Tyrus die Totenklage anzustimmen $^{11.12a.b\alpha}$. Was folgt, ist aber keine, wie für den Dichter Ezechiel selbstverständlich, klar strukturierte, metrisch sauber gestaltete Totenklage, sondern ein Gebilde, das ganz als Jahwerede stilisiert ist, in der sich Elemente der Totenklage, des Scheltwortes und der Gerichtsankündigung eigentümlich vermischen. Man wird daher vom Versuch der Rekonstruktion einer ursprünglichen Totenklage (trotz Zimmerli, Garscha, u. a.) besser Abstand nehmen und Budde (ZAW 2, 1882, 20) zustimmen: »Vergebens wäre das Bemühen.« Auch inhaltlich ist das Ganze unausgeglichen. Dreimal wird mit unterschiedlicher, z. T. sich ausschließender Begründung die Strafe angekündigt $^{16.17.18-19a}$. Zudem stehen verschiedene mythologische Vorstellungen unverbunden nebeneinander, so daß die Schilderung des Paradieswesens eigentümlich zwischen Urmensch und Halbgott schwankt. Das liegt nicht daran, daß »der Systematiker Ez die Fülle des Stoffs nicht restlos bewältigt« hat (Fohrer 162). Vielmehr hat ein Späterer gemeint, in Analogie zu 17/19 und 26^{1-5a}/27*, im Anschluß an $^{1-10}$ aus Worten des Propheten eine Totenklage gestalten zu müssen. Sie ist dann von anderer

Die Totenklage über den König von Tyrus: 28^{11-19}

11 Das Wort des Herrn erging an mich: 12 Menschensohn, stimm die
Totenklage an über den König von Tyrus, und sag zu ihm: So spricht 27^{2}
Gott, der Herr:

Du warst ein vollendet gestaltetes Siegel,
voll Weisheit und vollkommener Schönheit.
13 Im Garten Gottes, in Eden, bist du gewesen. 31^{8f}
Allerlei kostbare Steine umgaben dich: Gen 2^{8}
Rubin, Topas, dazu Jaspis,
Chrysolith, Karneol und Onyx,
Saphir, Karfunkelstein und Smaragd.
Aus Gold war alles gemacht,
was an dir erhöht und vertieft war,
all diese Zierden brachte man an,
als man dich schuf.
14 Einem Kerub mit ausgebreiteten, Gen 3^{24}
schützenden Flügeln gesellte ich dich bei.

28^{12} Siegel: Text korr.; vgl. die alten Übersetzungen. – Voll Weisheit: fehlt in G; Zusatz nach $^{3-5}$.

28^{14} Einem Kerub: Text korr. nach G. – Bist du gewesen: ursprl. *hājītī* »bin ich gewesen« (s. Textrekonstruktion S. 155).

Hand noch kräftig übermalt worden. Die Auslegung geht deshalb von der Endgestalt des Textes aus und fragt erst abschließend mit Blick auf die ganze thematische Einheit $^{1-19}$ nach einem möglichen Grundwort des Propheten.

$^{12b\beta-15}$ schildert in mythologischer Rede die herausragende Stellung des Königs von Tyrus.

$^{12b\beta-14a}$ Er ist ein vollkommenes Wesen, ein »vollendet gestaltetes Siegel«. Damit ist kaum ein göttliches Urbild gemeint, sondern die besondere Nähe zu Gott und die Größe der erteilten Vollmacht. Er lebt im Gottesgarten Eden in unmittelbarer Nähe Gottes. ^{13} ist eine breite Ausmalung seiner besonderen Segensstellung. Kostbaren Edelsteinen schrieb man besondere schützende Kräfte zu. Ein Kerub begleitet ihn zusätzlich als schützender Trabant. Keruben begegnen Gen 3^{24} als Wächter des Paradiesgartens, 1 Kön 8^{6f} als schützende Genien der Lade im Tempel, Ez 10 als Thronträger Jahwes und Ps 18^{11} als Wesen, das Jahwe durch die Lüfte trägt.

Die Darstellung verwendet den Mythos vom Urmenschen im Gottesgarten, den Gen 2–3 in anderer Weise verarbeitet und der Jes 14^{13f} zugrunde liegt. Er stammt aus Mesopotamien, wo er in verschiedenen Fassungen überliefert ist. Nach dem Gilgamesch-Epos IX wohnt Utnapischtim im Gotteshain mit Edelsteinbäumen (AOT^{2} 169f). Er scheint die gleiche Stellung zu haben wie Adapa in Eridu, der Residenz des Gottes Ea, wo sein Gebot wie das des Anu gilt (AOT^{2} 143ff).

^{14b} weist auf ^{2} zurück. Die Vorstellung vom Götterberg dürfte einem phönizischen Mythos entstammen.

Jes 14[13] Auf dem heiligen Berg der Götter bist du gewesen.
10[2] Zwischen den feurigen Steinen gingst du umher.
15 Ohne Tadel war dein Verhalten
seit dem Tag, an dem man dich schuf,
bis zu dem Tag, an dem du Böses getan hast.
16 Durch deinen ausgedehnten Handel
warst du erfüllt von Gewalttat,
in Sünde bist du gefallen.
Darum habe ich dich vom Berg der Götter verstoßen,
aus der Mitte der feurigen Steine
hat dich der schützende Kerub verjagt.
17 Hochmütig warst du geworden,
weil du so schön warst.
Du hast deine Weisheit vernichtet,
verblendet vom strahlenden Glanz.
Ich stieß dich auf die Erde hinab.
Den Blicken der Könige gab ich dich preis,
damit sie dich alle begaffen.

28[15] Bis zu dem Tag, an dem du Böses getan hast, wörtlich: »bis an dir Schlechtigkeit gefunden wurde«.

Gemeint ist damit der nordsyrische Zaphon (vgl. Jes 14[12ff]; Ps 48[3] überträgt die Vorstellung auf den Zion). Die »feurigen Steine« bedeuten die »Söhne Els« bzw. die »70 Söhne der Aschirat«. Sie entstammen der Verbindung des Morgen- bzw. Venussterns Aschtar, des Sohnes Els, mit Aschirat. Der König von Tyrus weilt als einer der Söhne Els auf dem Götterberg Zaphon.

[15] schließt wieder an [14a] an. Wie Adapa in Eridu, so wandelt der König von Tyrus ohne Fehl und Tadel bis zu dem Tag, an dem er Frevel verübte. Worin dieser besteht, wird nicht gesagt.

[16–19a] Das geschieht im folgenden auf dreifach verschiedene Weise [16.17.18–19a]. Es handelt sich um je selbständige Einheiten, die sich formal dem begründeten Gerichtswort nähern. Sie stammen von verschiedenen Händen.

[16] sieht die Verschuldung des Königs im Handel und damit verbundenen Gewalttaten. Die Strafe besteht in der Verstoßung aus der Nähe Gottes und der Gemeinschaft der Söhne 'Els, die durch den Kerub vollzogen wird. Mit der Nennung des Kerub als Strafwerkzeug Jahwes versucht der Verf., die verschiedenen Züge vom Urmenschen und Gottwesen zu harmonisieren.

[17] weist auf [2a.5b.7b] zurück und nennt den Hochmut des Fürsten als Grund für die folgende Strafe. Jahwe schleudert ihn vom Gottesberg hinab auf die Erde, d.h. in die Unterwelt (*'rṣ*), wo die bereits in der Finsternis der Sche'ol hausenden Fürsten den einst Vergötterten als ihresgleichen bestaunen. Auch er ist nur ein armseliges Geschöpf, das jetzt von jeder Hoffnung auf Wiederaufleben endgültig abgeschnitten ist.

[18–19a] variiert den Grund der Verschuldung von [16]. Durch unredliche Handelsgeschäfte habe der König

18 Du hast durch gewaltige Schuld,
durch unredliche Handelsgeschäfte
deine Heiligtümer entweiht.
So ließ ich mitten in dir ein Feuer ausbrechen,
das dich verzehrt hat.
Vor den Augen all derer, die dich sahen,
machte ich dich zu Asche auf der Erde.
19 All deine Freunde unter den Völkern
waren entsetzt über dich.
Zu einem Bild des Schreckens bist du geworden, 27^{36}
du bist für immer dahin.

seine Heiligtümer entweiht. Die Aussage ist nicht klar. Vermutlich ist gemeint, daß durch Gewalt erbeutete Güter, die in den Tempelschatz gelangten, das Heiligtum entweiht wurde. Vielleicht spielt der Verf. auf konkrete Vorgänge an, die wir nicht kennen. Daß den Frevler das Feuer aus dem Heiligtum verzehrt, das er entweiht hat, ist eine geläufige Vorstellung (Lev $10^{1.2}$ Num 10^{35}). Sie ist von der stereotypen Formulierung des gottgesandten Feuers in den Völkersprüchen zu trennen (Am $1^{4.7.10}$ u.ö.).

Fragt man im Horizont der Verkündigung Ezechiels von 26^{1-5a} 27* nach genuinen Worten in 28^{1-19}, so ist zunächst die Wahrnehmung wichtig, daß die gewaltige Dichtung des Propheten über die Stadt Tyrus ohne ein Wort gegen ihren Fürsten als Höhepunkt ein Torso ist, d.h. 28^{1-19} muß ein Wort Ezechiels gegen den Fürsten von Tyrus zugrunde liegen, mit dem der Prophet seine Verkündigung gegen Tyrus abgeschlossen hat. Der gegenwärtige Textbestand macht wahrscheinlich, daß er dies in einem einzigen Wort getan hat, und zwar nicht in Form der Totenklage, sondern in einem prägnanten Gerichtswort. Da er in 26^{1-5a} und 27* jeweils bei einer konkreten Gegebenheit (Name der Stadt, Insellage) ansetzt, um in kunstvoller Metaphorik seine Bildreden zu entfalten, wird dies im Wort gegen den Fürsten kaum anders sein. Hier bietet sich dessen Selbstruhm geradezu an. Unter Berücksichtigung sprachlicher und literarkritischer Ergebnisse könnte das metaphorische Gerichtswort Ezechiels über den König von Tyrus gelautet haben: »^{1} Das Wort Jahwes erging an mich: ^{2} Menschensohn, sag zum Fürsten von Tyrus: So spricht der Herr Jahwe: Weil (*j'n*) du sagst: Ich bin ein Gott/ $^{12b\beta}$ ein vollendet gestaltetes Siegel/ von vollkommener Schönheit/ ^{14b} auf dem Berg der Götter ist mein Wohnsitz/ inmitten feuriger Steine/ ^{17} dein Herz hochmütig geworden ist/ wegen deiner Schönheit/ du deine Weisheit vernichtet hast/ wegen deines Glanzes/ werde ich dich hinabschleudern in die Unterwelt/ werde dich preisgeben den Königen.« Das Wort ist eine sprachliche und kerygmatische Einheit. Sie ist klar gegliedert: Auf die gewichtige Einführung folgt eine große Scheltrede, die aus zwei Teilen besteht. Sie setzt an beim Anspruch des Fürsten auf Gottgleichheit (dazu oben $^{1-10}$). Diesen entfaltet sie in mythologischer Bildsprache, wobei sie die Motive von Urmensch und Gottwesen kombiniert. In diesem Anspruch liegt die Schuld des Fürsten begründet, wie der zweite Teil der Scheltrede aus-

Gegen Sidon: 28^{20-23}

20 Das Wort des Herrn erging an mich: 21 Menschensohn, richte dein
Gesicht auf Sidon, tritt als Prophet gegen die Stadt auf, 22 und sag: So
spricht Gott, der Herr:

Jetzt gehe ich gegen dich vor, Sidon,
und verherrliche mich in deiner Mitte.
Dann werden sie erkennen, daß ich der Herr bin,
wenn ich an der Stadt das Urteil vollstrecke
und mich so als heilig erweise.
23 Ich schicke Pest und Mord in die Gassen der Stadt.
Viele fallen in ihr, erschlagen vom Schwert,
das von überall her auf sie einschlägt.
Dann werden sie erkennen, daß ich der Herr bin.

Verheißung für Israel: 28^{24-26}

24 Dann droht dem Haus Israel kein stechender Dorn und kein verlet-

führt. Er bedeutet eine gottwidrige Anmaßung, über die Jahwe das Gericht ergehen läßt im Sturz des Fürsten aus himmlischen Höhen hinab in die Unterwelt. Die Gerichtsankündigung ist von eindringlicher Prägnanz und Kürze. Das Gerichtswort über den Fürsten von Tyrus rundet die Tyrus-Dichtung des Propheten wirkungsvoll ab. Für ihn ist die Stadt und ihr König zum Symbol der Gottwidrigkeit geworden. Im Gericht wird Jahwe sein Herrsein erweisen, wird die Stadt und ihr König zum Symbol menschlicher Hinfälligkeit und Nichtigkeit. Die umfangreiche Nacharbeit hat dies weiter ausgemalt und, was der Prophet als Wort in eine konkrete geschichtliche Situation hinein gesprochen hat, zu einem zeitlos gültigen Paradigma ausgestaltet.

$^{20-26}$ bilden den Abschluß der Sammlung von Völkersprüchen gegen Israels Nachbarn mit einem Spruch gegen Sidon $^{20-23}$ und einem Ausblick auf Israels Heil $^{24.25f}$.

$^{20-23}$ Der gewaltigen Dichtung über Tyrus folgt ein schlichter Spruch gegen Sidon. Formal und inhaltlich steht er den Sprüchen in 25 nahe. Er hat eine doppelte Funktion. Er füllt die Siebenzahl der Worte gegen die Nachbarvölker Israels auf und versucht, die theologisch anders ausgerichtete Tyrus-Dichtung des Propheten einzubinden in die intentional auf das Heil Israels ausgerichteten Völkersprüche.

In der Bezeichnung der Phönizier als »Sidonier« bei Homer und im AT klingt die einstige Vormachtstellung Sidons nach. Doch das ist längst Vergangenheit. Eine Verschuldung der Stadt wird nicht genannt. Die Ankündigung der Strafe geschieht in unbeholfener Nachahmung von 5^{12} 6^{12} mit Anklängen an 38^{16} 39^{13}. Eine gewichtige Einleitung mit Wortereignisformel, Anrede Menschensohn, Auftrag zu wirkmächtiger Geste sowie Botenauftrag und Botenformel bildet zusammen mit der Erkenntnisformel den Rahmen für den im übrigen inhaltsleeren Spruch.

^{24} Mit einfacher Kopula eng an den Sidonspruch angeschlossen, folgt ein selbständiges Wort, das Israel Heil

zender Stachel mehr von all seinen feindlichen Nachbarn. Daran wer-
den sie erkennen, daß ich Gott, der Herr, bin.
25 So spricht Gott, der Herr: Wenn ich die vom Haus Israel aus all 11^{17}
den Ländern zusammenführe, in die sie zerstreut sind, dann erweise $20^{34.41}$
ich mich an ihnen vor den Augen der Völker als heilig. Sie werden in 34^{13} 36^{24}
ihrem Land wohnen, das ich meinem Knecht Jakob gegeben habe. 37^{21}
26 Dort werden sie in Sicherheit leben; sie werden Häuser bauen und
Weinberge pflanzen. Sie wohnen in Sicherheit, sobald ich an all ihren
Feinden ringsum das Urteil vollstrecke. Dann werden sie erkennen,
daß ich, der Herr, ihr Gott bin.

ansagt. Nach Meinung des Verf. müssen die Völkersprüche so verstanden werden. Jahwe wird der Verachtung und Unterdrückung Israels durch die feindseligen Nachbarvölker ein Ende bereiten, so daß Israel in Ruhe im Lande leben kann.

$^{25-26}$ Die mit eigener Botenformel eingeleitete Verheißung führt diesen Gedanken weiter aus. Der Heiligkeitserweis Jahwes vor den Völkern dient letztlich der Sammlung der in alle Welt zerstreuten Diaspora, die wieder zu einem Volk vereinigt im Vollbesitz des Landes in Sicherheit wohnen kann (vgl. $34^{25.27f}$ $38^{8.11.14}$ 39^{26}), und bedeutet die endgültige Erfüllung der Landverheißung an die Väter, von denen Jakob im Rückgriff auf 37^{25} genannt wird. Das unterstreicht die abschließende Erkenntnisformel, die zur Bundesformel ausgeweitet ist. Im Handeln Jahwes an den Völkern erfährt Israel die Treue seines Bundesgottes.

Für den späten Verf., der zur Formulierung seiner Verheißung bei Jer, DeutJes und TrJes Anleihen macht, tritt allein die irdische Vollendung des Bundesvolkes in den Blick. Damit bleibt er weit hinter der umfassenderen heilsgeschichtlichen Perspektive Ezechiels zurück.

29^{1}–32^{32} Die Worte gegen Ägypten nehmen unter den Völkersprüchen den größten Raum ein. Aus gutem Grund. Israel verbindet mit Ägypten eine reiche, wechselvolle Vergangenheit. Es ist das Land, in dem einst Jahwe sein Volk ins Leben rief und ihm in der Herausführung Freiheit und Lebensraum gewährte (20^{5-7}). Das hat Israels Bewußtsein tief geprägt, so daß in den Beziehungen zu Ägypten immer ein irrational-emotionales Element mitschwingt. Unter Salomo kommt es zu einem freundschaftlichen Verhältnis, das durch eine politische Ehe gefestigt wird (1 Kön 3^{1} 7^{8} 9^{16} 11^{1}), vermutlich aber nicht lange gehalten hat (1 Kön 14^{25f}). Die Großmacht Ägypten sieht das realpolitisch nüchtern. Israel und die übrigen syrischen Kleinstaaten dienen als Glacis gegenüber den Großmächten im Norden und Osten. Sie sind willkommene Vasallen, um ägyptische Machtansprüche in diesem Raum zu sichern. Gehen sie vorübergehend an eine der Konkurrenzmächte verloren, ermuntert Ägypten sie durch Bündnisangebote und Hilfsversprechen zu Abfall- und Aufstandsbewegungen. Dabei kann es sie infolge innerer Wirren nicht einhalten, da die eigenen Kräfte gebunden sind. Das hat zu Zeiten Jesajas Hiskija erfahren müssen, als er im Vertrauen auf solche Zusagen 713–711 gegen Sargon und 705–701 gegen Sanherib sich erhob, wovor der Prophet in richtiger Einschätzung der Lage dringend gewarnt hatte (Jes 20^{5f} $30^{3-7.16f}$ 31^{1-3}). Die

Gegen den Pharao und Ägypten: 29^{1}–32^{32}

Das Gericht über den König und sein Land: 29^{1-16}

29^{1} Am zwölften Tag des zehnten Monats im zehnten Jahr erging das
Jes 19; Jer 46 Wort des Herrn an mich: ^{2} Menschensohn, richte dein Gesicht auf
den Pharao, den König von Ägypten, tritt als Prophet auf gegen ihn

Hilfe erwies sich als trügerisch. Dem erstarkten Assur hatte Ägypten nichts entgegenzusetzen. Schon damals kursierte das Spottwort, Ägypten sei ein Schilfrohr, und wer sich darauf stütze, komme zu Schaden (2 Kön 18^{21} Jes 36^{6}; vgl. Jes 30^{6f}). Die gleiche Situation gut 100 Jahre später: Der rasche Untergang Assurs ermöglicht Pharao Necho, Syrien wieder in seine Hand zu bekommen und sogar bis zum Eufrat vorzudringen (609). Aber bereits wenige Jahre später zerschlägt der Babylonier Nebukadnezzar die Vorherrschaft Ägyptens und begrenzt es auf sein Stammland. Wieder schürt Ägypten unter den Kleinstaaten Aufstandsbewegungen. Der von Necho eingesetzte Jojakim wagt um 602 und der von Nebukadnezzar eingesetzte Zidkija um 589 einen Aufstand. Der erste endet noch einigermaßen glimpflich mit hartem Tribut und der ersten Deportation, der zweite führt zur endgültigen Katastrophe. Jetzt waren es Jeremia und Ezechiel, die vor jedem Aufstand gewarnt hatten. Nicht nur, weil Ägyptens Hilfe trügerisch ist – ein Entsatzheer kommt den Judäern zwar zu Hilfe, so daß Nebukadnezzar die Belagerung der Stadt kurzfristig unterbrechen muß, vermag aber das Schicksal der Stadt nicht aufzuhalten (Jer 34^{21} $37^{5.7.11}$), vielmehr hat Jahwe den Babylonier zu seinem Gerichtswerkzeug an Israel erwählt. Diesen Entscheid Jahwes muß Israel annehmen und im willigen Beugen unter das Joch des Fremdherrschers Jahwe als seinen Gott erkennen, der einem gläubig gewordenen Volk dann vielleicht Vergebung und Begnadung schenken wird. Dieser letzten Möglichkeit einer Rettung steht nach (Jeremia und) Ezechiel vor allem Ägypten im Weg, da seine Verlockungen zu einer Freiheit nach eigenem Willen bei den Verantwortlichen in Juda größere Wirkung erzielen als die Warnungen der Propheten, über die sie selbstherrlich hinweggehen. Deshalb kündigt Ezechiel der Verführermacht Ägypten im wirkmächtigen Wort Jahwes Gericht an.

Die vorliegende Sammlung enthält vielfältiges Material unterschiedlicher Herkunft und Zeit. Da manche Worte von einander abhängen, ist mit einer sukzessiven Entstehung des Komplexes zu rechnen. Die Endredaktion gliedert ihn in sieben Redeeinheiten. Sie werden mit Wortereignisformel und Zeitangabe, die nur 30^{1} fehlt, eingeleitet. Die Datenfolge ist 29^{17} gestört. Das Datum leitet einen Nachtrag 29^{17-20} ein, der den Tyruskomplex mit den Ägyptenworten verklammert. Wie bei den Tyrusworten dürfte eine in sich geschlossene Dichtung des Propheten gegen Ägypten die Grundlage auch dieser umfangreichen Sammlung gebildet haben.

29^{1-21} Der Abschnitt zerfällt in zwei Teile, die je mit Datumsangabe und Wortereignisformel eingeleitet sind: $^{1-16.17-21}$.

$^{1-16}$ Der erste Teil erfährt durch die

und gegen ganz Ägypten, [3] und sag: So spricht Gott, der Herr: Jetzt 32[2]
gehe ich gegen dich vor, Pharao, du König Ägyptens, du großes Kro-
kodil, das zwischen den Armen des Nil liegt und sagt:

Mir gehören die Arme des Nil,
ich habe sie selber erschaffen.

[4] Aber ich schlage dir Haken durch die Kinnbacken und lasse die Fi-
sche deines Nil an deinen Schuppen kleben. Ich ziehe dich herauf aus
deinem Nil samt all den Fischen deines Nil, die an deinen Schuppen
kleben.

29[2] Und gegen ganz Ägypten: sekundäre Ergänzung.
29[3] Sie: Text korr. nach G; H: »mich«.

dreimalige Erkenntnisformel [6a] [9a, 16] eine Gliederung in drei Einheiten, die von einander abhängen. [3] wird in [9b] aufgenommen, und [16] spielt auf [6b.7] an. Formale und inhaltliche Unterschiede sprechen für eine sekundäre Anreicherung eines Grundwortes.

[1–6a] Datumsangabe, Wortereignisformel, Anrede Menschensohn, Auftrag zu wirkmächtiger Geste, Botenauftrag und Botenformel [1–3aα] leiten ein begründetes Gerichtswort [3aβ–5] ein. Es ist in seinem Grundbestand metrisch klar strukturiert und als kunstvolle Metapher gestaltet. Es stammt ohne Frage von Ezechiel und dürfte den Anfang seiner Dichtung gegen Pharao und Ägypten bilden.

[1–3] Das Datum führt in den Januar des Jahres 587. Soeben hat Nebukadnezzar, am 10. Tag des Monats, die Belagerung Jerusalems begonnen (vgl. 24[1]). In dem Augenblick, da die Hoffnung aller auf Ägypten gerichtet ist, wendet sich der Prophet gegen den Pharao und droht ihm die Vernichtung an. Wie in 28 richtet sich das Wort nicht gegen den gerade regierenden Hophra (588–570) persönlich, sondern insoweit er als Pharao die Verkörperung des Volkes und des Landes darstellt. Mit der Herausforderungsformel zum Zweikampf (vgl. 5[8] 26[3] 28[22]) tritt Jahwe als der Handelnde auf. Die Begründung klingt bereits im hymnischen Prädikament des Pharao als großes *tannīn* an, die dann im Selbstzitat ausgeführt wird. Mit *tannīn,* »das zwischen den Armen des Nils liegt«, provoziert der Dichter die spontane Assoziation »Krokodil«. Das ist in Ägypten ein geläufiges Bild für Größe und Macht Pharaos, das besonders im hymnischen Lobpreis beliebt ist: »Ich ließ deine Majestät schauen als ein Krokodil, den furchtbaren Gebieter des Wassers, den Unnahbaren« (ANET 374c auf Tutmosis III). Unverletzlichkeit und Überlegenheit, zugleich Machtfülle auf Grund reichen und fruchtbaren Landbesitzes werden in diesem Bild anschaulich. Erst weiteres Bedenken der Bedeutung von *tannīn* läßt die Hintergründigkeit der Anrede erkennen, die der Dichter anzielt. Zusammen mit anderen Wesen gehört *tannīn* zu den mythischen Chaosmächten (z. B. Ps 74[13f] Jes 27[1] 51[9] Ijob 7[12]). In stolzer Anmaßung und Hybris behauptet der Pharao im Selbstzitat, das Land und seine Fruchtbarkeit selbst geschaffen zu haben. Als mythisches Gottwesen maßt er sich Kräfte an, die ihn dem Weltschöpfer gleichstellen.

[4–6a] Diese Anmaßung wird der Weltschöpfer in seinem Handeln, das gleichfalls metaphorisch dargestellt

5 Dann werfe ich dich in die Wüste hinaus,
dich und all die Fische des Nil.
Aufs trockene Land wirst du fallen.
Niemand holt dich von dort und begräbt dich.
Den wilden Tieren und den Vögeln des Himmels
werfe ich dich vor zum Fraß.
6 Dann werden alle Ägypter erkennen,
daß ich der Herr bin.
2 Kön 18^{21} Eine Stütze aus Schilfrohr bist du
für das Haus Israel.
7 Nehmen sie dich in die Hand, dann zerbrichst du
und durchbohrst ihnen die Schulter;
stützen sie sich auf dich, dann zerbrichst du,
und allen beginnen die Hüften zu wanken.

8 Darum – so spricht Gott, der Herr: Ich bringe das Schwert über
dich und rotte Mensch und Vieh bei dir aus. 9 Ägypten wird zu Wüste
und Ödland. Dann werden sie erkennen, daß ich der Herr bin. Du
hast gesagt:

Mir gehören die Arme des Nil;
ich habe sie selber erschaffen.

29^{5} Und begräbt dich, wörtlich: »und sammelt dich ein«; Zusatz.
29^{6} Bist du: Text korr. nach G.
29^{7} Zu wanken: Text korr.

wird, als Selbsttäuschung bloßstellen. Dabei tritt das mythische Element eines Chaoskampfes völlig zurück. Spielerisch (vgl. dagegen Ijob 40^{25f}), wie man ein Krokodil fängt (dazu Herodot II 70), so wird Jahwe das selbstgefällige Wesen aus seinem Lebenselement herausreißen und aufs Ödland schleudern, wo es zur willkommenen Beute der Vögel und Wildtiere wird. Das anschauliche Bild erfährt eine groteske Steigerung: Alle Fische des Nils bleiben an seinen Schuppen kleben, d.h. alle Bewohner Ägyptens erleiden dasselbe Schicksal. In diesem Machterweis werden dann alle Ägypter Jahwes Herrsein erkennen.

$^{6b-9a}$ Ohne eigene Einleitung ist von späterer Hand dem Wort des Propheten ein begründetes Gerichtswort gegen das Land Ägypten angefügt worden. Die Begründung nimmt das Bild vom brüchigen Schilfrohr aus Jes 36^{6ff} par 1 Kön $18^{13.17}$ auf und malt es aus, um so ein Verschulden Ägyptens an Israel darzustellen. Ohne Bild ergeht in ^{8} die Gerichtsankündigung, die Formulierungen aus 6^{3} $14^{13.17.19.21}$ 25^{13} verwendet. Mit der Erkenntnisformel schließt das Wort ab, dessen theologische Intention fragwürdig ist. Ägypten erscheint als Verführermacht, auf die Israel sein Vertrauen gesetzt hat und durch die es getäuscht wurde. Hier wird der Vorwurf laut, daß Ägypten Israel aus seiner Bedrängnis nicht errettet hat. Das steht im Widerspruch zur Verkündigung Ezechiels (vgl. 17; sowie seine grundsätzliche Verurteilung des Paktierens mit den Großmächten in 16 23).

$^{9b-16}$ Das Wort setzt bereits die er-

[10] Darum gehe ich jetzt gegen dich und deine Nilarme vor. Ich mache 30[6]
Ägypten zum dürren Ödland, zur Wüste von Migdol bis Syene und
bis an die Grenzen von Kusch.
[11] Weder Mensch noch Tier geht mehr darüber hin. Vierzig Jahre
lang wird es nicht mehr bewohnt sein. [12] Ich mache Ägypten zur Wü-
ste inmitten verwüsteter Länder. Seine Städte sollen vierzig Jahre lang
verwüstet daliegen inmitten verödeter Städte. Ich zerstreue die Ägyp-
ter unter die Völker und vertreibe sie in alle Länder.
[13] Denn so spricht Gott, der Herr: Nach vierzig Jahren führe ich die
Ägypter aus den Völkern zusammen, unter die sie zerstreut wurden.
[14] Ich wende das Geschick Ägyptens und bringe sie zurück in das
Land Patros, das Land ihrer Herkunft. Dort werden sie ein unbedeu-

29[10] Migdol: die nördlichste Grenzfestung Ägyptens. – Syene (= Assuan): die südlichste Grenzfestung Ägyptens.

29[14] Patros ist ein Name für Oberägypten.

weiterte Einheit[1–9a] voraus. [9b] zitiert leicht variierend die Selbstaussage[3b]; der Hinweis auf Ödland und Wüste[10] entstammt[9a]. Die Gerichtsankündigung[11a] greift auf [8b] zurück und [16] spielt auf [6b.7] an.

[9b–12] Der späte Verf. nimmt in der Begründung die Selbstaussage Pharaos auf, geht aber in der Gerichtsankündigung sofort auf das Land Ägypten über, an dessen Verwüstung er interessiert ist. Dazu greift er [9a] auf und steigert die Aussage durch ihre Ausdehnung von Norden bis zum äußersten Süden; »von Migdol bis Syene« entspricht analogen Formulierungen, vgl. »von Dan bis Beerscheba« (Ri 20[1] u. ö.). Von den verschiedenen Orten mit dem Namen Migdol (= Wachturm eines Sperrforts) dürfte der aus Jer 44[1], vgl. 46[14] als Sitz einer jüdischen Gemeinde bekannte Ort im Delta am ehesten passen (*tell es-samūt* oder *tel el-ḫīr*). Syene (= Assuan), etwas nördlich des 1. Katarakts, ist der traditionelle Grenzort im Süden. In der Erwähnung von Kusch mag die Erinnerung nachwirken, daß Ägypten zeitweise auch das Gebiet weiter südlich bis zum 2. Katarakt umfaßte. Die Verwüstung des ganzen Landes wird in formelhaften Wendungen geschildert, wobei auffällt, daß das Schicksal Ägyptens dem von Israel bis hin zur Zerstreuung unter die Völker gleichgestaltet wird.

[13–16] Die Parallelisierung des Geschicks beider Länder wird jetzt überraschend auch auf ihre Wiederherstellung ausgedehnt. Nach der späten Ergänzung 4[4–8] hatte Israel mit einer Strafzeit von 40 Jahren zu rechnen. War dort aber nicht von einer Wende die Rede, so wird hier ausdrücklich gesagt, daß Jahwe selbst das unter die Völker zerstreute Ägypten sammeln wird. Die Formulierung wird sonst in bezug auf Israel benutzt (11[17] 20[34.41] 28[25] u. ö.). Ägypten wird wiederhergestellt (vgl. Jes 19[18ff] Zef 3[10] Sach 14[18f]), aber nicht in seiner einstigen Größe und Mächtigkeit, sondern auf sein vermutliches Ursprungsland, Patros = »Land des Südens«, beschränkt lebt es als unbedeutendes Volk, das für Israel nicht mehr zum Verführer werden kann.

Der Verf., der aus der jüdischen

tendes Reich gründen. [15] Es wird unbedeutend sein im Vergleich zu den anderen Königreichen, und es wird sich nicht mehr über die anderen Völker erheben. Ich mache sie ganz klein, damit sie nicht mehr über die Völker herrschen können. [16] Das Haus Israel wird ihnen nicht mehr vertrauen und sich ihnen nicht mehr anschließen; es wird sich hüten, seine alte Schuld wieder in Erinnerung zu rufen. Sie werden erkennen, daß ich Gott, der Herr, bin.

Der Sieg Nebukadnezzars: 29[17–21]

[17] Am ersten Tag des ersten Monats im siebenundzwanzigsten Jahr erging das Wort des Herrn an mich: [18] Menschensohn! Nebukadnezzar, der König von Babel, hat sein Heer vor Tyrus schwere Arbeit verrichten lassen; alle Köpfe wurden kahl, und jede Schulter war zerschunden. Aber Tyrus hat ihn und sein Heer nicht belohnt für die Arbeit, die sie geleistet haben.

Diaspora Ägyptens stammen mag, rechnet offenbar mit einem Heilsplan Jahwes, der das politische Zusammenleben aller Völker in Frieden zum Ziel hat und in der Entmachtung der Großmächte eine unabdingbare Voraussetzung dafür sieht.

[17–21] Der zweite Teil der Einheit [1–21] besteht aus einem mit Datum eingeleiteten Wort über Nebukadnezzar[17–20] und einem Nachtrag[21].

[17–20] Das Datum fällt auf Ende April 571. Das ist neben 1[1] die späteste Zeitangabe in Ez (zu 40[1] s. u.). Das Wort verbindet in eigentümlicher Weise das Schicksal Ägyptens mit den Vorgängen um Tyrus. Formal ist es als Gerichtswort gestaltet. Auf die Wortereignisformel und die Anrede Menschensohn folgt als Begründung keine Schuldfeststellung Ägyptens, sondern eine Schilderung geschichtlicher Ereignisse[18], die in offenkundigem Widerspruch zur Gerichtsankündigung 26[7–14] stehen und diese zurechtrücken wollen. Mit der Botenformel wird die Gerichtsankündigung gegen Ägypten eingeleitet. Gewichtig nimmt sie die Formulierung der alten Prophetensprüche aus dem Heiligen Krieg auf: »Siehe, ich gebe ...« Im Folgenden ist aber nicht von Eroberung und Besitznahme Ägyptens die Rede. Es geht lediglich um einen Beutezug, der als Belohnung für die vor Tyrus im Auftrag Jahwes geleistete Arbeit gedeutet wird. Die Gottesspruchformel beschließt das in Prosa gefaßte Wort.

Hintergrund für dieses merkwürdige Wort dürften schon früher geäußerte Glaubenszweifel an der Gültigkeit des Verkündigungswortes bilden, in dem Jahwe sich selbst gebunden hat (12[22]). Die völlige Vernichtung von Tyrus, die Ezechiel angekündigt (26[1–5a] 27* 28[1.12bβ.14b.17]) und die Auslegung (26[7–14]) auf den Feldzug Nebukadnezzars gegen die Stadt gedeutet hatte, war nicht erfolgt. Etwa zwei Jahre vor dem in [17] angegebenen Datum hatte er die Belagerung nach 13 Jahren abgebrochen. Die näheren Umstände sind nicht bekannt. Allerdings lassen Urkunden vermuten, daß der Feldzug nicht so erfolglos war, wie [18] darstellt. Tyrus hat seine Selbständigkeit mit hartem Tribut und dem Verlust der Festlandsstädte erkauft. Allerdings hat [18] darin recht, daß Nebukadnezzar den von Jahwe zugesagten Lohn, ganz

[19] Darum – so spricht Gott, der Herr: Ich gebe Nebukadnezzar, dem 30[10.24]
König von Babel, das Land Ägypten. Er wird seine Schätze weg-
schleppen; er wird alles plündern und reiche Beute machen. Das wird
der Lohn seines Heeres sein. [20] Als Belohnung für seine Arbeit gebe
ich ihm Ägypten; denn sie haben für mich gearbeitet – Spruch Gottes,
des Herrn.
[21] An jenem Tag werde ich dem Haus Israel neue Kraft verleihen, und Ps 132[17]
du sollst wieder zu ihnen reden. Dann werden sie erkennen, daß ich
der Herr bin.

Das Gericht über Ägypten: 30[1–26]

30[1] Das Wort des Herrn erging an mich: [2] Menschensohn, tritt als
Prophet auf, und sag: So spricht Gott, der Herr:

29[20] Denn sie haben für mich gearbeitet: fehlt in G; sekundäre Begründung.
29[21] Wörtlich: »Ich werde dem Haus Israel ein Horn sprossen lassen, und ich gebe dir Öffnung des Mundes in ihrer Mitte«.

Tyrus, nicht erhalten hat. Dieser soll ihm jetzt in der Plünderung Ägyptens zuteil werden. Damit relativiert der Verf. zugleich die Ankündigung der völligen Vernichtung Ägyptens, die Ezechiel vorausgesagt (29[1–6a] 31* 32*) und die durch Spätere eine breite Ausgestaltung erfahren hatte, die aber ebenfalls noch nicht eingetroffen war.
Der Verf. des Spruchs, gewiß nicht Ezechiel, blickt aus gewisser Distanz auf die Ereignisse zurück und ordnet sie historisch zutreffend ein. Eine fragmentarische Notiz der Wiseman-Chronik belegt für das 37. Jahr Nebukadnezzars (568/67) einen Feldzug des Königs gegen Ägypten (ANET 308). Zugleich kritisiert er mit hintergründiger Ironie die Glaubensschwierigkeiten seiner Zeitgenossen, die Jahwes Handeln mit konkreten Ereignissen verbinden und auf einen bestimmten Zeitpunkt festlegen wollen. Jahwe bleibt aber stets der souveräne Herr der Geschichte. Was er durch seinen Propheten angekündigt hat, trifft zu und gilt fort. Er wird seinen Heilsplan in der Geschichte vollenden. Allerdings gilt auch: Er allein bestimmt den Tag und die Stunde (vgl. Mt 24[36] par).
[21] Der kleine Nachtrag weist auf die grundsätzliche Bedeutung der Völkersprüche hin. Jahwes Handeln an den Völkern, wann und wie immer es geschehen mag, dient in erster Linie zum Heil Israels (28[24–26]). Die in 24[27] angekündigte und in 33[22] eintretende Wende zur Heilsverkündigung wird kurz eingeblendet. Im Heilsplan Gottes hat Israel einen bevorzugten Platz. Jahwe wird ihm »ein Horn sprossen lassen«. Die Bedeutung des Ausdrucks bleibt undeutlich. Weist er auf das Kommen des großen Davididen hin, in dem Gott seinen neuen Bund mit Israel aufrichtet (34[23ff]; vgl. Ps 132[17]), oder bedeutet er in allgemeiner Verwendung die Wende des Geschicks Israels zur heilvollen Vollendung?
30[1–26] Dieser umfangreiche Einschub dürfte durch 29[21] angeregt worden sein. Das Endgericht über die Völker, das sich exemplarisch an Ägyp-

Jammert und schreit: Weh über diesen Tag!
Joël 1[15] Am 5[18] Zef 1[14] 3 Denn der Tag ist nahe,
der Tag des Herrn ist nahe,
ein Tag dunkler Wolken.
Die Zeit für die Völker ist da.
4 Das Schwert dringt ein in Ägypten.
Ein Zittern überfällt die Kuschiter,
wenn in Ägypten
die Menschen erschlagen werden und fallen.
Man schleppt seine Schätze hinweg
und reißt seine Grundmauern nieder.

30[2] Über: *l*[e] ist emphatisch und verstärkt den Vokativ: »Wehe, welcher Tag!« (Boadt, 1980, 58).
30[3] Denn: »Ja! Fürwahr!«
30[4] Seine Schätze, andere Übersetzung: »seine (fremden) Truppen«. – Grundmauern, wörtlich: »Grundfesten«; Metapher für die Anführer.

ten vollzieht, bildet die dunkle Folie, von der sich Israels Heil strahlend abhebt. Der Abschnitt zerfällt durch die Zeitangabe in [20] in zwei Teile: [1–19.20–26]. Da in [1] eine Datumsangabe fehlt, wird [1–19] vermutlich unter das Datum von 29[1] subsumiert.

[1–19] Die mit der Wortereignisformel, der Anrede Menschensohn, dem Botenauftrag und der Botenformel[1–2a] eingeleitete Einheit gliedert sich durch die Botenformeln in [10] und [13] in drei Teilworte, die formale und inhaltliche Unterschiede aufweisen.

[2b–9] Das Wort greift die Thematik des Jahwe-Tages von 7 auf und wendet sie auf Ägypten an. Gerade die sprachlichen Anklänge ([3] = 7[7.8.10.12] und [9b] = 7[6.10]) erweisen das Stück als sekundär (gegen Boadt, 57ff). Es ist chiastisch aufgebaut: nahe ist der Tag/der Tag ist da[2b.3/9c]; die Inklusion Ägypten/Kusch/Ägypten[4/8.9b] konstituiert ein Trikolon, das in [4] durch das Wortspiel *ḥalḥālā* »zittern«/*ḥālal* »Erschlagene« das zweite und dritte Kolon verklammert; »zittern« wird in [9b] aufgenommen.

[2b–4] Einleitender Imperativ fordert zu Schreckensrufen auf (vgl. Jes 13[6] Joël 1[15]). Adressat und Grund werden zunächst nicht genannt. Dadurch entsteht eine Spannung, die zusätzlich gesteigert wird, indem eine innere Klimax den Grund in seinem bedrohlichen Ausmaß erst verdeutlicht: Von einem unbestimmten Tag ist die Rede, dieser sei nahe, es sei der Tag Jahwes. Es sei ein »Tag des Gewölks« (Joël 2[2] Zef 1[15]) und die »Zeit der Völker« (7[7.12]). Damit ist die völkergeschichtliche Dimension des Jahwe-Tages angesprochen. [4] erst nennt den Adressaten. Ägypten/Kusch in Parallele bezeichnen für den Hebräer das ferne Ausland (vgl. Jes 20[3ff] 43[3] 45[14] Nah 3[9] Ps 68[32]). Nach Zef 3[10]; vgl. Jes 48[1], kann Kusch aber auch synonym für Ägypten stehen. Die Doppelsinnigkeit mag der Verf. beabsichtigt haben, auch wenn er sich im Folgenden Ägypten zuwendet. Das dämonische Schwert als Gerichtswerkzeug Jahwes (vgl. 21) rafft alle dahin: Ägypter, die fremden Hilfstruppen sowie die »Grundfesten« = metaphorischer Ausdruck für die Führungsorgane.

5 (Die Männer aus) Kusch, aus Put und Lud, Jer 46[9]
das ganze Völkergemisch,
(die Männer aus) Kub und die Söhne des Landes,
mit dem ich einst meinen Bund schloß,
fallen wie sie unter dem Schwert.
6 So spricht der Herr:
Es fallen die Helfer Ägyptens,
seine herrliche Macht sinkt dahin.
Von Migdol bis hin nach Syene 29[10]
fallen die Krieger unter dem Schwert –
Spruch Gottes, des Herrn.
7 Verwüstet liegt es dann da
inmitten verwüsteter Länder
und seine Städte inmitten verödeter Städte.
8 Sie werden erkennen, daß ich der Herr bin,
wenn ich Ägypten verbrenne,
wenn all seine Helfer zusammenbrechen.
9 An jenem Tag schicke ich meine Boten auf Schiffen hinaus,
um Kusch aus seiner Ruhe zu schrecken.
Ein Zittern überfällt sie am Gerichtstag Ägyptens;
schon trifft all das ein.

[5] Ein kundiger Ergänzer zählt die Hilfsvölker Ägyptens auf, die durch das Schwert fallen. Sechs Gruppen werden genannt. Es handelt sich dabei um angeworbene Söldnertruppen, die gelegentlich selbst die Macht an sich rissen und die Herrscher stellten, etwa die Kuschiter in der 25. Dynastie, die Libyer in der 22. und 23. Dynastie. Mit den »Söhnen des Bundesvolkes« sind israelitische Söldner gemeint, die nach Urkunden (Aristeas 13; Herodot II 161) und Inschriften (Stele in Karnak, Abu Simbel, u. a.) in ägyptischen Diensten standen.

[6–9] Durch die Ergänzung ist der Text in [6] gestört. Die Botenformel sucht den Anschluß an [4] herzustellen. »Es fallen die Helfer Ägyptens« ist eine zusammenfassende Wiederholung von [5] und »fallen die Krieger unter dem Schwert« eine erläuternde Glosse dazu. Durch diese Überfrachtung des Grundtextes wurde die Gottesspruchformel als Gliederungselement nötig. Der Grundtext »seine herrliche Macht sinkt dahin von Migdol bis Syene« schließt nahtlos an [4] an. Übrig bleibt von der stolzen Macht Ägypten eine Wüste inmitten von Wüsten. [9] wird wegen der Erkenntnisformel in [8] allgemein als sekundär ausgeschieden, weil man die Komposition des Stückes [2b–9] verkennt. [8] und [9] sind aufeinander bezogen und führen einen neuen Gedanken ein. Die Erkenntnisformel[8] ist zweifach erweitert. Das Element »Feuer« entstammt traditioneller Redeweise der Völkersprüche (vgl. Am 1f). Schwert[4] und Feuer[8] raffen Ägypten und seine Helfer dahin. Daran knüpft [9] in Aufnahme von [4] an. Jahwe wird sein Herrsein erweisen, indem er am »Tag Ägyptens« (vgl. »Tag Midians« Jes 9[3]) seine Gerichtshelfer gegen Ägypten schickt.

10 So spricht Gott, der Herr:
29^{10} Ich mache der Pracht Ägyptens ein Ende
durch die Hand Nebukadnezzars,
des Königs von Babel.
11 Er und sein Heer,
28^{7} die gewalttätigsten unter den Völkern,
werden herbeigeholt, um das Land zu vernichten.
Sie zücken ihr Schwert und schlagen Ägypten
und füllen das Land mit erschlagenen Menschen.
Jes 19^{5} 12 Ich lege die Nilarme trocken,
verkaufe das Land an Verbrecher,
ich verwüste das Land und alles darin
durch die Hände von Fremden.
Ich, der Herr, habe gesprochen.
13 So spricht Gott, der Herr:
Ich will die Götzen vernichten.
Ich führe das Ende der Götter von Memfis herbei.
Der Fürst von Ägypten wird (bald) nicht mehr leben.
Ich stürze Ägypten in Angst.
14 Patros will ich verwüsten,
Zoan will ich verbrennen,
an No vollstrecke ich das Urteil.

30^{14-16} Zu Patros vgl. 29^{14}. – Zoan liegt im Nildelta; No ist Residenz- und Tempelstadt; Theben liegt in Oberägypten; Sin ^{16} liegt nahe bei Zoan.

Kusch/Ägypten sind synonym gebraucht. Jes 18^{1ff} mag den Verf. zu dieser Aussage angeregt haben.
$^{10-12}$ sind wie 26^{7ff} eine targumartige Auslegung der allgemein gehaltenen Gerichtsandrohung. Nebukadnezzar ist das Gerichtswerkzeug Jahwes. Er wird das Vernichtungswerk verrichten. Die Schilderung folgt im Aufriß $^{2b-9}$ und benutzt gängige Formulierungen. In ^{12} wechselt das Subjekt und erweist Jahwe als den eigentlich Handelnden. Er macht der »Pracht« Ägyptens ein Ende. Das Wort *hāmōn* wird in 29–32 von insgesamt 25 Belegen in Ez 16mal benutzt und 13mal ausdrücklich auf Ägypten bezogen. Es drückt die selbstgefällige Überlegenheit der Großmacht aus, die Jahwe in ihrem Nerv treffen wird.

$^{13-19}$ Der Abschnitt ist vom Ansatz her eine eindrucksvolle Entfaltung der »Pracht« Ägyptens. Städte mit ruhmreicher Vergangenheit treten vor Augen. Sie haben berühmte Herrschergeschlechter hervorgebracht, von denen starke politische Bewegungen ausgingen, oder waren hervorragende Kultzentren. Sie alle wird Jahwe im Gericht vernichten. Die jetzt vorliegende Aufzählung der Orte läßt kein verständliches Prinzip mehr erkennen, trotz gewisser Korrekturen nach G (anders Fohrer). Zudem ist der Verf. nicht in der Lage, entsprechende Vorbilder (z. B. Jes 10^{27b-34} Mi 1^{10-15}) umzusetzen und in der mit dem jeweiligen Stadtnamen verbundenen Aussage entweder zum Klang des Namens

15 Über Sin, die Festung Ägyptens, gieße ich meinen Zorn aus, und
ich vernichte die Pracht von No. 16 Ägypten will ich verbrennen. Sin
wird sich in Krämpfen winden; No wird man erstürmen, und Memfis
wird am hellen Tag von Feinden bedrängt. 17 Die jungen Männer von
On und Pi-Beset fallen unter dem Schwert, und die Einwohner dieser
Städte ziehen in die Gefangenschaft. 18 Es wird ein schwarzer Tag für
Tachpanhes, wenn ich dort die Zepter Ägyptens zerbreche; dann ist Jer 43[9]
es mit seiner herrlichen Macht zu Ende. Finstere Wolken werden
Ägypten bedecken, und seine Töchter ziehen in die Gefangenschaft.
19 So vollstrecke ich an Ägypten das Urteil, und sie werden erkennen,
daß ich der Herr bin.
20 Am siebten Tag des ersten Monats im elften Jahr erging das Wort
des Herrn an mich: 21 Menschensohn, ich habe dem Pharao, dem Kö-
nig von Ägypten, den Arm zerbrochen. Man hat ihn nicht verbunden
und nicht geschient und ihm keine Heilung gegönnt, damit er nicht
wieder zu Kräften kommt und zum Schwert greift.
22 Darum – so spricht Gott, der Herr: Jetzt gehe ich gegen den Pha-
rao vor, den König von Ägypten: Ich zerbreche ihm beide Arme, den
gesunden und den bereits zerbrochenen, und schlage ihm das
Schwert aus der Hand. 23 Ich zerstreue die Ägypter unter die Völker 29[19f]
und vertreibe sie in alle Länder. 24 Ich stärke die Arme des Königs von
Babel und gebe ihm mein Schwert in die Hand. Dem Pharao aber

30[17f] On: Text korr. mit G. On (= Heliopolis) ist der zentrale Ort des ägyptischen Sonnenkults, nordwestlich von Kairo. Pi-Beset (= Bubastis) liegt im östlichen Nildelta, ebenso Tachpanhes (= Daphne). – Die Zepter: Text korr. nach G und Vg; H: »Die Jochstangen«.

oder des besonderen Geschicks eine prägnante Beziehung herzustellen. Vielmehr ergeht er sich in bekannten Gerichtsformulierungen. In Anlehnung an Jer 43[8–13] wird sich Jahwes Gericht in Tachpanhes vollenden, das in Aufnahme von [3] kosmische Ausmaße annimmt.

[20–26] Datumsangabe und Wortereignisformel leiten das kurze Wort ein, das in seinem formalen Aufbau 29[17–21] gleicht. Auf die Anrede Menschensohn folgt kein Redeauftrag, sondern eine rückblickende Ereignisschilderung[21]. Sie übernimmt die Funktion der Begründung für die mit der vollen Botenformel und der Herausforderungsformel zum Zweikampf [22a] eingeführten Gerichtsankündigung über den Pharao[22b.23–25]. Ein mehrfaches Wachstum des Wortes anzunehmen (Zimmerli), verkennt die Eigenart des Wortes, das Vergangenheit und Zukunft zusammensieht. [26] wiederholt [23] und dürfte als Glosse ausscheiden.

Das Datum führt in den April 587, etwa ein Vierteljahr vor dem Untergang Jerusalems. Jahwe hat Pharaos Arm zerbrochen[21]. Die beliebte Bildrede für die Entmachtung des Starken (Ps 10[15] 37[17] Jer 48[25] Ijob 38[15]) bezieht sich auf den gescheiterten Versuch Pharao Hophras, Jerusalem zu entsetzen, was bei den Verantwortlichen der Stadt hochfliegende

zerbreche ich die Arme, so daß er vor ihm stöhnt wie ein tödlich Verletzter. [25] Ich stärke die Arme des Königs von Babel; doch die Arme des Pharao sinken kraftlos herunter. Wenn ich dem König von Babel mein Schwert in die Hand gebe und er es über Ägypten schwingt, dann werden sie erkennen, daß ich der Herr bin. [26] Ich zerstreue die Ägypter unter die Völker und vertreibe sie in alle Länder. Dann werden sie erkennen, daß ich der Herr bin.

Das Gleichnis vom Pharao, dem prächtigen Baum: 31[1–18]

31[1] Am ersten Tag des dritten Monats im elften Jahr erging das Wort des Herrn an mich: [2] Menschensohn, sag zum Pharao, dem König von Ägypten, und zu seinem Gefolge:

Wem war deine Größe vergleichbar?

Hoffnungen geweckt hatte (Jer 37[5.9]; vgl. 34[16.21f]). Damit solche für die Zukunft nicht mehr aufkeimen, macht Jahwe den Pharao handlungsunfähig und läßt dessen Volk das Israel bevorstehende Schicksal teilen. Dazu bedient sich Jahwe des Königs von Babel. Er stärkt ihm den Arm und läßt ihn über Ägypten das Schwert schwingen. Dann wird insbesondere Israel Jahwes Herrsein erkennen, der alle trügerischen Hoffnungen zunichte macht.

31[1–18] In diesem Abschnitt kommt Ezechiel als Dichter und Prophet wieder voll zu Wort. Aus einem schier unerschöpflichen Repertoire heraus entwirft er souverän seine kühnen Bilder. War Tyrus ein Prachtschiff (27[1ff]), so ist Ägypten ein Prachtbaum. Das Gedicht des Propheten ist nicht unversehrt erhalten. Datumsangabe, Wortereignisformel, Anrede Menschensohn und Botenauftrag[1–2a] leiten es ein. Sein beschreibender Teil[2b–9] weist nur kleinere Zusätze auf: [3a] »gab reichlich Schatten«, wörtlich: »und beschattender Wald«; [6b] verläßt unmotiviert die Bildrede; [9a] Subjektwechsel als dogmatische Korrektur. Schwieriger gestaltet sich der Redeschluß. Die Botenformel in [10] und [15] gliedert ihn in zwei Abschnitte: [10–14.15–18]. Mit seiner prosaischen Beschreibung der Höllenfahrt des Prachtbaumes und dem zusammenfassenden [18], der rahmend auf [2] zurückweist, gibt sich [15–18] als Ergänzung zu erkennen. Der Abschluß des Gedichts dürfte in [10–14] zu finden sein. Die Botenformel leitet eine in Prosa gehaltene Begründung[10aβ.b] für die Gerichtsankündigung ein, die teils in Prosa und bildlos, teils in Bildern von poetischer Kraft[12*13] gefaßt ist. Da [2b–9] die ursprüngliche Begründung für die Gerichtsankündigung bildet, dürfte die Wiederholung [10aβ.b] und das anschließende Drohwort[11] sekundär sein. [14] verallgemeinert paränetisch das Schicksal des Prachtbaumes und bereitet [15–18] thematisch vor.

[1–2a.2b.3*–6a.7–8.9b.10aα.12*13] Kurz vor dem Ende der Belagerung Jerusalems im Juni 587 erhält der Prophet den Auftrag, gegen den Pharao und sein »Gepränge«, d.h. gegen die durch den Pharao repräsentierte Großmacht, Gericht anzusagen.

[2b–9] Die einleitende Frage nach der Vergleichbarkeit an Größe[2b] deutet schon den Grund für das in [10a] ange-

3 Auf dem Libanon stand eine [Esche] Zeder.
Die Pracht ihrer Äste gab reichlichen Schatten.
Hoch war ihr Wuchs,
und in die Wolken ragte ihr Wipfel.
4 Das Wasser machte sie groß.
Die Flut in der Tiefe ließ sie hoch emporwachsen.
Die Tiefe ließ ihre Ströme fließen
rings um den Ort, wo sie gepflanzt war,
sie leitete (von dort) ihre Kanäle
zu allen anderen Bäumen des Feldes.
5 So war sie höher gewachsen
als alle anderen Bäume des Feldes.
Ihre Zweige wurden sehr zahlreich,
und ihre Äste breiteten sich aus
wegen des Reichtums an Wasser,
als sie emporwuchs.
6 Alle Vögel des Himmels
hatten ihr Nest in den Zweigen.
Alle wilden Tiere brachten unter den Ästen
ihre Jungen zur Welt.

31[3] Text unsicher, H: »Assur«, infolge falscher Wortabtrennung, lies: *t*[e]*'āšur* (vgl. 27[6]), eine Baumart, vielleicht Zypresse. Übersetzung: »Siehe, ein Teaschur-Baum, eine Zeder auf dem Libanon, schön von Geäst«. – Gab reichlich Schatten: Glosse nach [6].

31[5] Übersetzung unsicher.

31[6] All die vielen Völker wohnten in ihrem Schatten: verläßt die Bildrede; erläuternde Glosse.

kündigte Gericht Jahwes an. Das Wort »Größe« begegnet im AT vor allem in Aussagen über Jahwe und seine göttliche Machtfülle (Num 14[19] Dtn 3[24] 5[24] 9[26] 11[2] Ps 79[11] 150[2]). Von Menschen ausgesagt bedeutet es durchweg widergöttliche Anmaßung (Jes 9[8] 10[12]). Die Bildrede sucht daher nicht die Größe und Macht Pharaos an sich zu entfalten, sondern deren widergöttlichen Charakter aufzudecken.

Ezechiel stellt den Pharao zunächst unter dem Bild der Libanonzeder dar[3]. Libanonzedern gelten im Alten Orient als die imposantesten Bäume (1 Kön 5[13]); wegen ihrer Schönheit und Mächtigkeit heißen sie »Zedern Gottes« (Ps 80[11]) und »Zedern Jahwes« (Ps 109[16]). Von daher sind sie Symbol für alles Hohe und Mächtige (2 Kön 19[23] Jes 2[13] u. ö. Hab 2[17] Sach 11[1]). Wie oft bei Ezechiel erfährt das Bild eine dramatische Steigerung. Die Libanonzeder wächst aus zum Weltenbaum, der in zahlreichen Mythen begegnet, z. B. in Mesopotamien als Kischkanu-Baum in Eridu; im germanischen Raum als Weltesche der Edda; aber auch in den Veden und Upanischaden Indiens; vgl. im AT Dan 4. Sein Gipfel ragt hinein in die Sphäre des Göttlichen, seine Wurzeln reichen hinab in die

All die vielen Völker wohnten in ihrem Schatten.
7 Schön war sie in ihrer Größe
mit ihrem breiten Geäst;
denn ihre Wurzeln hatten viel Wasser.
8 Keine Zeder im Garten Gottes war ihr vergleichbar.
Keine Zypresse hatte Zweige wie sie,
keine Platane so mächtige Äste.
Keiner der Bäume im Garten Gottes
glich ihr an Schönheit.
9 Ja, ich hatte sie herrlich gemacht
mit ihren zahlreichen Zweigen.
Gen 2^{8} Voll Eifersucht auf sie waren im Garten Gottes
alle Bäume von Eden.
10 Darum – so spricht Gott, der Herr: Weil sie so hoch emporwuchs
und mit ihrem Wipfel in die Wolken ragte und wegen ihrer Höhe
Dan 5^{20} überheblich wurde, 11 deshalb liefere ich sie dem mächtigsten Herr-
scher der Völker aus. Er behandelt sie so, wie sie es in ihrer Schlech-

31^{10} Sie ... emporwuchs: Text korr. (3. statt 2. Person); vgl. G.

Tiefen des unterirdischen Ozeans, der als gebändigte Chaosmacht Segen und Wachstum verleiht (Gen 49^{25} Dtn 33^{13}). So verbindet er die kosmischen Räume und repräsentiert kosmische Lebensfülle, die allen Geschöpfwesen Lebensraum und Lebensmöglichkeit gewährt. Standort des Weltenbaumes bzw. Lebensbaumes ist der Gottesgarten^{7f}. Hier klingt 28^{13} an, wo der Gottesgarten als Raum verstanden wird, der dem zur Herrschaft Berufenen Anteil an göttlicher Lebenskraft verleiht. Daß ein Baum dieses Ausmaßes die Eifersucht der übrigen Edenbäume hervorruft, ist nicht verwunderlich^{9b}. Das ist aber ein Nebenzug des Bildes, den man auf die Rivalität der verschiedenen Großmächte deuten mag.

Für Ezechiel ist wichtig, daß sich das von ihm entworfene Bild mit dem Selbstbewußtsein eines ägyptischen Pharaos deckt und daß für ihn die einleitende Frage allenfalls rhetorischer Natur sein könnte. Natürlich ist niemand seiner Größe vergleichbar, stellt er doch die Verkörperung göttlicher und menschlicher Weltordnung dar und ist deren Repräsentant und Garant. Die in diesem Selbstverständnis begründete Anmaßung göttlicher Potenz steht aber gegen Jahwes universalen Herrschaftsanspruch. Deshalb muß über solche Anmaßung das Gericht ergehen.

$^{9a.10a\beta.b.11}$ Ein Ergänzer wollte mit ^{9a} sicherstellen, daß das überragende Wachstum des Baumes ein Werk Jahwes ist. Das nötigte ihn dazu, das Motiv der Selbstüberhebung, das in der Bildrede des Propheten in kunstvoller Hintergründigkeit stets gegenwärtig ist, in $^{10a\beta.b}$ als Begründung des Gerichts nachzutragen, das er ausdrücklich als Tun Jahwes darstellt. Auch diese Verdeutlichung bleibt mit ihren klischeehaften Formulierungen hinter der Darstellungskunst Ezechiels weit zurück.

$^{10a\alpha.12*.13}$ Die mit gerichtsbegründendem »darum« verstärkte Botenformel leitet das Drohwort ein, das in

tigkeit verdient hat; ich beseitige sie. 12 Fremde, die gewalttätigsten
unter den Völkern, werden sie umhauen und hinwerfen. Ihre Zweige
fallen auf die Berge und in alle Täler, ihre Äste zerbrechen in allen
Schluchten der Erde. Alle Völker der Erde verlassen den Schatten der
Zeder und lassen sie liegen.
13 Auf ihren gefällten Stamm setzen sich alle Vögel des Himmels, die
wilden Tiere hausen in ihren Zweigen.
14 Darum soll kein Baum mehr am Wasser emporwachsen und mit seinem Wipfel in die Wolken ragen, keiner der Bäume am Wasser soll
mehr so mächtig und hoch dastehen. Denn alle werden dem Tod ausgeliefert, sie müssen hinab in die Unterwelt zu den Menschen, die ins
Grab gesunken sind.
15 So spricht Gott, der Herr: Wenn die Zeder in die Unterwelt stürzt,
dann lasse ich die Flut in der Tiefe versiegen, ich decke sie zu; ich
halte ihre Ströme zurück, so daß der Reichtum an Wasser versiegt.
Ihretwegen hülle ich den Libanon in Trauer, und alle Bäume des Feldes sinken in Ohnmacht. 16 Durch das Getöse ihres Sturzes lasse ich 32^{17-32}
die Völker erzittern, wenn ich den Baum in die Unterwelt stürze,
hinab zu denen, die ins Grab gesunken sind. Dann trösten sich in der 28^{8}
Unterwelt alle Bäume von Eden, die erlesenen und besten Bäume des
Libanon, alle Bäume am Wasser. 17 Denn auch sie stürzen zusammen
mit ihr in die Unterwelt, hinab zu denen, die vom Schwert erschlagen
wurden. Alle aber, die im Schatten der Zeder wohnten, werden unter
die Völker zerstreut.

31^{12} Alle Völker ... liegen: erläuternde Glosse.
31^{17} Wohnten, werden ... zerstreut: Text korr., vgl. G.

seiner Knappheit an den Untergang des Prachtschiffes Tyrus (27^{24ff}) erinnert. »Fremde« (vgl. 7^{21} 11^{9} $28^{7.10}$ 30^{12}), die »gewalttätigsten unter den Völkern« (28^{7}) werden den Prachtbaum umhauen, wie Holzfäller mit einem gewöhnlichen Baum verfahren. Mit dieser überraschenden Verfremdung seines Bildes ironisiert und karikiert es der Dichter zugleich. Gewiß hat der Fall des Riesenbaumes weitreichende Auswirkungen. Aber was übrigbleibt, ist wertloses Holz. Es dient allenfalls noch den Tieren als flüchtige Unterkunft (Jes 18^{6}).

14 Für den Verf. der kleinen Paränese ist der Fall des Prachtbaumes ein warnendes Beispiel für alle Bäume, die in den Himmel wachsen wollen, in der irrigen Meinung, mit ihren Wurzeln an die wundersamen Wasser in der Tiefe heranreichen zu können. In der Tiefe lauert nichts als der Tod. Alle menschlichen Machtträume scheitern letztlich an der Hinfälligkeit menschlicher Geschöpflichkeit.

15–18 Durch 14 vorbereitet, greift dieser Abschnitt das Motiv der Höllenfahrt auf, das bereits 26^{19ff} und 28^{8} angeklungen war und in 32^{17ff} voll entfaltet wird. Der späte Verf. möchte die allgemeingültige Aussage der Paränese in 14 mit dem Sturz des Prachtbaumes der Bildrede unter das Motiv der Höllenfahrt der Mächtigen subsumieren. Damit sprengt er

^{18} Welcher der Bäume von Eden glich dir an Größe und Pracht? Und
doch wirst du zusammen mit den Bäumen von Eden in die Unterwelt
gestürzt. Dort wirst du mitten unter den Unbeschnittenen liegen, un-
ter denen, die vom Schwert erschlagen wurden. So geht es dem Pha-
rao und seinem ganzen Gefolge – Spruch Gottes, des Herrn.

Die Totenklage über den Pharao, das gefangene Krokodil: 32^{1-16}

32^{1} Am ersten Tag des zwölften Monats im zwölften Jahr erging das
29^{3} Wort des Herrn an mich: ^{2} Menschensohn, stimm die Totenklage an
über den Pharao, den König von Ägypten, und sag zu ihm:

32^{1} Im zwölften Jahr: mit 13 H-Handschriften, $G^{A(u.a.)}$ S: »im elften Jahr«.

32^{2} Bist du verstummt: *nidmētā* ist gegen Smend, GesB (»vertilgt werden«) und KBL, Fohrer (»schweigen müssen«) von *dmh* »ähnlich sein« herzuleiten (vgl. 19^{10} 27^{32}): »Einem Löwen der Völker bist du gleich geworden«, vgl. G, Vg, S.

aber die Möglichkeiten des Gleichnisses. Zwar operiert er mit dem vorgegebenen Bildmaterial und zeigt die kosmische Dimension der Vernichtung des Prachtbaumes auf, von der dann eigentlich alle Edenbäume betroffen sind. Aber die Bilder sind doch überfordert: Es ist der Pharao und alle mächtigen Fürsten, die wegen ihrer Anmaßung und Selbstherrlichkeit in die Unterwelt verstoßen werden, wo sie von jeder Lebensmöglichkeit endgültig abgeschnitten sind. Zu der eigentümlichen Vorstellung der Tröstung vgl. 5^{13} 14^{22f} 16^{34} 32^{31}.

32^{1-32} Die beiden Daten in $^{1.17}$ sowie formale und inhaltliche Unterschiede teilen den großen Schlußabschnitt der Ägyptenworte in zwei Teileinheiten auf: $^{1-16.17-32}$.

$^{1-16}$ Nach seiner Einleitung^{2a} und dem Schlußvers^{16} gibt sich der Abschnitt als Klagelied aus. Die gleiche Rahmung findet sich in 19. Während dort aber das Qina-Metrum klar hervortritt, ist es hier – trotz mancher Versuche – allenfalls in ^{2b} auszumachen. Zudem gibt die Botenformel in $^{3.11}$ dem Stück einen völlig anderen Charakter: Es geht nicht um Klage, sondern um Gerichtsankündigung. Als weitere Struktursignale sind die Gottesspruchformeln am Ende von $^{8.14}$ zu beachten. Textsynchron ergeben sich folgende Abschnitte: $^{1-2a\alpha}$ Einleitungsformeln; $^{2a\beta-8}$ mit Botenformel^{3} und Gottesspruchformel^{8}; $^{9-10}$ als Zwischenstück; $^{11-14}$ begrenzt durch einleitende Botenformel^{11} und Gottesspruchformel^{14}; ^{15} bildet eine kleine Einheit für sich, die mit der Erkenntnisformel abschließt. Die Zuordnung der Teileinheiten muß die Auslegung erbringen.

$^{1-2a\alpha/16}$ Das Wortereignis ist auf den März 585 datiert. Selbst wenn man G folgt und das 11. Jahr liest (März 586) ist es ein Zeitpunkt nach der Eroberung Jerusalems. Mit der Anrede Menschensohn erhält der Prophet den Auftrag, nicht etwa über die gefallene Stadt die Totenklage anzustimmen, die hatte er bereits in 19 vorweggenommen, sondern über den Pharao. ^{16} bestätigt den Auftrag und weitet ihn aus. Über alle Grenzen hinaus soll man in die Klage einstimmen und so Jahwes Gericht an der

Löwe der Völker, jetzt bist du verstummt.
Und doch warst du wie ein Krokodil in den Seen, 29^{3-5}
hast die Flüsse aufgepeitscht,
das Wasser mit deinen Füßen verschmutzt
und die Fluten aufgewühlt.
3 So spricht Gott, der Herr:
Ich werfe über dich mein Netz, 12^{13}
ein Heer von vielen Völkern,
die ziehen dich herauf in meinem Schleppnetz.
4 Dann werfe ich dich aufs Land,
schleudere dich aufs freie Feld.
Alle Vögel des Himmels sollen sich auf dich setzen,
und ich sättige mit dir alle Tiere der Erde.
5 Ich lege dein Fleisch auf den Bergen aus
und fülle die Täler mit deinem Aas.

32^3 Ein Heer von vielen Völkern: fällt aus der Bildrede; erläuternde Glosse.

Weltmacht Ägypten weltweit verkünden.

$^{2a\beta-8}$ Dieser Abschnitt bildet formal und inhaltlich eine Einheit. Es ist ein begründetes Gerichtswort gegen den Pharao. Auffällig sind die Motivaufnahmen und Anspielungen auf die Worte Ezechiels in 29^{1-6} und 31^{2b-12}. Die eigenständig formulierten Berührungen weisen indes nicht auf einen Bearbeiter, sondern auf den Propheten selbst hin. In gewohnt freier und souveräner Weise entwirft er seine Bilder und setzt mit diesem gewaltigen Drohwort einen Schlußpunkt unter seine Gerichtsverkündigung gegen Ägypten.

$^{2a\beta.b}$ In metaphorischer Rede faßt Ezechiel die Begründung. Der Vergleich mit einem (Jung-)Löwen ist eine beliebte Herrscherattitüde. Sie drückt Kraft und Überlegenheit, aber auch Kampfeslust und Siegesgewißheit aus, vgl. $19^{3.5b}$ auf den König von Juda bezogen. Verstärkend tritt hier »über die Völker« hinzu und illustriert so die ganze Machtfülle des Pharao. Sollte Ezechiel den gerade erst zur Macht gelangten, kriegslüsternen Hophra im Blick haben, ist »Junglöwe über die Völker« ein treffender Vergleich. Aber sofort wechselt der Dichter das Bild und bringt im Vergleich mit *tannīn* (29^{1ff}) sowohl ägyptisches Lokalkolorit in der Assoziation »Krokodil«, als auch die Anspielung auf das mythische Drachenwesen ein, das nicht »vor Wohlbehagen« (Fohrer) in seinem Element schnaubt, sondern in seiner zerstörerischen Urgewalt anschaulich wird, die alle menschlichen Maße sprengt.

$^{3-8}$ Gegen dieses Unwesen wird Jahwe selbst vorgehen und ihm ein Ende bereiten. Die mit der Botenformel eingeleitete Gottesrede wendet sich in direkter Anrede an den Pharao und kündigt ihm das Gericht an. Das Drohwort ist ganz in mythischen Bildern gehalten. Jahwe wird das *tannīn* mit dem Netz fangen und aufs trockene Land schleudern. Zum Fang eines Krokodils s. o. 29^{1ff}. Hier dürfte der babylonische Mythos vom Drachenkampf den Hintergrund bilden, der davon berichtet, daß Marduk den Chaosdrachen Tiamat mit

6 Ich tränke das Land bis hin zu den Bergen
mit der Flut deines Blutes;
die Schluchten sollen sich damit füllen.
7 Wenn dein Leben erlischt,
will ich den Himmel bedecken
Jes 13[10] und die Sterne verdüstern.
Die Sonne decke ich zu mit Wolken,
der Mond läßt sein Licht nicht mehr leuchten.
8 Deinetwegen verdunkle ich
alle die strahlenden Lichter am Himmel
und lege Finsternis über dein Land –
Spruch Gottes, des Herrn.
9 Ich versetze viele Völker in Kummer,
wenn ich ihnen und alle den Ländern,
die du nicht kanntest,
deinen Zusammenbruch melde.
10 Über dich werden viele Völker entsetzt sein,
ihren Königen sträuben sich deinetwegen die Haare,
wenn ich mein Schwert gegen sie schwinge.
Sie zittern erregt am Tag deines Sturzes,
jeder hat Angst um sein Leben.

32[9] Wenn ich... melde, wörtlich: »wenn ich deine Gefangenen unter die Völker bringe, in Länder, die du nicht kennst«.
32[10a] Wörtlich: »Ich bewirke, daß sich viele Völker über dich entsetzen«.

dem Netz gefangen und besiegt hat (AOT[2] 119; ANET 67). Aus seinem Element herausgerissen, ist der Drache wehrlos dem Tod preisgegeben und dient den Tieren zum Fraß[4] (vgl. 29[5]), auf das Baumbild entsprechend abgewandelt (31[12f]). Die gleiche Trias (Berge, Täler, Schluchten) begegnet hier, um in einer »grausigen Zerdehnung« (Zimmerli) des Bildes das Ende des Drachen zu schildern[5f]. Der Dichter nimmt darin die prahlerische und überhebliche Sprache von ägyptischen (und anderen) Siegesinschriften auf und ironisiert sie, zugleich dient sie ihm zur bewußten Steigerung von 29[5] über 31[12f] bis 32[4–6].
Die kosmische Dimension des Gerichtsgeschehens verdeutlichen die Begleitumstände[7f]. Es sind Züge, die sonst in den jüngeren Darstellungen des Jahwe-Tages begegnen (Joël 2[10] 4[15]). Die abschließende Gottesspruchformel bekräftigt und besiegelt das Gericht.
[9–10] führen die Gottesrede in direkter Anrede fort. Das »Du« bezieht sich aber kaum noch auf den Pharao, sondern auf das Land Ägypten. Der kleine Nachtrag ergänzt das Motiv der Reaktion der Völker auf den Fall Ägyptens, vgl. 26[15ff]. Die Deportation der Ägypter zu »Völkern, die du nicht gekannt hast« erinnert an Jer 15[14] 16[13] 17[4]; vgl. Jes 55[5]. Die Völker geraten in Entsetzen, weil sie das gleiche Schicksal befürchten müssen, wenn Jahwe sein Schwert auch gegen sie schwingt.

11 Denn so spricht Gott, der Herr:
Das Schwert des Königs von Babel kommt über dich. 29[19]
12 Durch das Schwert der Krieger
bringe ich dein Gefolge zu Fall.
Sie sind die gewalttätigsten unter den Völkern.
Sie verwüsten den Stolz von Ägypten,
all seine Pracht wird zerstört.
13 All sein Vieh lasse ich sterben
an den großen Gewässern.
Keines Menschen Fuß wird das Wasser mehr trüben,
noch werden die Hufe der Tiere es trüben.
14 Dann mache ich die Gewässer klar,
und die Flüsse lasse ich dahingleiten wie Öl –
Spruch Gottes, des Herrn.
15 Wenn ich Ägypten zum Ödland mache,
wenn das Land und alles, was darin ist, verödet,
wenn ich alle seine Bewohner erschlage,
dann werden sie erkennen, daß ich der Herr bin.

16 Das ist eine Totenklage, die man anstimmen soll; die Töchter der Völker sollen sie anstimmen. Die Totenklage über Ägypten und all seine Pracht sollen sie singen – Spruch Gottes, des Herrn.

[11–14] Das Stichwort »Schwert«[10] dürfte diesen Nachtrag angezogen haben. Die Botenformel markiert deutlich den Neueinsatz. Die Gottesrede wird beibehalten, das metaphorische Drohwort[2–8] erfährt aber eine Deutung, die bis in den Wortlaut mit 30[10ff] zusammengeht. Derselbe Verf. dürfte hier am Werk sein. Nebukadnezzar und seine Scharen werden der Pracht Ägyptens ein Ende machen. In [13f] versucht der Ergänzer, in eigenartig gesuchten Wendungen auf den Grundtext zurückzulenken, indem er im Kontrastmotiv die verschmutzten Gewässer klar werden und den Nil wie Öl dahingleiten läßt. Ob hier im Nachhall mythischer Rede verdeckt eine Heilsperspektive angedeutet werden soll, vgl. UL 46; CML 112f?
[15] spricht dagegen in stereotypen Wendungen von der Verödung des Landes (15[8] 29[10.12] 33[29] von Israel) und der Vernichtung seiner Bewohner. Die den Zusatz beschließende Erkenntnisformel dürfte indes auch [2–14] einbeziehen. Jahwes Herrsein wird in seinem Handeln in Natur und Menschheitsgeschichte erkannt.
[17–32] Den Abschluß der Ägyptenworte bildet ein Abgesang, ein Jammerlied auf die Pracht Ägyptens, die hinabfährt in die Unterwelt. Der Text ist sehr schwierig und in seiner Überlieferung nicht klar. H und G gehen häufig eigene Wege. Das Lied, dessen Struktur dennoch erkennbar ist, hat manche Ergänzungen erfahren. Obwohl nicht als Gottesrede gekennzeichnet, begegnet [31.32] die Gottesspruchformel und erweist diese Verse als Zusätze. Die Erwähnung von Edom und Sidon[29.30] ist nach [28] unmöglich; dazu kommen erhebliche sprachliche und inhaltliche Differenzen zum Vorausgehenden. Das Lied dürfte in [28] geendet haben. Am Anfang des Liedes ist der Text in [20.21] verderbt. [21] er-

Die Totenklage über den Pharao und sein Gefolge: 32^{17-32}

[17] Am fünfzehnten Tag des ersten Monats im zwölften Jahr erging
31^{16} das Wort des Herrn an mich: [18] Menschensohn, jammre über die
Jes 14^{9-11} Pracht Ägyptens, und geleite sie hinab in die Unterwelt, sie und die
Töchter mächtiger Völker, bring sie zu denen, die ins Grab gesunken
sind.

[19] Wen hast du an Schönheit übertroffen?
Stürz hinab,
und lieg bei den unbeschnittenen Männern!
[20] Mitten unter die, die das Schwert erschlug,
werden sie fallen ...

32^{17} Des ersten: Text korr. nach G.

32^{18} Geleite sie, wörtlich: »laß sie hinabfahren« bzw. »stoße sie hinab«. – Sie und die Töchter mächtiger Völker: Glosse nach [16].

32^{19f} H ist schwer verständlich. Der zweite Teil von [20] ist verderbt und gibt keinen Sinn: »das Schwert ist bestimmt, und all sein Gepränge ist hingebettet«; in G fehlt [20] und [19] folgt auf [21].

weist sich zudem als ausmalende Ergänzung. In [18] liegt ebenfalls Textverderbnis vor; »sie und die Töchter mächtiger Völker« ist eine Glosse nach [16]. Vermutlich schloß an die Aufforderung, über Ägypten zu jammern, sofort [19] an. Das Lied gliedert sich in vier Strophen. Drei fast gleich formulierte Strophen beschreiben das Schicksal Assurs[22], Edoms[24f], Meschech-Tubals[26]. Die vierte kontrastiert dazu das Schicksal der Heroen[27]. Den Rahmen bildet die Beschreibung des Schicksals Ägyptens [19f/28]. Nach Sprache, Stil und Motivbestand unterscheidet sich das Lied von der Totenklage Ezechiels derart, daß er als Verf. nicht in Frage kommt.

[17.18a] Am 15. Tag eines ungenannten Monats des 12. Jahres der Ära Jojachins (13. 4. 586 – 1. 4. 585), jedenfalls in der Zeit nach dem Fall Jerusalems, erhält der Prophet den Auftrag, über die Pracht Ägyptens zu »jammern« (nicht die Totenklage anzustimmen!) und, sofern der Text keine Glosse ist, sie im wirkmächtigen Befehl hinabfahren zu lassen bzw. im wirkmächtigen Gestus hinabzustoßen in die Unterwelt.

[19.20a] Das Lied beginnt mit einer Frage, die der in 31^{2b} nachgebildet ist. Sie zielt wie dort auf den Anspruch Ägyptens, das hier als Person angeredet wird, von niemanden an Schönheit übertroffen zu werden und daher ein Anrecht auf ein unübertreffliches Geschick zu haben, insbesondere die Schönheit ins Jenseits hinein zu konservieren. Die Wortwahl enthält eine deutliche Spitze gegen den das ganze Leben der Ägypter beherrschenden Totenkult. Aber jeder Anspruch ist eitel. Ägyptens Platz ist in der Unterwelt bei den Unbeschnittenen und Schwerterschlagenen. Beide Worte haben für das ganze Lied Leitwortfunktion.

Zum Verständnis der Aussage ist wichtig, daß Israel mit seiner Umwelt die Vorstellung von der Unterwelt (*šᵉʾōl*) als einem unterirdischen Raum teilt, in den man nach dem Tod hinabsteigt. Dieser Raum

21 Dann sagen die starken Helden in der Unterwelt
über die Ägypter:
Samt ihren Helfern sind sie herabgestürzt
und liegen da wie die unbeschnittenen Männer,
wie die, die das Schwert erschlug.
22 Dort liegt Assur und sein ganzes Heer,
ringsum sind seine Gräber.
Sie alle hat man erschlagen,
sie fielen unter dem Schwert.
23 Im tiefsten Grund einer Grube
gab man ihm sein Grab.
Sein Heer liegt rings um sein Grab.
Sie alle hat man erschlagen,
sie fielen unter dem Schwert,
sie, die einst im Land der Lebenden
Schrecken verbreitet haben.
24 Dort liegt Elam und all sein Gefolge
rings um sein Grab.

wird in den Mythen ganz verschieden ausgemalt, etwa als Haus oder Stadt mit Türen und Riegeln, als weites Land oder als Wüsten- bzw. Trümmerstätte. Wie auch immer, aus dem Bereich des Todes gibt es kein Entrinnen. Die Toten dämmern friedlos und freudlos in der von Staub bedeckten und Staub als Speise bietenden Totenwelt dahin. Es gibt jedoch auch hier gewisse Unterschiede, die in diesem Lied reduziert werden auf das »ehrenvolle« und »unehrenhafte« Begräbnis, dem ein entsprechender Platz in der Unterwelt entspricht. Darin berührt sich 32[19ff] mit dem weitaus farbigeren Spottlied von Jes 14[4ff]. Ruhen die Könige der Völker normalerweise »in Ehren« (Jes 14[18]) und die im Kampf gefallenen Krieger auf Ruhebetten, ihr Schwert das Kopfkissen, ihre Rüstung die Decke (s.u.), so wird den Unbeschnittenen und Schwerterschlagenen, d.h. den Ermordeten und Hingerichteten, deren Leichname unbestattet bleiben, der letzte und unehrenhafteste Platz im Totenreich zugewiesen. Hier irren sie ruhelos umher und müssen sich von den Abfällen ernähren, die beim Mahl der ehrenvoll Bestatteten übrig bleiben. Ein solches Todesgeschick erscheint nach 32[17ff] als Strafe für begangenes Unrecht. Das Lied droht Ägypten nicht nur allgemein den Tod an, sondern als Strafe einen unehrenhaften Tod, die Verstoßung in die Sphäre der Ruhelosigkeit und Unreinheit, einen Ort der Schmach und Schande im Totenreich. Hier trifft die Weltmacht Ägypten die Großmächte der Vergangenheit vereint an.

22f An erster Stelle wird Assur samt seinem Aufgebot (*qāhāl*) genannt. Rings um das große Grab des Herrschers als Verkörperung des Volkes scharen sich die Gräber der Volksglieder. Eindrucksvoll ist dies in Gize zu sehen, wo sich rings um die Pyramiden der Pharaonen die Mastabas der Vornehmen und Beamten lagern. Assur hat dieses Schicksal verdient. Das Entsetzen über seine Grausamkeit spiegelt Jes 10[13f] wider.

Sie alle hat man erschlagen,
sie fielen unter dem Schwert,
in die Unterwelt sind sie hinabgestürzt
wie die unbeschnittenen Männer,
sie, die einst im Land der Lebenden
ihren Schrecken verbreitet haben.
Jetzt aber haben sie ihre Schande zu tragen
zusammen mit denen, die ins Grab gesunken sind.
25 Mitten unter denen, die man erschlug,
hat man ihm und seinem ganzen Gefolge
das Lager bereitet.
Rings um ihn her sind die Gräber
von all den Unbeschnittenen,
die man mit dem Schwert erschlug.
Im Land der Lebenden haben sie Schrecken verbreitet,
jetzt aber haben sie ihre Schande zu tragen,
zusammen mit denen, die ins Grab gesunken sind.
Mitten unter Erschlagene legte man sie.
27^{13} 38^{2} 26 Dort liegen Meschech und Tubal und all ihr Gefolge.
39^{1} Rings um sie her sind die Gräber
von all den Unbeschnittenen,
die man mit dem Schwert erschlug;
und doch haben sie einst im Land der Lebenden
Schrecken verbreitet.

32^{26} Meschech und Tubal: »und« ist gegen G, Vg, S zu streichen.

Deshalb ist der tiefste Ort im Totenreich der angemessene Platz für die einstige Großmacht, vgl. Jes 14^{15} vom gestürzten Herrscher ausgesagt. ^{24f} Daneben tritt Elam mit seinem Gepränge (*hāmōn*), der östliche Nachbar Babylons. Diesem Volk widmet der Verf. die ausführlichste Strophe. Allerdings ergeht er sich in Wiederholungen und allgemeinen Formulierungen, die über das in ^{22f} Gesagte nicht hinausgehen. Konkrete Erinnerungen scheint er nicht zu haben. Wohl wendet sich Jer 49^{34-39} gegen Elam, das zur Zeit Zidkijas offenbar wieder zu einem erheblichen Machtfaktor in diesem Raum erstarkt sein muß, trotz des Sieges von Assurbanipal im 7. Jh., der sich rühmt, unermeßliche Beute aus der Hauptstadt Susa weggeschleppt zu haben. Jedenfalls gehört Elam für den Verf. zu den Großmächten, die Angst und Schrecken verbreiten. Deshalb muß es zur Strafe einen unehrenhaften Platz in der Unterwelt einnehmen.

^{26} Meschech-Tubal und sein Gepränge (*hāmōn*) ist der dritte im Bunde. Diese Volksgruppe weist in den kleinasiatischen Raum, von wo aus im 7. Jh. die Einfälle der Kimmerier und Skythen kamen, die zum Zusammenbruch des Mächtegleichgewichts im mesopotamisch-syrischen Raum führten und die damalige Welt erschütterten, vgl. 38f. Ihnen wird das gleiche Schicksal zu-

27 Aber sie liegen nicht bei den gefallenen Kriegern
aus früheren Zeiten,
die mit ihrer Rüstung
in die Unterwelt hinabgestiegen sind,
denen man das Schwert unter den Kopf
und den Schild auf die Gebeine gelegt hat;
denn die Krieger hatten im Land der Lebenden
Schrecken verbreitet.
28 Auch du wirst inmitten der Unbeschnittenen zerbrochen
und liegst bei denen, die das Schwert erschlug.
29 Dort liegt Edom, mit seinen Königen 25[12–14]
und all seinen Fürsten,
die man trotz ihrer Stärke zu denen gelegt hat,
die das Schwert erschlug.
Sie liegen da bei den unbeschnittenen Männern,
bei denen, die ins Grab gesunken sind.
30 Dort liegen alle Fürsten des Nordens
und alle Männer von Sidon; 28[21–23]
sie stürzten hinab wie alle, die man erschlug.

32[27] Aus früheren Zeiten: Text korr. nach den alten Übersetzungen; H: »von den Unbeschnittenen«. – Den Schild: Text korr.; H: »ihre Verschuldungen«.

teil. [27] Im Kontrast dazu steht das Geschick der Heroen der Vorzeit. Als göttliche Helden erhalten sie einen Ehrenplatz im Totenreich. Ein Nachhall ihrer gewaltigen Taten findet sich Gen 10[8–12], während das Fragment Gen 6[1–4] das Geheimnisvolle und Unheimliche dieser Gestalten in Erinnerung bewahrt. Die innere Logik dieser Sequenz im Kontext des Liedes ist nicht ganz deutlich. Immerhin haben ja auch sie Schrecken und Angst im Land der Lebenden verbreitet. Es mag sein, daß hier der Gedanke einer Weltzeitalterlehre hereinspielt, die die Gegenwart der Menschheitsgeschichte mit ihren Katastrophen und Schrecknissen von einer glorifizierten Vorzeit im Sinne eines goldenen Zeitalters abheben möchte. Dann wäre der mögliche Gedankengang: Wenn die Herrscher des Menschzeitalters sich an den Heroen des goldenen Zeitalters messen und sich gleich ihnen als Halbgötter wähnen, ist das gottwidrige Vermessenheit. Und wenn sie ihre Machtansprüche mit brutaler Kriegsgewalt durchsetzen, dann sind das keine Heldenstücke, sondern Verbrechen, die in einem schmachvollen und elenden Dasein in der Unterwelt ihre Sühne finden. [28] Genau dies wird, wie den anderen Großmächten der Vergangenheit, jetzt Ägypten, das unmittelbar angeredet wird, widerfahren. Sein Platz ist bei den Unbeschnittenen und Schwerterschlagenen.

Theologisch bedeutsam ist an diesem Lied der Gedanke, daß im Unterschied zur geläufigen Vorstellung, nach der Jahwe sich nicht um die Toten kümmert und das Totenreich die völlige Trennung von ihm bedeutet (Ps 6[6] u. ö.), er sich hier als der

Trotz ihrer schreckenerregenden Stärke
sind sie zuschanden geworden;
bei den Unbeschnittenen liegen sie,
bei denen, die das Schwert erschlug.
Jetzt haben sie ihre Schande zu tragen
zusammen mit denen, die ins Grab gesunken sind.
31 Der Pharao wird sie sehen,
und er tröstet sich über den Verlust
seines ganzen Gefolges.
Jetzt sind sie vom Schwert erschlagen,
der Pharao und seine ganze Streitmacht –
Spruch Gottes, des Herrn.
32 Denn ich habe vor ihm im Land der Lebenden
Schrecken verbreitet.
Doch jetzt liegt der Pharao da
mit seinem ganzen Gefolge
inmitten der unbeschnittenen Männer,
bei denen, die das Schwert erschlug –
Spruch Gottes, des Herrn.

Weltenrichter erweist, der irdische Schuld auch über den Bereich des irdischen Lebens hinaus im Totenreich straft (vgl. Am 9^{2}). Das wollte vielleicht der jüngere Ergänzer verdeutlichen, wenn er in ^{32} das »Ich« der Gottesrede einführt und das Lied mit der Gottesspruchformel abschließt.

33^{1-20} Mit diesem bedeutsamen Abschnitt beginnt der dritte Teil des Ez-Buches, der nach den Unheilsweissagungen (1–24) und den Völkersprüchen (25–32) vom kommenden Heil kündet. Der Abschnitt ist vom Verfasser des Buches bewußt an den Anfang gestellt worden, da er im Unterschied zur traditionellen Heilsprophetie ein sehr differenziertes Bild des von Gott geschenkten neuen Heils entwirft, für dessen Vermittlung der Prophet in ganz neuer Weise von Gott in die Verantwortung gerufen wird. Dieser neue Anruf Gottes ist bereits in den Berufungsbericht 1–3 in verkürzter Form integriert (3^{16b-21}). Dieser Abschnitt, insbesondere 3^{20f}, wird hier mit zu bedenken sein, da in $^{20.21}$ dem gewarnten Gottlosen der Gerechte, der zu warnen ist, als Pendant gegenübergestellt wird.

Die Einheit 33^{1-20} ist eine in sich geschlossene Komposition (gegen Zimmerli). Zwar gliedert die viermalige Anrede des Propheten den Abschnitt in die Teilabschnitte $^{2-6.7-9.10-11.12-20}$, doch sind diese aufeinander bezogen. $^{2-6}$ ist eine Metapher, die die neue Aufgabe des Propheten andeutet. Sie erfährt in $^{7-9}$ eine präzisierende Ausdeutung. $^{10-11}$ zeigt im Disputationswort den desolaten Zustand der Gemeinde, der Jahwe im Aufruf zur Umkehr die Lebenszusage erneuert; deren besondere Bedingungen werden $^{12-19}$ entfaltet. Zur inhaltlichen Geschlossenheit kommt die formgeschichtliche Wahrnehmung, daß $^{1-20}$ ganz nach dem Schema sakralrechtlicher Deklarationsworte durchgestaltet ist. Damit rückt der Text in unmittelbare Nähe zu 18, vgl. auch 14^{12ff}. Die Auslegung wird zeigen, daß bei allen for-

DAS GERICHT UND DAS NEUE HEIL:
33^{1}–37^{28}

Der Prophet als Wächter: 33^{1-9}

33^{1} Das Wort des Herrn erging an mich: ^{2} Menschensohn, sprich zu
den Söhnen deines Volkes, und sag zu ihnen: Wenn ich über ein
Land das Schwert kommen lasse und das Volk in dem Land aus sei-
ner Mitte einen Mann wählt und ihn zu seinem Wächter macht, ^{3} und
wenn dieser Wächter das Schwert über das Land kommen sieht, in
das Widderhorn bläst und das Volk warnt, ^{4} und wenn dann jemand
den Schall des Horns zwar hört, sich aber nicht warnen läßt, so daß
das Schwert kommt und ihn dahinrafft, dann ist er selbst schuld an
seinem Tod. ^{5} Denn er hat den Schall des Horns zwar gehört, sich 18^{13}
aber nicht warnen lassen; deshalb ist er selbst schuld an seinem Tod.
Wenn er sich jedoch warnen läßt, dann hat er sein Leben gerettet.
^{6} Wenn aber der Wächter das Schwert kommen sieht und nicht in das
Widderhorn bläst und das Volk nicht gewarnt wird, und wenn das
Schwert kommt und irgendeinen dahinrafft, dann wird dieser zwar
wegen seiner eigenen Schuld dahingerafft, aber ich fordere für sein
Blut Rechenschaft von dem Wächter.
^{7} Du aber, Menschensohn, ich gebe dich dem Haus Israel als Wäch- 3^{17-21}
ter; wenn du ein Wort aus meinem Mund hörst, mußt du sie vor mir
warnen. ^{8} Wenn ich zu einem, der sich schuldig gemacht hat, sage:

33^{4f} Ist er selbst schuld an seinem Tod, wörtlich: »wird sein Blut auf seinem Kopf (^{5} auf ihm) sein«.

malen und inhaltlichen Gemeinsamkeiten in $^{1-20}$ eine völlig neue Situation und Intention vorliegt.

$^{1-6.7-9}$($3^{20.21}$) Bereits die aus dem Alltagsleben genommene Metapher der Wahl eines Spähers in Kriegszeiten (2 Sam 13^{34} 18^{24ff} 2 Kön 9^{17ff} Am 3^{6})$^{1-6}$ wie die Deutung des Bildes in der Einsetzung des Propheten zum Späher durch Jahwe (Jer 6^{17} Hab 2^{1}; vgl. Jes 21^{6ff})$^{7-9}$ $3^{20.21}$ sind in die Form sakralrechtlicher Deklarationsworte gegossen: Protasis: $^{2a\beta/6a\alpha/8a\alpha/9a\alpha1}$ Explikation: $^{2b-4a/\ 6a\beta\gamma/8a\beta/9a\alpha2}$, Apodosis: $^{4b\ +\ \text{Erweiterung}\ 5/6b/8b/9b}$.

$^{1-6}$ Einfache Wortereignisformel, Anrede Menschensohn und Botenauftrag leiten das Bild ein. Es baut auf einen Vorgang auf, der wohlvertraut und allgemeiner Erfahrung entnommen ist. Aber in ^{6} wird die Schilderung, die bereits durch ihre Formung Aufmerksamkeit erregt, durch das Ich der Jahwerede durchbrochen und weist auf die Deutung voraus.

$^{7-9}$ $3^{20.21}$ Wie so oft bei Ezechiel sprengt die Deutung das von ihm gewählte Bild und fügt ihm neue Züge hinzu. In direkter Anrede mit vorangestelltem und durch explikatives *waw* verstärktem »Du« verfügt Jahwe die Einsetzung des Propheten in diesen neuen Dienst. Ob es sich dabei um ein eigenes Dienstamt handelt (Reventlow), kann dahinstehen. Der Prophet hat das »Haus Israel« zu warnen, und zwar vor Jahwe. Das trägt eine unbegreifliche Spannung in das Bild: Die Gefahr, vor der Ezechiel warnen muß, kommt nicht von außen durch einen feindlichen Angriff auf die Gemeinde zu. Vielmehr ist Jahwe selbst in seinem richtenden Handeln die eigentliche und gefährliche Bedrohung für sein Volk. Aber gerade davor will Jahwe sein Volk warnen und ihm durch den Dienst des Propheten die Augen dafür öffnen, damit es davor bewahrt bleibt. Denn Gott, so war schon 18[32] zu hören und wird in [11] noch einmal ausdrücklich eingeschärft, will nicht den Tod des Frevlers, sondern seine Umkehr, damit er lebe. Das hat Jahwe schon immer gewollt, und so haben Ezechiel und Jeremia ihren Dienst auch bisher bereits verstanden. Unermüdlich haben sie in Gehorsam gegenüber Jahwe »ins Horn gestoßen« und das Volk vor dem kommenden Unheil gewarnt (Ez 1–24; Jer 6 u. ö.). Wie sich bereits im Botenauftrag[2] andeutet, der die Sprechrichtung des Propheten »zu den Söhnen dieses Volkes« lenkt, und wie das Zitat der Gottesrede[8] verdeutlicht, erfährt die Tätigkeit des Propheten eine Akzentverschiebung, die ihr eine bisher so nicht bekannte neue Qualität verleiht. Hatte [7] noch, so wie Jer 6, die prophetische Aufgabe auf das Volksganze gerichtet gesehen, so vollzieht sich jetzt eine intensive Hinwendung des Propheten und damit eine besondere Zuwendung Jahwes zum einzelnen Volksglied. »Wenn ich zu einem sage ... und du hast den Schuldigen nicht gewarnt«[8]. Diese neuartige Aufgabe für Ezechiel zeigt, daß eine grundlegende Änderung der Situation eingetreten ist. Das von ihm und den anderen Propheten angekündigte Gericht über das Volk Israel ist inzwischen Ereignis geworden. Das Gottesvolk, das in dem von Jahwe geschenkten Land mit ihm in seiner Mitte in Sicherheit wohnt, existiert nicht mehr. Reste des Volkes sind im Land verblieben, die anderen wurden deportiert. Aus der Heimat entwurzelt und aus der festen Familien- und Volkstradition herausgerissen, bilden die Exulanten eine heterogene Gruppe, die einstweilen nur noch die Angefochtenheit des Glaubens und die trübe Aussicht, in unreinem Land sterben zu müssen, verbindet. Da gibt es die völlig Zusammengebrochenen und Verzweifelten, die Skeptiker, die jede prophetische Autorität in Frage stellen, aber auch die unbelehrbar Konservativen und ewig Gestrigen, die an den alten Traditionen festkleben und von Restauration träumen, und nicht zuletzt diejenigen, die Jahwe den Abschied gegeben haben und alle Warnungen in den Wind schlagen.

Einer so diffusen Gemeinde steht der Prophet im Exil gegenüber. Das zwingt zu einer Differenzierung seiner Botschaft, die den einzelnen in seiner Selbständigkeit und Eigenverantwortlichkeit ernst nimmt. Das zwingt ferner dazu, in dieser Botschaft das unverrückbar gültige Gottesrecht in seinem aktuellen Anruf im Heute des Exils dem einzelnen nahezubringen. Dafür hat der Prophet Sorge zu tragen in persönlichem Zuspruch, in Mahnung und Ermutigung. Am Fall des Frevlers [8f] und des Gerechten (3[20.21]) wird dies erläutert. Der Drohspruch Jahwes: »Du mußt sterben« gilt nicht dem Volk, sondern dem einzelnen Glied des Volkes, das sich vergangen hat. Um dieses hat sich der Prophet konkret zu kümmern, um es der drohenden Gefahr zu entreißen. Dasselbe gilt für einen Gerechten, der Unrecht tut. Statt der Todesdrohung ist hier von *mikšōl* »was straucheln macht, Hindernis, Anstoß« die Rede, wodurch Jahwe ihn zu Fall

Du mußt sterben!, und wenn du nicht redest und den Schuldigen
nicht warnst, um ihn von seinem Weg abzubringen, dann wird der
Schuldige seiner Sünde wegen sterben. Von dir aber fordere ich Re-
chenschaft für sein Blut. 9 Wenn du aber den Schuldigen vor seinem
Weg gewarnt hast, damit er umkehrt, und wenn er dennoch auf sei-
nem Weg nicht umkehrt, dann wird er seiner Sünde wegen sterben;
du aber hast dein Leben gerettet.

Die Freiheit zur Umkehr: 33^{10-20}

10 Du aber, Menschensohn, sag zum Haus Israel: Ihr behauptet: Un-
sere Vergehen und unsere Sünden lasten auf uns, wir siechen ihretwe- 18^{21-32}

bringt. Das ist im Unterschied zu 2 Sam 24^{1} hier allgemein als göttliches Strafhandeln zu verstehen. Was Jes 8^{14} und Jer 6^{21} dem Volk bzw. den Vätern und Söhnen androhen, ist hier vom zu Fall gekommenen Frommen gesagt. Auch ihn hat der Prophet auf das drohende Unheil hinzuweisen und durch persönliches Zureden zur Umkehr zu bewegen.

Ezechiel ist davon überzeugt, daß seine alte prophetische Aufgabe überholt ist. Die neuerliche Proklamation des alten Sakralrechts hat in der neuen Lage ihren Sinn verloren. Der alte Gottesbund Jahwes mit seinem Volk ist im Gericht endgültig zerbrochen. Das hat der Prophet selbst angekündigt und dann in Solidarität mit seinem Volk auch durchlitten. Die neue Indienstnahme durch Jahwe gibt ihm die Gewißheit, daß Jahwes Handeln damit nicht zu Ende ist, daß er vielmehr aus den kläglichen Resten seines ehemaligen Bundesvolkes ein neues Gottesvolk schaffen will. Allerdings unter anderen Voraussetzungen und Bedingungen. Gott ruft jetzt jeden einzelnen in die Entscheidung. Wer immer sich diesem göttlichen Angebot öffnet und sich aus der Schuldverstrickung der Vergangenheit zu einem Neuanfang befreien läßt, der erfährt in der Solidarität derer, die dieses Heilsangebot göttlichen Erbarmens ergriffen haben, eine neue Gemeinschaft mit Gott, die das alte Bundesgesetz verheißen hatte. Ezechiel sieht seine neue Berufung darin, jedem einzelnen seiner Volksgenossen dieses neue göttliche Heilsangebot zu vermitteln und vorhandene Widerstände in beharrlichem persönlichem Zureden und Mahnen zu überwinden. Ob man diese neue Tätigkeit des Propheten als Paraklese (v. Rad) oder Paränese (Zimmerli) bezeichnet, ist dabei nicht wichtig. Seelsorge wäre die beste Bezeichnung, wenn man sie nicht im Sinne »einer reinen Innerlichkeit« mißversteht (so Zimmerli) oder als Heilmittel für alle möglichen menschlichen Anliegen und Bedürfnisse, sondern versteht als durch den Propheten vermittelte Sorge Gottes und das Leben des einzelnen als Zeugnis seines suchenden Erbarmens, das in der persönlichen Begegnung mit ihm zu einer neuen Ausrichtung des ganzen Lebens führt, die neues Heil ermöglicht.

Aus diesem grundlegenden Text $^{1-9}$ wird das Stück $^{7-9}$ in Hinordnung auf Mt 18^{15-20} am 23. Sonntag im Lesejahr A der christlichen Gemeinde in der Liturgie zu Gehör gebracht.

$^{10-20}$ Das in diesem Abschnitt Erörterte ist in engem Zusammenhang mit $^{1-9}$ und als Entfaltung dessen zu

gen dahin. Wie sollen wir da am Leben bleiben? 11 Sag zu ihnen: So
$18^{23.31}$ wahr ich lebe – Spruch Gottes, des Herrn –, ich habe kein Gefallen
Jes 55^{7} am Tod des Schuldigen, sondern daran, daß er auf seinem Weg um-
Joël 2^{12f} kehrt und am Leben bleibt. Kehrt um, kehrt um auf euren bösen We-
gen! Warum wollt ihr sterben, ihr vom Haus Israel?
3^{20} 12 Du aber, Menschensohn, sag zu den Söhnen deines Volkes: Den
Gerechten wird seine Gerechtigkeit nicht retten, sobald er Böses tut.
Und der Schuldige wird durch seine Schuld nicht zu Fall kommen,
sobald er sein schuldhaftes Leben aufgibt. Der Gerechte aber kann
trotz seiner Gerechtigkeit nicht am Leben bleiben, sobald er sündigt.

33^{12b} Der Gerechte ... sündigt: Variante zu $^{12a\beta}$, vermutlich Randglosse.

verstehen. Nach einem kurzen Disputationswort $^{10-11}$ folgt eine Lehrerörterung $^{12-19}$, die in ^{17} von einem Einwand der Hörer unterbrochen wird. Formal folgt sie dem Schema der dreigliedrigen Sakralrechtssätze: Tatsachenfeststellung: $^{13a\alpha/14a.b\alpha/18a\alpha/19a\alpha}$, Erläuterung und Entfaltung: $^{13a\gamma/14b\beta}$ – $^{15a/18a\beta/19a\beta}$, Sanktion: $^{13b/15b-(16)/18b/19b}$. Die große Nähe zu 18 ist nicht zu übersehen. Um so signifikanter sind die Unterschiede. Der mehr aktualisierend-paränetische Stil zeigt das »Ich« der Jahwerede in $^{13.14}$. Jahwes Lebens- und Todeszusage bezieht sich auf die konkrete Alltagssituation der Verbannten.

$^{10-11}$ Gleich 18^{2f} eröffnet ein Disputationswort die paränetische Lehrerörterung. Die Exulantenschaft, die der Prophet als »Haus Israel« anredet, wohl deshalb, weil sie sich selbst so versteht, ist von tiefer Hoffnungslosigkeit und Resignation erfüllt. Sie äußert dies in einem im Stil der Volksbußklage gefaßten Bekenntnis der eigenen Schuld (vgl. Jer 3^{22-25} Hos 6^{1-3} Klgl 3^{42-48} u. ö.). Es ist das erste Mal, daß das »Haus Widerspenstigkeit« seine Schuld bekennt. Mit allen Mitteln und doch vergebens hatte Ezechiel immer wieder darauf den Finger gelegt und vor den schrecklichen Folgen ihrer Verstocktheit gewarnt. Unter dem Eindruck des Gerichtsschlages Jahwes sind ihnen die Augen aufgegangen. Aber das Bekenntnis ist dennoch nur halbherzig, vielleicht sogar ein verdeckter Vorwurf an Jahwe. Jedenfalls wendet sich das Bekenntnis nicht namentlich an ihn, noch wird eine Bitte um Vergebung laut. Vielmehr bleibt es in der Klage stecken und beklagt, mit dem Leben zwar noch einmal davongekommen zu sein, dafür aber den Tod im unreinen Land als letzte Aussicht zu haben.

Dem stellt der Prophet, durch die Schwurformel verstärkt und durch die Gottesspruchformel bestätigt, die Lebenszusage Jahwes entgegen. Am Nullpunkt menschlicher Hoffnung und Möglichkeit, dort, wo nur noch Tod als letzte Aussicht sich auftut, gewährt Jahwe neue Lebensmöglichkeit. Allerdings nur, wenn der Mensch in freier Entscheidung Gottes Lebensangebot ergreift, und das bedeutet: Umkehr. Was 14^{6} und $18^{30.32}$ bereits leidenschaftlich gefordert wurde, erscheint hier und jetzt als letztmögliche Entscheidung.

$^{12-20}$ Die besondere Aktualität und Dringlichkeit dieser persönlichen Entscheidung entfaltet die folgende Lehrerörterung, die Gedanken von 18^{21ff} zum Teil in wörtlicher Übereinstimmung wiederholt, aber auf

[13] Wenn ich zu dem Gerechten sage: Du wirst am Leben bleiben!, er
aber im Vertrauen auf seine Gerechtigkeit Unrecht tut, dann wird
ihm seine ganze (bisherige) Gerechtigkeit nicht angerechnet. Wegen
des Unrechts, das er getan hat, muß er sterben. [14] Wenn ich aber zu
dem Schuldigen sage: Du mußt sterben!, und er gibt sein sündhaftes
Leben auf, handelt nach Recht und Gerechtigkeit, [15] gibt (dem 18[7]
Schuldner) das Pfand zurück, ersetzt, was er geraubt hat, richtet sich
nach den Gesetzen, die zum Leben führen, und tut kein Unrecht 20[11–13]
mehr, dann wird er gewiß am Leben bleiben und nicht sterben. 18[22]
[16] Keine der Sünden, die er früher begangen hat, wird ihm angerech-
net. Er hat nach Recht und Gerechtigkeit gehandelt, darum wird er
gewiß am Leben bleiben. [17] Die Söhne deines Volkes aber sagen: Das 18[25.29]
Verhalten des Herrn ist nicht richtig. Dabei ist gerade ihr Verhalten
nicht richtig. [18] Wenn der Gerechte seine Gerechtigkeit aufgibt und
Unrecht tut, muß er dafür sterben. [19] Und wenn der Schuldige sein
sündhaftes Leben aufgibt und nach Recht und Gerechtigkeit handelt,
so wird er deswegen am Leben bleiben. [20] Ihr aber sagt: Das Verhal- 18[30]
ten des Herrn ist nicht richtig. Doch ich werde euch richten, ihr vom
Haus Israel, jeden nach seinem Verhalten.

Die Nachricht von der Eroberung Jerusalems: 33[21–22]

[21] Am fünften Tag des zehnten Monats im elften Jahr nach unserer

33[13] Du wirst am Leben bleiben: Text korr. nach G-Handschriften; vgl. [14] (2. statt 3. Person).

33[21] Im elften: Text korr. nach H-Handschriften; vgl. G, S und 2 Kön 25[2]; H: »im zwölften«.

das Jetzt der Entscheidung hin pointiert. Um in der Stunde des neuen Heils bestehen zu können, genügt kein Hinweis auf bisheriges Einhalten göttlicher Weisungen. Frömmigkeit, wenn sie in dieser Stunde versagt, gibt kein Anrecht auf Gottes Heilsangebot, wie andererseits eingerissene Gleichgültigkeit oder gewohnheitsmäßige Übertretung göttlicher Satzungen kein Hindernis sein muß, das Angebot Gottes jetzt zu ergreifen. Jedem steht die Möglichkeit offen, Gottes Gnadenangebot anzunehmen und durch Umkehr, die sich im täglichen Leben durch entsprechendes Handeln am Nächsten als echt erweist, für sich Wirklichkeit werden zu lassen. So entbehrt die Kritik an Gottes Entscheidung [17], die schon 18[25.29] laut wurde, nicht nur jeder Grundlage, vielmehr entzieht dieser Entscheid Gottes jeder überheblichen Selbstgerechtigkeit wie auch jeder Gesetzesfrömmigkeit, die sich das Heil verdienen zu können glaubt, endgültig den Boden. Im NT wird Jesus Christus immer wieder die innere Verbindung vom Gnadenwillen Gottes zur Stiftung einer neuen Gemeinschaft und die allen offenstehenden Möglichkeit künden, diese im Tun des Vaterwillens zu ergreifen und zu vollenden (z. B. Mt 12[45–50] par; u. ö.).

33[21–22] Was [1–20] bereits theologisch

Verschleppung kam ein Flüchtling aus Jerusalem zu mir und sagte:
2 Kön 25^{2-4} Die Stadt ist gefallen. 22 Aber am Abend, bevor der Flüchtling eintraf,
hatte sich die Hand des Herrn auf mich gelegt. Ehe am Morgen der
3^{26f} 24^{27} Flüchtling kam, öffnete der Herr meinen Mund, und mein Mund
wurde geöffnet, und ich war nicht mehr stumm.

Die Erwartung der nicht Verschleppten: 33^{23-29}

23 Das Wort des Herrn erging an mich: 24 Menschensohn, die Bewoh-
Jes 51^{2} ner der Ruinen im Land Israel sagen: Abraham war nur ein einzelner
Mann und bekam doch das ganze Land; wir aber sind viele. Um so
mehr ist das Land uns zum Besitz gegeben. 25 Deshalb sag zu ihnen:

voraussetzt, wird in diesem kleinen Abschnitt der Sache nach festgestellt: »Die Stadt ist gefallen«, so lautet die Botschaft des nach 24^{25-27} literarisch erwarteten Boten, der deshalb auch nicht näher charakterisiert zu werden braucht und somit alle Spekulationen über Weg und Dauer, etc. überflüssig macht. Einzigartig in Ez ist das literarische Genus. Die kleine Einheit ist ein Bericht und enthält kein Jahwewort. Sie ist datiert auf den Januar 585, also 6 Monate nach der Eroberung Jerusalems. Sie steht auf den ersten Blick ohne Kontextbezug da, erfüllt aber als redaktionelle Klammer eine mehrfache Aufgabe. Zunächst schlägt sie buchstäblich die Brücke von der Unheilsverkündigung (1–24) zur in 33 einsetzenden Heilsansage. Sodann erweist sie die prophetische Verkündigung Ezechiels in Jerusalem als durch Jahwes Gerichtshandeln bestätigt und somit als wahr. Das verleiht ihr unter der Exulantenschaft höchste Autorität, was ein intensives Nach-Denken über die Worte und Symbolhandlungen des Propheten erforderlich macht. Schließlich ermöglicht sie die in 33^{1-9} vorangestellte zweite Berufung des Propheten zu einem neuen Verkündigungsauftrag unter den Verbannten. Ezechiel hatte mit der Deutung des letzten Zeichengeschehens vor der Katastrophe seine Tätigkeit als Gerichtsprophet in Jerusalem beendet (24^{12-24}). Der Verfasser des Ez-Buches hatte dies als ein von Jahwe verfügtes Verstummen des Propheten gedeutet (24^{27}; vgl. 3^{26f}). Davon wird er jetzt befreit. Oder vorsichtiger formuliert: Seine Botschaft wird transformiert und aktualisiert auf die Situation des Exils. Im engeren Kontext ist der kleine Abschnitt ein Gelenkstück zwischen Worten, die sich an die Gola und an die im Land Verbliebenen richten. Denn Ezechiel und seine unmittelbaren Tradenten sehen noch das Volksganze und beziehen es in das von Jahwe gewährte neue Heil mit ein. Diese theologische Konzeption hat sich infolge verschärfender Gegensätze zwischen Exulantenschaft und im Land Verbliebenen nicht durchsetzen können.

33^{23-33} Wie die Realität in den beiden Volksgruppen bereits jetzt aussieht, verdeutlichen zwei formal und inhaltlich verschiedene Worte $^{24-29.30-33}$, die unter eine gemeinsame Wortereignisformel ^{23} gestellt sind und einen desillusionierenden Kontrast bilden zur neuen Heilsbotschaft in $^{1-19}$: Die Voraussetzungen dafür fehlen völlig. Jede der beiden Grup-

So spricht Gott, der Herr: Ihr eßt (das Opferfleisch) mitsamt dem Blut, ihr blickt zu euren Göttern auf und vergießt Blut. Und *ihr* wollt das Land in Besitz nehmen? [26] Ihr verlaßt euch auf euer Schwert, begeht Greueltaten, und einer schändet die Frau des andern. Und *ihr* wollt das Land in Besitz nehmen? [27] Darum sag zu ihnen: So spricht Gott, der Herr: So wahr ich lebe, wer in den Ruinen ist, fällt unter dem Schwert, wer auf dem freien Feld ist, den werfe ich den wilden Tieren zum Fraß vor, und wer sich in den Burgen und Höhlen auf-

Lev 17[10–14]
1 Sam 14[32–34]
Lev 18[20]
11[15]

33[25] (Das Opferfleisch) mitsamt dem Blut: mit leichter Korr. von H zu lesen: »auf den Opferhöhen eßt ihr« (Eichrodt).

pen ist auf ihre Weise damit beschäftigt, sich in der neuen Situation einzurichten. Da bleibt kein Raum für Umkehr.

[24–29] Der kleine Abschnitt ist als Disputationswort stilisiert. Die Position der Gegner wird in der Jahwerede zitiert. In einem zweifach gestaffelten Redeauftrag ergeht die Zurückweisung. In [25–26] erfolgt dies in rhetorisch-ironischen Fragen, in [27–29] in einem expliziten Gerichtswort, das in einer erweiterten Erkenntnisformel ausmündet.

Das Wort richtet sich an die »Bewohner der Trümmerstätten im Land Israel«. Damit sind jene angesprochen, die den Krieg überlebt haben und von der Deportation verschont geblieben sind, d.h. die von den Machthabern und Großgrundbesitzern ausgebeutete ärmste Volksschicht Israels, an der die Siegermacht nicht weiter interessiert war, oder Reste der aufgeriebenen judäischen Truppen. Inmitten von Trümmern versuchen sie in einem Chaos, sich zurechtzufinden, und eine neue Existenz aufzubauen. Der babylonische Statthalter Gedalja forciert bis zu seiner Ermordung diese Bemühungen, indem er Besitzlose in herrenlos gewordene Güter einweist, die Wiederbesiedlung der verödeten Dörfer vorantreibt und die im Land umherstreunenden Truppenreste zur Ansiedlung veranlaßt (2 Kön 25[12] Jer 39[10] 40[9f]). Mit der allmählichen Konsolidierung der sozialen Verhältnisse einher geht eine Neuorientierung im Glauben, die sich auf seine Grundlagen besinnt. Bedeutet nicht das Verbleiben im Land und die Deportation der Mächtigen die Einlösung alter prophetischer Verheißung, nach der sich Jahwe gerade der Armen und Niedrigen annimmt (Jes 14[32] 17[14] 28[5] 29[19]; u.a.)? Hatte Jahwe sie durch sein Handeln nicht gerechtfertigt und ihnen jetzt das Land zum Besitz gegeben? War dies nicht die Einlösung der Väterverheißungen, die seit der Reform Joschijas als Stütze des Erwählungsglaubens eingeschärft worden war (Dtn 1[8] 6[10] 9[5] 30[20] 34[4])? Bis hierher würde der Prophet den Gedankengängen dieser Leute folgen. Aber die Konsequenz, die daraus gezogen wird und als Slogan umgeht, wie das Zitat [24b] zeigt, hält er im Ansatz für falsch. Hier wird etwas zum Anspruch, zu einem selbstverständlichen Besitzrecht gemacht (vgl. 11[14ff]), was allein Jahwes freies Gnadengeschenk ist an solche, die zu ihm umkehren. Der Umkehrruf Ezechiels, der einst auch sie erreichen sollte, ist spurlos an ihnen vorübergegangen. An Umkehr und Bekehrung denken sie nicht. Sie verharren in den beiden Hauptsünden, die der Prophet immer wieder ange-

hält, stirbt an der Pest. [28] Ich mache das Land zur Öde und Wüste;
seine stolze Macht hat ein Ende; das Bergland Israels verödet, so daß
niemand mehr durchreist. [29] Dann werden sie erkennen, daß ich der
Herr bin, wenn ich das Land zur Öde und Wüste mache wegen all
der Greueltaten, die sie begangen haben.

Die unaufrichtigen Hörer: 33^{30-33}

[30] Du, Menschensohn, die Söhne deines Volkes reden über dich an
den Mauern und Toren der Häuser. Einer sagt zum andern: Komm
doch und höre, was für ein Wort vom Herrn ausgeht. [31] Dann kommen sie zu dir wie bei einem Volksauflauf, setzen sich vor dich hin
(als mein Volk) und hören deine Worte an, aber sie befolgen sie

33^{31} Als mein Volk: an falsche Stelle geratene Randglosse zu vorausgehendem *ʿām*. – Lügen: Text korr. nach G und S. – Und so handeln... Gewinn aus: angereicherte Variante zu ^{32}; Randglosse.

prangert hatte: Götzendienst und Zerrüttung der zwischenmenschlichen Gerechtigkeit. Das Gericht Jahwes, das schließlich auch sie getroffen hat, hat ihnen die Augen für Jahwes Heilswillen nicht geöffnet. Von einer inneren Wandlung, die das Gebot der Stunde bedeutet, ist nichts zu spüren.

Deshalb muß über sie erneut das Gericht Jahwes ergehen. Ein erstes Wort $^{25-26}$ weist in formelhafter Sprache in zwei Ansätzen auf die beiden Grundverbrechen hin, um in einer rhetorischen Frage sarkastisch die Hinfälligkeit ihres Anspruchs aufzudecken. Das zweite Wort $^{27-29}$ kündigt durch die Schwurformel verstärkt das Strafgericht Jahwes an. Die sprichwörtlichen Gerichtshelfer Jahwes (vgl. $5^{1f.12}$ 6^{11f} 7^{15} 14^{12ff}) werden das Zerrbild eines selbsternannten Gottesvolkes zerbrechen und das Verheißungsland zur Wüste verkommen lassen. Hier deutet sich bereits an, daß Jahwe dort, wo es niemand für möglich hält, das neue Gottesvolk schaffen wird: im unreinen Land, im Exil.

$^{30-33}$ Aber auch die Exulanten sind für das neue Heil in keiner Weise bereitet. Das ganz als Gottesrede in direkter Anrede des Propheten stilisierte Wort entwirft ein Gegenbild zu $^{23-29}$. Formal erinnert es an 12^{26f} 14^{3} u.a., unterscheidet sich aber darin, daß nach der Tatbestandsfeststellung nicht das Gerichtswort folgt, sondern ein Zuspruch Jahwes an den Propheten.

Hatte man Ezechiel während seiner Tätigkeit als Gerichtsprophet in Jerusalem als merkwürdigen Sonderling oder Psychopathen abgestempelt und ist über ihn hinweg zur Tagesordnung übergegangen, so hat sich durch das Eintreffen des von ihm angesagten Gerichts bei seiner Hörerschaft jetzt im Exil ein deutlicher Stimmungsumschwung eingestellt. Der Prophet ist Tagesgespräch. Es gilt als chic, sich bei ihm sehen zu lassen. Mußte er früher durch den Aufmerksamkeitsruf (6^{3} 13^{2} u.ö.; vgl. Am 3^{1} 4^{1} 5^{1}) erst die Leute aufhorchen lassen, so rufen sie sich jetzt selbst herbei, um ihn zu hören. Wahrlich ist der Prophet ein Meister der Sprache und Dichtkunst. Man berauscht sich an seinen küh-

nicht; denn ihr Mund ist voller Lügen, und so handeln sie auch, und
ihr Herz ist nur auf Gewinn aus. [32] Du bist für sie wie ein Mann, der
mit wohlklingender Stimme von der Liebe singt und dazu schön auf
der Harfe spielt. Sie hören deine Worte an, aber befolgen sie nicht.
[33] Wenn das aber kommt (was du sagst) – und es kommt –, dann wer- 2^5
den sie erkennen, daß mitten unter ihnen ein Prophet war.

33^{32} Wie ein Mann, der... singt: Text korr., H: »wie ein Lied«.

nen Bildern und genießt seine feinsinnigen Lieder. Aber was für ihn nur Mittel ist, Jahwes Wort zu Gehör zu bringen, verkommt bei den meisten seiner Hörer zum Zweck. Gewiß hören sie da Töne, die nach neuem Heil klingen. Aber sie hören und verstehen doch nicht: Daß nämlich jeder einzelne in die ganz persönliche Entscheidung für Jahwes Neustiftung des Gottesvolkes gerufen ist als dessen Voraussetzung allerdings eine innere Umwandlung (vgl. 11^{19f} 36^{26f}) erfolgen muß.

Der Prophet hat sich zu keiner Zeit Illusionen über seine Hörerschaft gemacht. Aber für die entsagungsvolle Aufgabe, die vor ihm liegt und von ihm größte Geduld und Anstrengung erfordert, ist der Zuspruch Jahwes an ihn eine unverzichtbare Glaubenshilfe. Jahwe wird sich seinem Volk neu zuwenden und es neu schaffen. Sein Zukunftshandeln zielt auf eine neue Gemeinschaft von Gott und Mensch, die in der gläubigen Antwort des Menschen auf Gottes gnädigen Anruf Wirklichkeit wird. Das steht unverrückbar fest. Gott steht zu seinem Wort und setzt es in der Geschichte durch. Und daran erweist sich die Glaubwürdigkeit seines Propheten (vgl. 2^5).

34^{1-31} Nachdem die Grundlagen und Bedingungen für Jahwes neue Heilsstiftung klargelegt sind, kann mit einer großen Bildrede die Verkündigung des Heils voll einsetzen. Die Rede verwendet ein allgemein bekanntes Bild. Hirt und Herde dienen seit jeher im Alten Orient als Metapher für das Verhältnis von König und Volk. Vermutlich ist das Bild nicht der Alltagserfahrung umherziehender Hirten mit ihren Herden entnommen, so sehr dies im Hintergrund mitschwingen mag. Die Metapher »Hirt« ist wohl von ihrem Ursprung her ein göttliches Prädikament, das zuerst für den sumerischen Gottkönig Dumuzi belegt ist, dann auf Enlil und Marduk übergegangen, aber auch schon in den Pyramidentexten für den blinden Himmelsgott Mechenti-irti bezeugt ist. Der König als Verkörperung und Repräsentant göttlicher Weltordnung trägt ganz selbstverständlich diesen Titel. So bezeichnet sich Hamurapi als den »heilbringenden Hirten, dessen Stab gerecht ist«, und von Merodachbaladan II. heißt es auf einem Grenzstein: »Dieser ist fürwahr der Hirt, der die Versprengten sammelt.« Im AT wird das Bild selten und erst spät auf Jahwe übertragen (Ps 23 77^{21} 80^2 Jes 40^{11}). Erst seit Jeremia und Ezechiel wird es auch für die Regierenden benutzt, jetzt allerdings in auffälliger Häufung (Jer 2^8 3^{15} 22^{22} 23^{1ff} 25^{34ff} u.ö., vgl. Sach 11^{4-17} 13^1 Jes 63 PsSal 17^{45} ÄthHen 85–90a). Diesem alten Bild verleiht Ezechiel in $^{1-31}$ ganz neue, aktuelle Züge.

Die große Bildrede gibt sich in ihrer Endgestalt als thematische Einheit aus. Das unterstreicht die Wortereignisformel ^{1} und die beschließende

Die schlechten Hirten: 34^{1-10}

34^{1} Das Wort des Herrn erging an mich: ^{2} Menschensohn, sprich als
Prophet gegen die Hirten Israels, sprich als Prophet, und sag zu ih-
nen: So spricht Gott, der Herr: Weh den Hirten Israels, die nur sich
Jer 23^{1-4} selbst weiden. Müssen die Hirten nicht die Herde weiden? ^{3} Ihr trinkt
die Milch, nehmt die Wolle für eure Kleidung und schlachtet die fet-
Sach 11^{15f} ten Tiere; aber die Herde führt ihr nicht auf die Weide. ^{4} Die schwa-
Joh 10^{11} chen Tiere stärkt ihr nicht, die kranken heilt ihr nicht, die verletzten
verbindet ihr nicht, die verscheuchten holt ihr nicht zurück, die ver-
Sach 10^{2} irrten sucht ihr nicht, und die starken mißhandelt ihr. ^{5} Und weil sie
Mt 9^{36} keinen Hirten hatten, zerstreuten sich meine Schafe und wurden eine
Beute der wilden Tiere. ^{6} Meine Herde irrte auf allen Bergen und

34^{3} Die Milch: Text korr. nach G, Vg; H: »das Fett«.

34^{5f} Wilden Tiere. ^{6} Meine Herde: H: »und es zerstreute sich ^{6} und irrte umher meine Herde«; vermutlich Randglosse.

Gottesspruchformel ^{31}, wie der ganze ^{31} auf das Eingangsthema ausdrücklich zurückweist. Allerdings lassen die vielen Einleitungs- und Beschlußformeln sowie deutliche Motivverschiebungen auf ein sukzessives Wachsen der Einheit schließen. Für die Einsicht in den Prozeß des allmählichen Anwachsens ist ein Vergleich mit Jer 23^{1ff} hilfreich, weil dieser Text in seiner Endgestalt die Vorlage für Ez 34 gewesen ist. Ähnliches war bereits in 23 und 16 zu beobachten. Ezechiel und sein Schülerkreis sind von Jeremia und dessen Tradenten weithin beeinflußt. Das hat aber zu keiner Zeit dazu geführt, daß die Verkündigung des Propheten und ihre weitere Tradierung ihr unverwechselbares Profil verloren hätten. Es ist deshalb unmöglich (und methodisch falsch), aus Entsprechungen oder Auslassungen jeremianischer Worte in Ezechieltexten literarkritische Schlüsse zu ziehen (so Chr. Levin, 1985, 218ff, der für $^{1-24}$ nur $^{1-6*.9-10.13.23-24}$ als Grundbestand annimmt, weil dies Jer 23^{1-8} entspreche). Damit unterschätzt und verkennt man die urwüchsige Kraft der Ezechieltradition, die auch hier eigene Wege geht.

$^{1-16}$ Dieser Abschnitt bildet die erste große gegliederte Einheit der Rede, die sich an die »Hirten Israels« wendet. Auf die Wortereignisformel, die Anrede Menschensohn, den Botenauftrag und die Botenformel $^{1-2b\alpha}$ folgt ein Weheruf über die Hirten Israels $^{2b\beta-6}$ (vgl. $13^{3ff.18ff}$), der formal in die Gottesrede integriert ist und inhaltlich Scheltelemente enthält. Das darauf zu erwartende Gerichtswort folgt in ^{9f}, da ^{7f} wegen der wörtlichen Wiederholung von ^{5b} und Anleihen aus $^{2-6}$ als ausmalende Erweiterung anzusehen ist. Mit rückweisendem, verbindendem *kī* und der Botenformel folgt im Kontrastmotiv ein Heilswort $^{11-15}$, das in die beschließende Gottesspruchformel ausmündet. ^{16} scheint im Gefüge der ganzen Rede eine verbindende Funktion zum Folgenden zu haben.

$^{2b\beta-6}$ Typisch für die Ezechieltradition ist die Anrede der Betroffenen als »Hirten Israels« (vgl. »Propheten Israels« in 13^{1ff} und das dazu Ge-

Höhen umher und war über das ganze Land verstreut. Doch keiner
kümmerte sich um sie; niemand suchte sie. 7 Darum ihr Hirten, hört
das Wort des Herrn: 8 So wahr ich lebe – Spruch Gottes, des Herrn:
Weil meine Herde geraubt wurde und weil meine Schafe eine Beute
der wilden Tiere wurden – denn sie hatten keinen Hirten – und weil
meine Hirten nicht nach meiner Herde fragten, sondern nur sich
selbst und nicht meine Herde weideten, 9 darum, ihr Hirten, hört das
Wort des Herrn: 10 So spricht Gott, der Herr: Nun gehe ich gegen Jer 23^{2}
die Hirten vor und fordere meine Schafe von ihnen zurück. Ich setze
sie ab, sie sollen nicht mehr die Hirten meiner Herde sein. Die Hirten
sollen nicht länger nur sich selbst weiden: Ich reiße meine Schafe aus
ihrem Rachen, sie sollen nicht länger ihr Fraß sein.

sagte). Hier treten nicht ein einzelner König, nicht das Königtum oder besondere Leitungsträger einer bestimmten Epoche der Geschichte Israels in den Blick, hier ist vielmehr das Gottesvolk als ganzes im Ganzen seiner Geschichte auf seine verantwortete Lebensführung vor Jahwe angesprochen. Diese Auffassung bewahrt ein Wissen aus der Frühzeit des Volkes, daß allein Jahwe sein Herrscher ist und die menschliche Führungsmacht jeweils volksgebunden delegiert und von Jahwe sanktioniert ist. Das Volk trägt für seine Führung Verantwortung und umgekehrt.

Die als Weheruf stilisierte Scheltrede erhebt drei Vorwürfe gegen die »Hirten«. Sie haben von ihren Rechten, die ihnen zustehen, willkürlichen Gebrauch gemacht zum Schaden der Herde, also Mißbrauch der Macht zu Eigennutz. Sodann haben sie ihre Pflichten vernachlässigt, wie sich aus der negativen Aufzählung ihrer Versäumnisse als eine Art »Hirtenspiegel« (Ziegler) ergibt. Als Folge von selbstherrlichem Machtmißbrauch und Pflichtvergessenheit haben sie schließlich als Führer und Leiter versagt, so daß sich die Herde zerstreute und zugrunde gegangen ist. 6 malt anschaulich das ziellose Umherirren der Tiere und ihr Zerstreutsein über das ganze Land – da spielt die Exilssituation herein – aus und resümiert im Stil der Klage, daß sich niemand ihrer annahm.

9–10 Dagegen schreitet Jahwe ein. Mit gerichtsbegründendem »darum«, dem Aufmerksamkeitsruf, der Botenformel und der Herausforderungsformel zum Zweikampf setzt das Gerichtswort mächtig ein. Jahwe hat seine Herde den Hirten anvertraut. Sie war niemals ihr Eigentum. Jetzt fordert er sie von ihnen als gesunde und geordnete Herde zurück. Da sie infolge ihres Versagens dazu nicht in der Lage sind, setzt Jahwe sie ab. Das Gerichtswort spiegelt die Exilssituation. Da Königtum, Priesterschaft und Hofpropheten sowie die ganze Führungsschicht Judas versagt haben, dürfen sie in der von Jahwe geplanten Neustiftung seines Volkes keine führende Stellung mehr einnehmen. Die abschließende Feststellung, daß Jahwe selbst die Herde aus dem Rachen ihrer Feinde befreien werde, bereitet das folgende Heilswort vor.

11–15 Mit verstärkendem »siehe« und betont vorangestelltem »Ich« kündigt Jahwe im folgenden Heilswort an, daß er selbst das Hirtenamt übernehmen werde. Im Unterschied zu Jer 23^{1ff} wird hier von Grundsätzlichem gesprochen, das Jahwe in sei-

Der gute Hirt: 34[11–22]

Jes 40[11] [11] Denn so spricht Gott, der Herr: Jetzt will ich meine Schafe selber
Joh 10[1–18] suchen und mich selber um sie kümmern. [12] Wie ein Hirt sich um die
Lk 15[4] Tiere seiner Herde kümmert an dem Tag, an dem er mitten unter den
Schafen ist, die sich verirrt haben, so kümmere ich mich um meine
Schafe und hole sie zurück von all den Orten, wohin sie sich am
dunklen, düsteren Tag zerstreut haben. [13] Ich führe sie aus den Völ-
kern heraus, ich hole sie aus den Ländern zusammen und bringe sie in
ihr Land. Ich führe sie in den Bergen Israels auf die Weide, in den
Ps 23[2] Tälern und an allen bewohnten Orten des Landes. [14] Auf gute Weide
will ich sie führen, im Bergland Israels werden ihre Weideplätze sein.
Dort sollen sie auf guten Weideplätzen lagern, auf den Bergen Israels
sollen sie fette Weide finden. [15] Ich werde meine Schafe auf die
Weide führen, ich werde sie ruhen lassen – Spruch Gottes, des Herrn.

34[12] H ist durch Wucherung stark entstellt; EÜ paraphrasiert sinngemäß.

nem Volk wirken wird. Dabei wird keine menschliche Gestalt mehr vermittelnd zwischen ihn und sein Volk treten. Er selbst wird die Verlorenen suchen und die Zerstreuten sammeln von allen Orten, wohin sie am Gerichtstag Jahwes (»Tag des Gewölks und Dunkels«; vgl. 13[5]) verbracht wurden. In diesem Wort klingt bereits die Vorstellung eines neuen Exodus und einer neuen Hineinführung ins Verheißungsland an (vgl. 20[34f]). [13] spricht davon offen und ohne Bild. Im Land wird Jahwe seine neue Herde selber weiden und das Land wird für alle fruchtbare und sichere Weideplätze bieten. [15] faßt dies mit zweimal betont vorangestelltem »Ich« als ausdrückliches und alleiniges Handeln Jahwes zusammen und beschließt mit der Gottesspruchformel das gewichtige Wort.

Es ist verständlich, daß dieses Hirtenbild einen weiten Nachhall gefunden hat (spätalttestamentlich und zwischentestamentlich s.o.) und im NT auf Jesus Christus gedeutet wird (Mt 9[36] 18[12–14] Mk 14[27] par Lk 15[1–7] Joh 10[1–18.26–29] 21[15–17] Apg 20[28] 1 Petr 5[1–4]). Die christliche Kunst hat sich durch alle Epochen hindurch zu immer neuen Darstellungen inspirieren lassen, und im Bewußtsein der Volksfrömmigkeit ist das Bild fest verankert. In der Liturgie begegnet der Text in verkürzter Fassung [1–11] am Mittwoch der 20. Woche im Lesejahr 2, in einer um den redaktionellen [16] erweiterten Fassung des Stückes [11–15] am Herz-Jesu-Fest, aber auch an Festen hl. Päpste (Silvester, Leo IX.) und Bischöfe (Lambert, Otto und Norbert). Wenn die Liturgie auch bei den Papst- und Bischofsfesten den Anstoß vermeidet, indem sie das Gotteswort [1–15] um das Schelt- und Drohwort [1–9] amputiert, so ist doch das Heilswort [10–15] immer aus dem Ganzen des prophetischen Gotteswortes heraus zu verstehen und bleibt als solches eine aktuell brisante Anfrage an jedes Leitungsamt in der durch Jesus Christus neu gestifteten Gottesgemeinschaft. Gottes Wort hat Bestand für immer (Jes 40[8]), und es setzt sich gegen alle menschlichen Machtträume und Führungsansprüche durch. Das alte

[16] Die verlorengegangenen Tiere will ich suchen, die vertriebenen zu-
rückbringen, die verletzten verbinden, die schwachen kräftigen, die
fetten und starken behüten. Ich will ihr Hirt sein und für sie sorgen,
wie es recht ist.
[17] Ihr aber, meine Herde – so spricht Gott, der Herr –, ich sorge für
Recht zwischen Schafen und Schafen, zwischen Widdern und Bök- Mt 25^{32}
ken. [18] War es euch nicht genug, auf der besten Weide zu weiden?
Mußtet ihr auch noch euer übriges Weideland mit euren Füßen zer-
trampeln? War es euch nicht genug, das klare Wasser zu trinken?
Mußtet ihr den Rest des Wassers mit euren Füßen verschmutzen?
[19] Meine Schafe mußten abweiden, was eure Füße zertrampelt hatten,
und trinken, was eure Füße verschmutzt hatten. [20] Darum – so spricht
Gott, der Herr, zu euch: Ich selbst sorge für Recht zwischen den fet-
ten und den mageren Schafen. [21] Weil ihr mit eurem breiten Körper
und eurer Schulter alle schwachen Tiere zur Seite gedrängt und weil

34^{16} Die fetten und: fehlt mit Recht in G. – Behüten: Text korr. nach G; H: »austilgen«.

34^{17} Zwischen Widdern und Böcken: beschränkt das Gericht wieder auf die Führer des Volkes; steht im Widerspruch zum Folgenden und ist als nachträgliche Exegese zu streichen.

Gottesvolk hat in seiner nachexilischen Geschichte bis ins 3. Jh. n. Chr. hinein reiche und bittere Erfahrung gesammelt, die für seine Erben nicht ohne Belang sein können.
[16] lenkt auf die schlechten Hirten in [4] zurück und entwirft in kunstvoller Kompositionstechnik das positive Gegenbild, indem die Reihenfolge der ersten vier Gruppen von Herdentieren invertiert wird: kranke – verletzte – zerstreute – verirrte [4] / verirrte – zerstreute – verletzte – kranke [16]. Der Hinweis auf das Weiden »nach Recht« leitet nach [17–22] über, wo *šāfaṭ* Leitwortfunktion hat [17.20.22].
[17–22] Komplementär zum Schelt- und Drohwort über die schlechten Hirten [2–10] folgt, wie in Ez üblich, ein Wort über die Herde, in der es auch nicht zum besten steht. Der Stärkere setzt sich rücksichtslos durch gegenüber dem Schwachen, der sich mit Abfällen begnügen muß, wie die Scheltrede [18f] ausführt. Die mit begründendem »darum« verstärkte Botenformel und die direkte Anrede lassen in [20] ein Gerichtswort über die Rücksichtslosen erwarten. Das Gericht besteht aber, wie die in [17] vorweggenommene Ankündigung schon zeigt, in einem Scheidungsgericht, das an 20^{35-38} erinnert. Jahwe wird Recht schaffen, indem er die Machtgierigen und Selbstsüchtigen aussondert und sich ganz der Schwachen und Bedrängten annimmt [20–22]. Damit verschiebt sich der Akzent von der Strafandrohung, die implizit gegeben ist, voll auf die Heilsverkündigung.
Das Wort mag erst spät an seiner jetzigen Stelle eingefügt worden sein. Vielleicht spiegelt es die enttäuschende Wirklichkeit der nachexilischen Gemeinde, von der Neh 5^{1-13} zu berichten weiß. Die Bildrede wird in Mt 25^{31-46} aufgenommen und auf das eschatologische Scheidungsgericht bezogen.

ihr sie mit euren Hörnern weggestoßen habt, bis ihr sie weggetrieben
hattet, [22] deshalb will ich meinen Schafen zu Hilfe kommen. Sie sol-
len nicht länger eure Beute sein; denn ich werde für Recht sorgen
zwischen Schafen und Schafen.

Das messianische Reich: 34[23–31]

37[24] [23] Ich setze für sie einen einzigen Hirten ein, der sie auf die Weide
Ps 78[70] führt, meinen Knecht David. Er wird sie weiden, und er wird ihr Hirt
Jer 30[9] sein. [24] Ich selbst, der Herr, werde ihr Gott sein, und mein Knecht
Hos 3[5] Joh 10[14–16] David wird in ihrer Mitte der Fürst sein. Ich, der Herr, habe gespro-
chen.
37[26] [25] Ich schließe mit ihnen einen Friedensbund: Ich rotte die wilden
Lev 26[6] Tiere im Land aus. Dann kann man in der Steppe sicher wohnen und
Hos 2[20] in den Wäldern schlafen. [26] Ich werde sie und die Umgebung meines
Lev 26[4] Berges segnen. Ich schicke Regen zur rechten Zeit, und der Regen
Ps 84[7] wird Segen bringen. [27] Die Bäume des Feldes werden ihre Früchte tra-
Ps 67[7] gen, und das Land wird seinen Ertrag geben. Sie werden auf ihrem
Grund und Boden sicher sein. Wenn ich die Stangen ihres Jochs zer-
breche und sie der Gewalt derer entreiße, von denen sie versklavt

[23–24] Wie präzise 33[30–33] der Alltagswirklichkeit entspricht und wie wenig man bereit ist, auf Gottes Wort zu hören und es im Glauben anzunehmen und in Lebenspraxis umzusetzen, zeigt dieser kleine Einschub. Dem ausdrücklichen Gotteswort [9f.11–15] zum Trotz stellt er einen neuen menschlichen König in Aussicht und rechnet mit der Wiederherstellung des davidischen Königtums. Dabei wird zwar der Titel »König« vermieden und statt dessen von einem *nāśī'* geredet, aber nicht aus Pietät, sondern weil der Titel »Fürst« auch sonst in Ez benutzt wird, vor allem aber, weil er in altisraelitische Zeiten zurückverweist und so den Herrschaftsanspruch der Davididen verstärkt. Die historische Situation konnte entsprechende Hoffnungen wecken und nähren, da das davidische Herrscherhaus in seiner Hauptlinie die Katastrophe überlebt hatte. Das Wort gibt sich als Gottesrede aus, das in [24] in der Bundesformel gipfelt und mit der Wortbekräftigungsformel volltönend abschließt. Zweifellos sind hier spätjeremianische Vorstellungen eingetragen worden, vgl. Jer 23[5f]. Aber die Davidverheißung als Ziel und die Bundesformel als Höhepunkt von 34[1–24]* (Levin, 1985, 219) anzunehmen, ist eine arge Verkennung ezechielischer Verkündigungstradition. 40–48 wird vor der Realität des davidischen Herrscherhauses nicht die Augen verschließen, ihm aber in der neuen Ordnung einen unbedeutenden Platz zuweisen (s.u.).

[25–30] Dieser Abschnitt verläßt ganz die Hirtenthematik und kündet von der Errichtung eines »Friedensbundes« (vgl. 16[60]). Die Verheißung eines neuen Bundes als eine besondere Ausprägung der Bundestheologie hat in der jeremianischen Tradition eine vielgestaltige Ausprägung erfahren. Von dort ist sie vielleicht über Ez 11[14–20] in den Verkündigungsstrom Ezechiels und seiner Tradenten ge-

wurden, werden sie erkennen, daß ich der Herr bin. 28 Sie werden
nicht länger eine Beute der Völker sein, von den wilden Tieren wer-
den sie nicht gefressen. Sie werden in Sicherheit wohnen, und nie- Jer 30^{10}
mand wird sie erschrecken. 29 Ich pflanze ihnen einen Garten des
Heils. Sie werden in ihrem Land nicht mehr vom Hunger dahinge- 36^{30}
rafft werden, und die Schmähungen der Völker müssen sie nicht
mehr ertragen. 30 Sie werden erkennen, daß ich, der Herr, ihr Gott, 11^{20}
mit ihnen bin und daß sie, das Haus Israel, mein Volk sind – Spruch
Gottes, des Herrn. 31 Ihr seid meine Schafe, ihr seid die Herde meiner Ps 95^7 100^3
Weide. Ich bin euer Gott – Spruch Gottes, des Herrn.

34^{29} Des Heils: Text korr. nach G und S; H: »zum Ruhm«.

langt. Hier hat sie in drei heilsprophetischen Worten (36^{16-28*} 37^{15ff} 34^{25-30}), die jeweils an eine vorgegebene Verheißung anknüpfen, ihre je eigene Ausgestaltung erfahren. Allerdings scheinen die drei Heilsverheißungen (in der angegebenen Reihenfolge) von einander abzuhängen und zusammen eine Art Schema ezechielischer Bundesverheißung zu bilden, das dann dem das Heiligkeitsgesetz abschließenden Segen-Fluch-Kapitel als Vorlage diente (Lev 26).
Der vorliegende Abschnitt $^{25-30}$ setzt mit der Bundeszusage ^{25} ein und mündet in eine durch die Bundesformel erweiterte Erkenntnisformel^{30}. Die Erkenntnisformel in ^{27} läßt darauf schließen, daß der Abschnitt nicht aus einem Guß ist. $^{27a\beta.b}$ bilden eine Kleineinheit für sich. Das Wort ^{28} dürfte erläuternde Glosse sein. Nicht mehr zum Raub der Völker zu werden, wiederholt sinngemäß ^{27} unter Rückgriff auf die Metaphorik des Hirtenkapitels ^{8}. Der Wortlaut lehnt sich an ^{29} an, und das Motiv des Tierfriedens stammt aus ^{25}. Als typische Glosse ist $^{26b\beta}$ zu beurteilen. Der verbleibende Text bildet eine in sich geschlossene Einheit. Der Bundeszusage folgt die Verheißung der Sicherheit und Fruchtbarkeit des Landes rings um den Berg Jahwes als Begleitumstand und Folge seiner (kultischen?) Gegenwart. Dabei liegt aller Nachdruck auf dem Segen der Fruchtbarkeit des Landes. Das ist eine Antwort auf den Spott der Völker: »Das Land frißt seine Bewohner!« (36^{13}; Num 13^{32}), zugleich aber auch ein Wort an die Juden der Diaspora, die sich mit der Sammlungsverheißung schwer tun und befürchten, bei Aufgabe ihrer relativ gesicherten Existenz in der Diaspora im Verheißungsland ein frommes Hungerleiderdasein führen zu müssen. Deshalb tritt hier zur Gabe des Landes die Verheißung seiner Fruchtbarkeit, d.h. die Gewährung einer gesicherten und gesegneten Existenz. Diese Zusage wird durch die abschließende Bundesformel bekräftigt. So wird sie zur endgültigen Erkenntnis des Herrseins Jahwes führen.
^{31} Dieser die Großeinheit 34 rahmende Schlußvers führt auf die Hirtenthematik zurück. In deren Metaphorik versucht er eine Nachbildung der Bundesformel und stellt so die ganze Einheit $^{1-30}$ unter die Bundesverheißung. Der Ausdruck »Schafe meiner Weide« entspricht wörtlich Jer 23^1. In den Psalmen hat er ein breites Echo gefunden (74^1 79^{13} 95^7 100^3).

Der Drohspruch gegen Edom: 35[1–15]

25[12–14] 35[1] Das Wort des Herrn erging an mich: [2] Menschensohn, richte dein
Gesicht auf die Berge von Seïr, tritt als Prophet gegen sie auf, [3] und
sag zu ihnen: So spricht Gott, der Herr:

35[1]–36[15] Der Verfasser des Ez-Buches stellt diesen großen Komplex unter ein einziges göttliches Wortereignis, das den Propheten erreicht (35[1]). Der zweimalige Redeauftrag 35[2] 36[1] gliedert die Großeinheit in zwei Teileinheiten: 35[1–15] 36[1–15], die formal und inhaltlich aufeinander bezogen sind, wie z. B. das Stichwort *har, harē* »Berg(e)« und die ausdrückliche Nennung Edoms in 36[5] zeigen. Die inhaltliche Logik dieser Zuordnung besteht im bewußten Kontrast: Dem Gericht über das Gebirge Seïr-Edom folgt über die Berge Israels die Heilszusage.

35[1–15] Im Zusammenhang der Heilsverkündigung an Israel verwundert zunächst eine längere Drohrede gegen den südöstlichen Nachbarn Edom auf dem Gebirge Seïr. Über ihre Funktion als Kontrastmotiv hinaus hat sie aber auch eine theologische Bedeutung im Gesamtaufriß der Heilsverkündigung. Das Erbland Israels ist und bleibt Jahwes Besitz. Er allein verfügt über seine Verwüstung oder seine Fruchtbarkeit. Er allein bestimmt, wem er das Land zum Lehen gibt. Mußte er in 33[23–29] die anmaßenden Besitzansprüche der im Land verbliebenen Judäer abweisen, so wird er um so mehr gegen jeden fremden Anspruch einschreiten, der sich in das Erbe seines Volkes einschleichen will. Jahwe wird jeden Widersacher, der sich seiner Neuschöpfung des Volkes im Verheißungsland entgegenstellt, ausschalten. Bei der Wahl Edoms ließ sich der Verfasser mehr von emotionalen denn von sachlichen Gesichtspunkten leiten. Das Ressentiment gegen das »Brudervolk« (Dtn 23[8]) sitzt tief. Die mit großer Brutalität (auf beiden Seiten) geführten Grenz- und Gebietsstreitigkeiten reichen weit in die Geschichte zurück (25[12–14] 32[9]). Die Feindschaft wird ätiologisch mit der Rivalität der Stammväter Jakob und Esau (= Edom) begründet (Gen 25[22ff] 27[41–45] 32[4–22] 33[1–16]). Aktuelle Erfahrungen kommen hinzu. Durch Verrat und besondere Häme hat sich Edom im Zusammenhang mit der Belagerung und Zerstörung Jerusalems hervorgetan und sich sogleich von Süden her judäisches Stammesgebiet angeeignet. So wird Edom in exilisch-nachexilischer Zeit zum Erzfeind Israels (Ps 137; vgl. Jes 34 63[1–6] Jer 49[7ff] Joël 4[19] Obd [1–14] Mal 1[2–5] Klgl 4[21]). Es gab daher aus verschiedenen Zeiten ein beachtliches Repertoire von Verwünschungen und Drohsprüchen gegen den Erzrivalen, aus dem der Verfasser auswählen konnte (s. o. 25[12–14] 32[9]). In seiner Drohrede[1–15] hat er vier Sprüche aus verschiedener Zeit mit unterschiedlicher Akzentuierung zu einer Sequenz zusammengestellt. Er leitet sie ein mit der Wortereignisformel, der Anrede Menschensohn, der Aufforderung zur wirkmächtigen Ausdruckshandlung, dem Botenauftrag und der Botenformel [1–3aα].

[3aβ–4] Mit der Herausforderungsformel zum Zweikampf beginnt der erste Spruch. In direkter Rede spricht Jahwe das Gebirge Seïr an. Indem er seine Hand gegen es ausstreckt, wird es Wüste und wird alles verwüstet. Der lautmalende Parallelausdruck

Ich gehe gegen dich vor, Bergland von Seïr.
Ich strecke meine Hand gegen dich aus
und mache dich zur Wüste und Öde.
4 Deine Städte lege ich in Trümmer,
und du sollst zur Wüste werden.
Dann wirst du erkennen, daß ich der Herr bin.
5 Weil du eine ewige Feindschaft mit den Söhnen Israels hattest und Ps 137[7]
sie zur Zeit ihres Unglücks, zur Zeit der endgültigen Abrechnung,
dem Schwert ausgeliefert hast, 6 darum lasse ich dich bluten, so wahr
ich lebe – Spruch Gottes, des Herrn; Blut soll dich verfolgen. Du hast
dich nicht gescheut, Blut zu vergießen; darum soll Blut dich verfol-
gen. 7 Ich mache die Berge von Seïr zur Öde und Wüste und ver-
nichte alles, was sich dort bewegt und regt. 8 Ich fülle sein Bergland
mit Erschlagenen; auf deinen Hügeln, in deinen Tälern und all dei-
nen Schluchten werden die Menschen vom Schwert erschlagen und
fallen.

35[6] Lasse ich dich bluten, wörtlich: »mache ich dich zu Blut«. – Text teilweise korr., weil H verderbt ist: »zu Blut mache ich dich, und Blut soll dich verfolgen«: fehlt in G und ist als Variante zu [6b] zu streichen.

35[7] An falsche Stelle in den Text geratene Randglosse zu [3f].

zu Wüste *n^ešammā* »Verwüstung, Entsetzen« ist sonst nur 5[15] 6[14] 33[28f] und Jes 15[6] Jer 48[34] belegt. Die bewohnten Orte liegen in Trümmer, so daß Seïr, mit vorangestelltem »Du« nochmals direkt angesprochen, zur *š^emāmā* »Wüste« wird und in diesem Geschehen das Herrsein Jahwes erkennt.

Der kunstvoll gebaute, metrisch durchgestaltete Spruch gibt keinen Grund für die Drohung an. Wir stoßen hier auf die Grundform der alten Völkerorakel, die noch um die Zauberkraft des wirkmächtigen Wortes weiß. Das Unheil ist beschlossen von der Gottheit, wird vom bevollmächtigten Sprecher verkündet und ist damit bereits Wirklichkeit geworden, die geradezu dinghaft am Bedrohten haftet.

5–6.8–9 Mit gerichtsbegründendem *ja'an* wird das zweite Wort angeschlossen, das als begründetes Gerichtswort gestaltet ist. In direkter Du-Anrede, die sich, da kein Adressat genannt wird, auf das Gebirge Seïr rückbezieht, werden in der Begründung zwei Vorwürfe erhoben: »ewige Feindschaft« (s. o.) und, soweit erkennbar, Blutschuld und Verrat beim Untergang Jerusalems.

Ursprünglich mit Juda verbündet scheint Edom, als es kritisch wurde, zu den Babyloniern übergelaufen zu sein und ihnen geholfen zu haben bei der Einnahme Jerusalems. Soweit der Verrat. Blutschuld meint nicht, dadurch am Tod vieler Judäer mitschuldig geworden zu sein, vielmehr muß Edom Flüchtlinge aufgespürt und umgebracht haben. Das ist kein Töten im Kampf, das ist Mord und damit Blutschuld.

Deshalb droht Jahwe, mit der Schwurformel und der Gottesspruchformel verstärkt, Edom die Blutrache an. Es wird nach dem uralten Gesetz der Vergeltung bestraft, das bei allen Völkern bekannt ist und

9 Für immer mache ich dich zum Ödland,
deine Städte sollen nicht mehr bewohnt sein.
Dann wirst du erkennen, daß ich der Herr bin.
10 Weil du sagst: Beide Völker und beide Länder gehören mir; sie sind
mein Besitz!, (weil du das sagst) obwohl doch der Herr dort ist,
11 darum will ich gegen dich – so wahr ich lebe, Spruch Gottes, des
Herrn – mit dem gleichen leidenschaftlichen Zorn vorgehen, mit dem
du gegen sie in deinem Haß vorgegangen bist. Ich werde dir zeigen,
wer ich bin, wenn ich dich richte. 12 Dann wirst du erkennen, daß ich
der Herr bin und daß ich gehört habe, wie oft du die Berge Israels ge-
schmäht und gesagt hast: Sie sind völlig verödet. Sie sind uns zum
Fraß vorgeworfen. 13 So habt ihr geprahlt und seid frech gegen mich
gewesen; ich habe es selbst gehört. 14 So spricht Gott, der Herr: Weil

35^{10} Obwohl doch der Herr dort ist: erläuternde Kommentierung.
35^{11} Dir: Text korr. nach G; H: »an ihnen«.

regional bis in die Gegenwart hinein Anwendung findet. Weil das Blut zum Himmel schreit und den Mörder verfolgt, bis die Tat gesühnt ist, wird Edoms Blut vergossen. Zur Trias Berge – Täler – Schluchten vgl. 31^{12} 32^{5f}. So wird Edom zum unbewohnten Land und damit endgültig zur Wüste. Die Erkenntnisformel beschließt das Wort.

$^{10-12a\alpha}$ Der dritte Spruch ist ebenfalls ein begründetes Gerichtswort. Das Vergehen wird zitiert. Edom erhebt Anspruch auf das ehemalige Staatsgebiet von Juda und Israel. Als Lohn für seine Dienste meldet es bei den Babyloniern Besitzrechte auf die westjordanischen Länder an, die wegen ihrer Fruchtbarkeit schon immer die Begehrlichkeit Edoms geweckt hatten. Ein alter Traum Edoms würde in Erfüllung gehen. In seinem Machthunger übersieht Edom die auch ihm bekannte Tatsache, daß jedes Land seinem Gott gehört. Das Land Israel ist Eigentum Jahwes. Dieser hat sein Land keineswegs verlassen (8^{12} 9^{9}), sondern es für sein neues Volk bestimmt. Das Vergehen Edoms besteht nicht in seinem politischen Größenwahn, sondern in seinem Eingriff in die Eigentumsrechte Jahwes und damit in seinem Angriff auf Jahwe selbst.

Edom steht gegen Jahwe. Er wird sein Herrsein erweisen, und Edom wird dies erkennen und anerkennen müssen.

$^{12a\beta-15}$ Der Text des letzten Spruches ist schlecht überliefert und bietet auch sonst der Deutung manche Schwierigkeit. Zunächst ist deutlich, daß es sich um ein zweiteiliges Gerichtswort handelt. Die Begründung ist der Form nach eine Art Scheltrede $^{12a\beta.13}$. In ihr klingt das Thema »Berge Israels« von 36^{1ff} bereits an. Gerahmt wird das Scheltwort von zweimaligem »ich habe gehört« $^{12a\beta/13b\beta}$ (mit betont vorangestelltem »Ich«). Gehört hat Jahwe zwei Dinge: »Schmähungen« (der Ausdruck sonst nur Neh $9^{18.26}$) über die Verwüstung der Berge Israels, die für Edom jetzt leichte Beute sind, und »Schmähungen« gegenüber Jahwe, von deren Inhalt nichts bekannt ist. Aus dem Zusammenhang heraus geht es vermutlich darum, daß Edom die Verwüstung des Lan-

du dich darüber freust, daß das ganze Land verödet daliegt, darum
will ich auch dich (zur Wüste) machen: [15] Weil du dich darüber
freust, daß der Erbbesitz des Hauses Israel verödet daliegt, darum
will ich auch dich (zur Wüste) machen; das Bergland von Seïr und
ganz Edom sollen veröden. Dann wird man erkennen, daß ich der
Herr bin.

des Israel als Schwäche und Unterlegenheit Jahwes gegenüber den anderen Göttern deutet, weil er offenbar nicht die Kraft hatte, sein Land zu schützen und sein Volk vor dem Untergang zu bewahren. Eine Ansicht, die im übrigen auch unter den Deportierten von manchen geteilt wurde. Das ist aber nicht nur ein Angriff auf das Personsein Jahwes, sondern auch eine völlige Verkennung seines Handelns.

Darüber muß das Gericht ergehen. Die Botenformel [14] leitet das Gerichtswort ein, das zunächst die beiden Aspekte des Tatbestandes der Schmähung zusammenfassend feststellt. Das Urteil kann nur lauten: Ich mache das Gebirge Seïr und ganz Edom zur Wüste. Dann werden alle, einschließlich die Skeptiker und Zweifler in seinem eigenen Volk (der Wechsel der Person von der 2. Sg. zur 3. Pl. ist beabsichtigt!), das souveräne Herrsein Jahwes über Länder und Völker erkennen. Edoms Schuld liegt darin, nicht erkannt zu haben, daß die Verwüstung von Jahwes Land und die Vernichtung seines Volkes nicht dem Zufall wechselnder Machtverhältnisse entsprang, sondern die Tat des mächtigen Gottes Jahwe war als notwendiges Gerichtshandeln an seinem eigenen Volk. Anstatt vor einem Gott, der nicht einmal vor seinem Volk haltmacht, wenn es um die Erfüllung seines Willens geht, sich ehrfürchtig zu neigen und den versprengten Resten des Volkes seine Anteilnahme zu bezeigen, hat Edom nur hämische Schadenfreude über den Untergang Israels und die vermeintliche Niederlage Jahwes.

36^{1-15} Mit seiner neuen Heilsstiftung wird Jahwe vor allen Völkern erweisen, worauf sein Handeln in der Geschichte letztlich abzielt: auf das Heil seines neuen Volkes Israel und damit einschlußweise auf das Heil aller Völker. So bildet die Drohrede 35^{1-15} im Kontext der Großeinheit formal die Begründung für die jetzt einsetzende Heilszusage an die »Berge Israels«. Im Kontext des Ez-Buches stellt 36^{1-15} das Gegenbild zur Bedrohung der »Berge Israels« (6^{1ff}) dar.

Der Abschnitt ist ein vielfach erweitertes und ausgestaltetes Gebilde, was bei der unerhörten Grundaussage nicht verwundert. Zunächst erweist sich [13–15] als ein selbständiges Heilswort, das später hinzugefügt wurde. Mit einleitender Botenformel und beschließender Gottesspruchformel hat es eine eigene Rahmung. Es spricht nicht die Berge, sondern das Land an (2. Pers. Sg. fem.) und gestaltet die Heilszusage [7–11] aus. [12] ist redaktionelles Bindeglied (Wechsel der Person von 2. Pl. zur 2. Sg.). Die Erkenntnisformel [10] schließt die ursprüngliche Heilszusage ab, deren Grundbestand in [1–11] zu suchen ist. Hier stoßen wir auf eine Fülle von Redeaufträgen [1.3.6], Botenformeln [2.3.4.5.6.7], Aufmerksamkeitsrufen [1.4], (gerichts-)begründenden *jaʿ an-* und *lāken*-Aussagen, die man kaum als Elemente »des Zeremoniars einer offiziellen Gerichtsverhandlung« (Reventlow) mit Proklamationen, wiederholter Einlassung der Parteien,

Die Weissagung über Israels Berge: 36[1–15]

6[2] 36[1] Du aber, Menschensohn, sprich als Prophet zu den Bergen Israels,
25[3] und sag: Ihr Berge Israels, hört das Wort des Herrn! [2] So spricht
Gott, der Herr: Die Feinde haben von euch gesagt: Ha, ihr seid für
immer verödet; jetzt gehört ihr uns. [3] Darum tritt als Prophet auf,
und sag: So spricht Gott, der Herr: Weil ihr verödet seid, weil man
von allen Seiten nach euch geschnappt hat, so daß ihr jetzt Besitz der
übrigen Völker seid, weil ihr ins Gerede gekommen und zum Gespött
der Leute geworden seid, [4] darum, ihr Berge Israels, hört das Wort

36[2] Die Feinde: H: »Der Feind«; der Sing., der nur hier vorkommt, ist als lectio difficilior beizubehalten. – Ihr seid für immer verödet, wörtlich: »Wüstenei für immer«.

36[3] Übrigen Völker, wörtlich: »Rest der Völker«.

etc. deuten kann, sondern als Anzeichen für eine intensive Beschäftigung mit dem Grundtext werten muß. Zu diesem gehört die Einleitung [1], die sich in Parallele zu 35[1] an die »Berge Israels« richtet. Daran schließt die Botenformel und die Gottesrede [2] nahtlos an. Der erneute Redeauftrag mit der Botenformel [3] markiert einen Neueinsatz. Die Gottesrede reicht bis [5], da in [6] ein neuer Redeauftrag erfolgt. Inhaltlich ist [3–5] eine Entfaltung von [2]. Mit dem Neueinsatz in [6] wechselt der Adressat. Jetzt ist das Land Israel angesprochen. [6] bildet mit [7] eine sprachliche und inhaltliche Einheit für sich. Mit der Anrede der Berge Israels in [8] wird der Grundtext [1–2] fortgeführt. [9] schließt nahtlos an, während [10] durch die Wiederaufnahme des Anfangs von [11] und den Wechsel der Person in [10b] sich als Zusatz zu erkennen gibt. Die in [8] jetzt fehlende formelhafte Einleitung könnte in [4a] erhalten sein, da sie dort den Zusammenhang unterbricht. Der Grundbestand des Heilswortes dürfte demnach in [1–2.4a.8–9.11] vorliegen.

[1–2] Mit betont vorangestelltem »Du« und der Anrede Menschensohn erhält der Prophet den Auftrag, die Berge Israels, die wie 6[2] das ganze Land repräsentieren, anzureden und im Aufmerksamkeitsruf sie für das mit der Botenformel eingeleitete Gotteswort bereit zu machen. Dieses zitiert in prägnanter Zusammenfassung alle Schmähungen und Verwünschungen, die gegen die Berge Israels ausgestoßen wurden, sowie die Annahme ewiger Wüstenei und daraus abgeleiteter Besitzansprüche. Das Zitat kommt aus dem Mund »des Feinds«. Die Formulierung ist mit Bedacht gewählt. Wer auch immer den im Zitat illustrierten Zustand der Berge Israels in gieriger Erwartung und schadenfroher Hoffnung oder in Resignation und Verzweiflung als gegeben hinnimmt, erweist sich als Feind Jahwes. Das ist eine verdeckte Mahnung an die Adresse mancher Exulanten (s. o.).

[3–5] Der Ergänzer unterdrückt den letzten Aspekt und bezieht »Feind« ausschließlich auf den »Rest der Völker«. Mit »Rest« will er andeuten, daß über die Völker schon ein erstes Gericht ergangen ist, wodurch aber ihr Selbstbewußtsein und ihre Anmaßung noch nicht gebrochen sind. Ausführlich schildert er ihren Hohn und Spott sowie ihre Bemühungen,

Gottes, des Herrn: So spricht Gott, der Herr, zu den Bergen und Hü-
geln, den Schluchten und Tälern, zu den verfallenen Ruinen und den
verlassenen Städten: Weil ihr von den übrigen Völkern ringsum aus-
geplündert und verspottet worden seid, 5 darum – so spricht Gott, der
Herr – werde ich mit glühender Leidenschaft über die übrigen Völker
und über ganz Edom reden. Voll Frohlocken haben sie sich mein 35^{15}
Land angeeignet. Voll Schadenfreude haben sie das Weideland er-
beutet. 6 Darum sprich als Prophet zum Land Israel, und sag zu den
Bergen und Hügeln, zu den Schluchten und Tälern: So spricht Gott,
der Herr: Ich rede voll Leidenschaft und Grimm, weil ihr von den
Völkern so viel Schimpf ertragen müßt. 7 Darum – so spricht Gott,
der Herr: Ich erhebe meine Hand (zum Schwur) und sage: Die Völ-
ker rings um euch werden den gleichen Schimpf ertragen müssen.
8 Ihr aber, ihr Berge Israels, sollt wieder grün werden und Früchte
hervorbringen für mein Volk Israel; denn es wird bald zurückkom-
men. 9 Seht, ich wende mich euch wieder zu, und dann ackert und sät
man wieder auf euch, 10 und ich lasse viele Menschen dort leben, das
ganze Haus Israel. Die Städte werden wieder bewohnt sein und die Ps 69^{36}
Ruinen aufgebaut. 11 Ich lasse viele Menschen und Tiere auf euch le-

sich des Landes zu bemächtigen. Damit gibt er einen Einblick in die tatsächliche Lage in und um Juda nach 586. Die Nachbarvölker stehen zwar unter babylonischer Herrschaft, haben sich aber eine relative Eigenständigkeit bewahren können. Sie drängen nun von allen Seiten heran, um das entvölkerte Juda in Besitz zu nehmen – allen voran Edom, das in 5 ausdrücklich genannt wird. Diesem Treiben wird Jahwe »mit glühender Leidenschaft« ein Ende bereiten. So ist dem Ergänzer unter der Hand aus der Ausschmückung des Wortes an die »Berge Israels« ein Wort gegen den »Rest der Völker« geworden, wenn auch formal nicht ganz gelungen.

6–7 Formvollendet holt dies ein Späterer nach. Im erneuten Redeauftrag wendet sich das Wort an das Land Israel, das dem Grundtext angeglichen als »Berge und Hügel, Schluchten und Täler« (vgl. 31^{12} 32^{5f} 35^{8}) in einem zweiten Redeauftrag angesprochen wird. Die Botenformel leitet die Begründung ein, die den Sachverhalt der Verunglimpfung und Schmähung Israels durch die Völker feststellt. Die Völker werden dieselbe Schmach erleiden. Darauf legt Jahwe einen Eid ab (vgl. $20^{5f.15.23.28.42}$ 44^{32}).

4a.8–9.11 In diesen Versen tritt der Grundtext des Heilswortes wieder hervor. Den Erwartungen oder Befürchtungen des »Feindes« zum Trotz wird Jahwe sein neues Heil stiften. Erneut ergeht der Aufmerksamkeitsruf an die Berge Israels. Die Botenformel leitet das Heilswort ein. Mit betont vorangestelltem »ihr« spricht Jahwe die Berge Israels an und kündigt ihnen eine totale Wende ihres Geschicks an. Aus Öde und Wüste wird blühendes und fruchtbares Land, und zwar für »mein Volk Israel«, das bald heimkehrt. Die Nahaussage, sonst im Zusammenhang mit dem Jahwe-Tag gebraucht (7^{3} 30^{3}; vgl. 9^{1} 12^{23}), wird hier zu einem Element der Heilszusage und die Herausforderungsfor-

ben, und sie werden sich vermehren und fruchtbar sein. Ich will dafür sorgen, daß ihr wieder bewohnt seid, wie ihr es früher wart; ich will euch mehr Gutes erweisen als je zuvor. Dann werdet ihr erkennen, daß ich der Herr bin. [12] Viele Menschen, mein ganzes Volk Israel, lasse ich zu euch kommen, und sie werden euch in Besitz nehmen; ihr werdet für immer ihr Erbbesitz sein und ihnen nie mehr ihre Kinder wegnehmen. [13] So spricht Gott, der Herr: Man sagt zu dir: Du bist eine Menschenfresserin und hast deinem eigenen Volk die Kinder weggenommen. [14] Aber du sollst keine Menschen mehr fressen und deinem eigenen Volk nicht mehr die Kinder wegnehmen – Spruch Gottes, des Herrn. [15] Du sollst nie mehr anhören müssen, wie die Völker dich beschimpfen, und nie mehr ertragen müssen, daß die Nationen dich verhöhnen. Du wirst deinem eigenen Volk nicht mehr die Kinder wegnehmen – Spruch Gottes, des Herrn.

36[11] Und sie werden sich mehren und fruchtbar sein: Die Segensformel von P (Gen 1[22.28] u. ö.) fehlt in G und ist sekundäres Interpretament, vgl. den Personenwechsel.

36[12b] Wörtlich: »und sie werden dich in Besitz nehmen, und du wirst ihnen zum Erbe werden und wirst sie nicht mehr kinderlos machen«; EÜ gleicht mit G, S an die 2. Pl. des vorausgehenden Textes an. [12b] ist aber sekundärer Zusatz nach [13ff].

36[15] Du wirst ... wegnehmen: fehlt in G; versehentlich aus [14] eingedrungen.

mel zum Zweikampf zu einer Ansage der barmherzigen Zuwendung Gottes. Diese bedeutet Segen für Mensch und Tier, so daß das fruchtbare Land reich bevölkert wird. Den Gedanken der Segensfülle hat ein Späterer durch die Einfügung der Segensformel von P bekräftigt.

[12.13–15] Der Überleitungsvers [12], der von der 2. Pl. zur 2. Sg. des Wortes [13–15] wechselt, kündigt die Rückkehr des ganzen Volkes Israel an, das jetzt wieder, in Antithese zu 30[10] 35[15], das Land als sein Erbteil in Besitz nehmen wird. Der Hinweis, daß das Land seine Kinder nie mehr wegnehmen werde, gibt das Stichwort für das anschließende, selbständige Heilswort.

Es nimmt das geflügelte Schmähwort auf, daß Israels Land gleich einem wilden Tier seine Bewohner verschlinge und sie kinderlos mache (Lev 18[25.28] Num 13[32]). Grund dafür sind die ständigen regionalen und überregionalen Kriege, die stets ihren hohen Tribut an Menschenleben fordern und in deren Gefolge Hungerkatastrophen ein übriges tun. In der neuen Zukunft, die Jahwe dem Land gewährt, wird es dies alles nicht mehr geben. Alle können in Ruhe und Sicherheit leben.

Aus dem Heilswort des Propheten wie auch seiner späteren Ergänzung spricht ein Vertrauen auf Jahwe, das sich von allen politischen Hoffnungen freimacht. Der Prophet weiß um die Ängste und Sorgen seiner Exilsgemeinde, aber auch um manche utopische Wünsche und Erwartungen. Gegen allen Augenschein verkündet er das neue Heil Jahwes. Nur er kann und wird die Wende herbeiführen. Wirklichkeit wird sie aber nur, wenn jetzt jeder seine ganze

Die Verheißung eines neuen Lebens: 36[16–38]

[16] Das Wort des Herrn erging an mich: [17] (Hör zu), Menschensohn!
Als Israel in seinem Land wohnte, machten sie das Land durch ihr
Verhalten und ihre Taten unrein. Wie die monatliche Unreinheit der Lev 15[19–27]
Frau war ihr Verhalten in meinen Augen. [18] Da goß ich meinen Zorn
über sie aus, weil sie Blut vergossen im Land und das Land mit ihren
Götzen befleckten. [19] Ich zerstreute sie unter die Völker; in alle Län- 11[16]
der wurden sie vertrieben. Nach ihrem Verhalten und nach ihren Ta-
ten habe ich sie gerichtet. [20] Als sie aber zu den Völkern kamen, ent- 20[39]
weihten sie überall, wohin sie kamen, meinen heiligen Namen; denn Jes 52[5]
man sagte von ihnen: Das ist das Volk Jahwes, und doch mußten sie
sein Land verlassen. [21] Da tat mir mein heiliger Name leid, den das 20[9]
Haus Israel bei den Völkern entweihte, wohin es auch kam.
[22] Darum sag zum Haus Israel: So spricht Gott, der Herr: Nicht eu- Jes 48[11]
retwegen handle ich, Haus Israel, sondern um meines heiligen Na- Ps 79[9] 106[8] 115[1]
mens willen, den ihr bei den Völkern entweiht habt, wohin ihr auch Jer 14[7]
gekommen seid. [23] Meinen großen, bei den Völkern entweihten Na- Mt 6[9]

36[18] Weil sie ... befleckten: fehlt in G; sekundäre Kommentierung.
36[19] Wurden sie vertrieben: besser mit G in 1. Sing. (»ich vertrieb sie ...«) zu ändern.

Hoffnung allein auf Jahwe setzt. Und wenn das neue Heil Ereignis wird, der Prophet sieht es nahe vor Augen, dann darf niemand je vergessen: Jahwe allein hat es gewirkt.

[16–38] Wie in 34 folgt auf die Heilszusage eine Bundesverheißung. War es 34[25ff] ein Friedensbund, so ist es hier der Bund »um meines heiligen Namens willen«. Der Abschnitt ist nicht einheitlich. Die Wiederholung der Botenformel [22] in [33.37] erweist die Verheißung des Wiederaufbaus [33–36] und die abschließende Mehrungsverheißung als spätere Ergänzungen. Ein erster Nachtrag beginnt aber schon in [29]. Er verbindet die Befreiung von Unreinheit [25] mit der Gabe der Fruchtbarkeit des Landes 36[8ff]. Die Reaktion auf dieses Geschenk ist eine Kombination aus 16[61ff] und 20[43]. Das Handlungsmotiv Jahwes stammt aus [22]. So bilden [29–32] eine thematische Einheit. Der Grundbestand der Bundesverheißung [16–28], die in der Bundesformel [28] ihren Höhepunkt und Abschluß findet, weist einige Zusätze auf, die ausmalend verdeutlichen und erklären wollen. Der drastische Vergleich [17b] wäre für Ezechiel möglich, ist aber kaum der sensiblen Sprache dieses späten Theologen zuzutrauen. [18aβ.b] erläutert zutreffend im Sinne Ezechiels die Sünde Israels als Blutvergießen und Götzendienst. Damit entfällt auch die Reinigung vom Götzendienst, die in [25b] nachgetragen ist. Die Entsprechung von Sünde und Gericht [19b] dürfte ebenfalls Nachtrag sein, da auf der Sünde Israels in der Verheißung kein eigenes Gewicht liegt. [21] fällt als Rückblende aus dem Zusammenhang heraus und besteht zudem aus Wendungen von [20aβ.b.22]. In [23a] ist plötzlich vom »großen« Namen Jahwes die Rede, den Israel entweiht hat. Seine Wiederherstellung – vor dem Forum der Völker – wird ausdrücklich als »Heiligung« des

men, den ihr mitten unter ihnen entweiht habt, werde ich wieder hei-
ligen. Und die Völker – Spruch Gottes, des Herrn – werden erken-
nen, daß ich der Herr bin, wenn ich mich an euch vor ihren Augen als
11^{17} heilig erweise. ^{24} Ich hole euch heraus aus den Völkern, ich sammle
Ps 51^{9} euch aus allen Ländern und bringe euch in euer Land. ^{25} Ich gieße rei-
Sach 13^{1} nes Wasser über euch aus, dann werdet ihr rein. Ich reinige euch von
Jer 33^{8} aller Unreinheit und von allen euren Götzen. ^{26} Ich schenke euch ein
11^{19f} 39^{29} neues Herz und lege einen neuen Geist in euch. Ich nehme das Herz

36^{23} Den ihr ... entweiht habt: sekundäre Wiederholung der vorhergehenden Aussage.

Namens bestimmt ^{23b}. Der schwierige $^{20a\alpha}$ fügt sich kaum in den Zusammenhang. Vielleicht will er die Völker als Handlungssubjekt einführen, um Israel zu entlasten. Eine Dublette zu ^{27a} dürfte die Gabe des »neuen Geistes« $^{26a\beta}$ sein, die den Zusammenhang zerreißt. Die Parallele 11^{19} beruht auf sekundärer Angleichung. 18^{31} verkehrt die Verheißung in einen Befehl und ist 36^{26} entnommen. Ps 51^{12-14} ist eine Anspielung auf 11^{19} oder 36^{26}. Die Bundesverheißung dürfte demgemäß ursprünglich diesen Textbestand umfaßt haben: $^{16-17a.18a\alpha.19a.20a\beta.b.22.24-25}$ (bis »eure Unreinheit«) $^{26a\alpha.b-28}$. Der Text bietet eine sprachlich und inhaltlich in sich geschlossene Einheit, die als zweiteiliges Heilswort gestaltet ist.

Mit der Wortereignisformel eingeleitet und der Anrede Menschensohn wendet die Gottesrede den Blick zurück auf die hoffnungslos verfahrene Geschichte Israels. Durch sein Verhalten hat es Jahwes Land verunreinigt (Lev 18^{28} Dtn 21^{23}) und seine Verheißungsgabe verschleudert. So war Jahwe nach vergeblichen Warnungen und Mahnungen letztlich gezwungen, sein Volk zu vernichten und die Reste unter die Heiden zu zerstreuen. Dadurch entstand ein Problem, das im Zitat der Heiden deutlich wird: Die Zerstreuten verkörpern sichtbar die Diskrepanz zwischen Jahwes Verheißung und der tatsächlichen Lage seines Volkes. Das stellt die Glaubwürdigkeit Jahwes als Gott Israels vor den Nichtjuden in Frage. Für sie ist das Geschehen Erweis der Ohnmacht Jahwes gegenüber den anderen Völkern und Göttern. Diese Glaubwürdigkeitskrise bedeutet nach sakralrechtlichen Vorstellungen eine Profanierung, eine Entweihung des heiligen Namens Jahwes. Nicht zuletzt berührt dies seinen universalen Herrschaftsanspruch. Nach 5^{5ff} war Israel eine weltweite Aufgabe zugedacht: Von seiner Gemeinschaft mit Jahwe, der Heiligung seines Namens durch getreue Erfüllung seines Willens sollte weltweit ein Zeugnis für die lebenschaffende Kraft der Erwählung ausgehen und auf diese Weise eine neue Gotteserkenntnis begründet werden. Statt Heiligung nun Entweihung, statt weltweite Gotteserkenntnis weltweite Erkenntnis eines ohnmächtigen Gottes. Diese Herausforderung zwingt Jahwe zur Revision der gegenwärtigen Situation. Daraus schöpft das Heilswort seine kühne Hoffnung.

Jahwe muß in einer gewaltigen Rettungstat an Israel vor den Augen der Völker seinen durch Israel entweihten Namen wiederherstellen. Damit beginnt die Heilszusage, die mit einem Redeauftrag des Propheten an

von Stein aus eurer Brust und gebe euch ein Herz von Fleisch. 27 Ich
lege meinen Geist in euch und bewirke, daß ihr meinen Gesetzen 11^{20} 37^{24}
folgt und auf meine Gebote achtet und sie erfüllt. 28 Dann werdet ihr
in dem Land wohnen, das ich euren Vätern gab. Ihr werdet mein
Volk sein, und ich werde euer Gott sein. 29 Ich befreie euch von al-
lem, womit ihr euch unrein gemacht habt. Ich rufe dem Getreide zu
und befehle ihm zu wachsen. Ich verhänge über euch keine Hungers-

das Haus Israel und mit der Botenformel eingeleitet wird. In seltener Schroffheit stellt Jahwe fest: Nicht euretwegen geschieht dies, sondern »um meines Namens willen« (vgl. $20^{9.14.22.44}$). Jahwes Zuwendung zum unreinen und untreuen Israel geschieht ausschließlich aus Treue gegenüber sich selbst, vgl. das situationsgleiche »um meinetwillen« Jes 43^{25} 48^{11}. Damit ist die von Jahwe geforderte Umkehr Israels nicht mehr Bedingung, sondern Folge der Heilstat Jahwes. Diese vollzieht sich in drei Schritten.

Zunächst sammelt Jahwe die Zerstreuten und führt sie in sein Land zurück. Sodann unterzieht er das neu konstituierte Volk einem kultischen Reinigungsritus (vgl. Ex 12^{22} Lev $14^{7.51f}$ Num 19 Ps 51^{9}). Schließlich tut Jahwe etwas, das dann doch über das harte »um meines Namens willen« hinausgeht. Seine unbegreiflich barmherzige Liebe zum Menschen überwältigt ihn immer noch. Er reißt seinem Volk, das sich allem göttlichen Liebeswerben verschloß und zum »Haus Widerspenstigkeit« wurde, das steinerne Herz heraus und pflanzt ihm ein neues Herz ein, das lebt und fühlt, das hört und aufmerkt auf Jahwes Wegweisung zum Heil. Diese unerhörte Wende vollzieht sich in der Geistausgießung. Jahwes Geist wird im Innern des Menschen zu einer bewegenden Kraft, die eine neue Gemeinschaft stiftet und zur Einheit mit Gottes Wesen und Willen führt. Von einer solchen Kraft des Gottesgeistes wußte schon Jesaja (11^{2} 28^{6} 30^{1} 32^{15}). Das Heilswort führt diese Vorstellung vom Wirken des Gottesgeistes weiter und stellt sie in den Mittelpunkt göttlicher Erneuerung seines Volkes in der anbrechenden Heilszeit. Das einzelne Glied des Volkes wird von diesem Geist durchdrungen und verwandelt. Das Einssein mit dem Gottesgeist ermöglicht dem Menschen und gibt ihm die Kraft, sein Leben nach Gottes Willen zu gestalten (vgl. 6^{9} 11^{19f} 18^{31}). Dadurch entsteht eine wirkliche Gemeinschaft zwischen Gott und Mensch, wird der Bund zwischen Jahwe und seinem Volk zu einer unumkehrbaren, bleibenden geistigen Realität über alle Institutionen hinaus.

Dieses Heilswort ist ohne Frage ein Höhepunkt atl. Verkündigung. Es nimmt die ntl. Begründung der durch Christus gestifteten Gemeinschaft mit seinen Jüngern vorweg, in der geistgewirkte innere Wandlung des Menschen und Erfüllung von Christi Willen im Dienst am Nächsten zu einer Einheit verschmelzen. Der für das geistliche Leben auch eines Christen so wichtige Text wird im Ausschnitt $^{23-28}$ am Donnerstag der 20. Woche im Lesejahr 2 und der ganze Text als 7. Lesung in der Osternacht im Gottesdienst zu Gehör gebracht.

$^{29-32.33-36.37-38}$ Die drei Nachträge führen aus den Höhen göttlicher Heilssetzung hinab in die Alltagsrealität der Exulanten, die ganz handfe-

not mehr. 30 Ich vermehre die Früchte der Bäume und den Ertrag des
34^{29} Feldes, damit ihr nicht mehr unter den Völkern die Schande einer
Joël 2^{19} Hungersnot ertragen müßt. 31 Dann werdet ihr an euer verkehrtes
16^{61-63} Verhalten und an eure bösen Taten denken, und es wird euch ekeln
20^{43} vor euch selbst wegen eurer Greueltaten. 32 Doch nicht euretwegen
handle ich so – Spruch Gottes, des Herrn –, das sollt ihr wissen. Errö-
tet und vergeht vor Scham wegen eures Treibens, ihr vom Haus Is-
rael.
33 So spricht Gott, der Herr: Wenn ich euch von all euren Sünden
gereinigt habe, mache ich die Städte wieder bewohnbar, und die Rui-
nen werden wieder aufgebaut. 34 Das verödete Land wird bestellt, es
liegt nicht mehr öde vor den Augen all derer, die vorübergehen.
35 Dann wird man sagen: Dieses verödete Land ist wie der Garten
Eden geworden; die zerstörten, verödeten, vernichteten Städte sind
wieder befestigt und bewohnt. 36 Dann werden die Völker, die rings
um euch noch übrig sind, erkennen, daß ich, der Herr, das Zerstörte
Jer 1^{10} wieder aufgebaut und das Ödland wieder bepflanzt habe. Ich, der
Herr, habe gesprochen, und ich führe es aus.
37 So spricht Gott, der Herr: Ich lasse mich vom Haus Israel dazu be-
wegen, auch noch das zu tun: Ich werde die Menschen vermehren
Mi 2^{12} wie eine Schafherde. 38 Wie die zum Opfer geweihten Schafe, wie die
Schafe an den Festen Jerusalem füllen, so sollen Herden von Men-
schen die zerstörten Städte bevölkern. Dann wird man erkennen, daß
ich der Herr bin.

ste Befürchtungen und Sorgen haben, wenn sie an die Rückkehr in die Heimat denken.

Der erste Nachtrag versucht noch eine theologische Brücke zum vorausgehenden Heilswort zu schlagen, indem er das Motiv der Unreinheit 25 aufgreift. Aber sofort lenkt er über zur Fruchtbarkeit des Landes. Hungersnöte gehören der Vergangenheit an. Etwas unbeholfen imitiert er 22 in Kombination mit Formulierungen aus 16^{61ff} und 20^{43}.

Der zweite setzt den Akt der Reinigung durch Jahwe voraus und verheißt den Wiederaufbau der zerstörten Dörfer und Städte. Der von Menschenhand betriebene Ackerbau bringt die zuvor ausgesagte Fruchtbarkeit des Landes zum vollen Ertrag, so daß es geradezu ein Paradiesgarten wird (vgl. 28^{13} Jes 51^{3}). Das alles geschieht vor den Augen des »Restes der Völker«, die Jahwe übriggelassen hat, damit sie Zeugen seiner Treue werden, wenn er seine Verheißung an Israel einlöst.

Der letzte Nachtrag schließlich erneuert die Mehrungszusage (Gen 17^{2} Lev 26^{9} u. a.). Für den priesterlichen Verfasser lag dafür das Bild der Schafherde als Opfertiere nahe. Die Fülle der Opfertiere spiegelt kaum den ärmlichen Kult des nachexilischen Tempels wider, sie ist vielmehr dem idealisierten Erinnerungsbild einer verlorenen Vergangenheit entnommen.

37^{1-28} Das beherrschende Thema dieses Abschnitts ist die Erneuerung des Volkes Israel als freies und unbedingtes Geschenk Jahwes. Dies wird unter verschiedenen Aspekten entfaltet: Befreiung und Wiedervereini-

Die Vision von der Auferweckung Israels: 37^{1-14}

37^{1} Die Hand des Herrn legte sich auf mich, und der Herr brachte 1^{3}
mich im Geist hinaus und versetzte mich mitten in die Ebene. Sie war 3^{22}
voll von Gebeinen. [2] Er führte mich ringsum an ihnen vorüber, und
ich sah sehr viele über die Ebene verstreut liegen; sie waren ganz aus-
getrocknet. [3] Er fragte mich: Menschensohn, können diese Gebeine
wieder lebendig werden? Ich antwortete: Herr und Gott, das weißt
nur du. [4] Da sagte er zu mir: Sprich als Prophet über diese Gebeine,
und sag zu ihnen: Ihr ausgetrockneten Gebeine, hört das Wort des
Herrn! [5] So spricht Gott, der Herr, zu diesen Gebeinen: Ich selbst Jes 26^{19}

37^{1} Im Geist, wörtlich: »im Geist Jahwes«; geprägte Wendung, vgl. 11^{5} und *b-rwḥ 'lhjm* (11^{24}).

37^{2} Und ich sah, wörtlich: »und siehe«.

37^{5} Zu diesen Gebeinen: erläuternde Glosse.

gung, Präsenz des messianischen Königs, Reinigung von Schuld und neuer Gehorsam, neuer Bund und Gegenwart Gottes inmitten seines Volkes. Wie immer die verschiedenen Exilstheologen Erneuerung auch verstehen und darstellen, sie sind sich darin eins, daß sie in jeder Hinsicht Geschenk neuen Lebens aus dem Tod ist, von der Ezechiel in seiner großen Vision $^{1-14}$ kündet.

$^{1-14}$ Die Vision besteht aus einem hochdramatischen Schauerlebnis$^{1-10}$, das an eine Seite zu stellen ist mit den großen Visionen 1–3 8–11 40–48, und der Deutung ^{11a}, die in einen Verkündigungsauftrag einmündet $^{11b.12-14}$. Dieser scheint nicht einheitlich zu sein (Jahn, Herrmann, anders Zimmerli). ^{13b} rekapituliert ^{12}, während das betonte »mein Geist« in ^{14} kaum den Lebensgeist von $^{6.9}$ meint, sondern die Zusage des Gottesgeistes nach 36^{27}. Formal weisen die beiden Erkenntnisformeln $^{13a.14}$ und die Schlußformeln auf spätere Ergänzung hin (vgl. 36^{36} 17^{22-24} u. ö.) $^{13b.14}$ dürften also sekundär sein.

$^{1-11a}$ Die Hand Jahwes kommt über den Propheten (vgl. 1^{3} $3^{14.22}$ 8^{1} 33^{22} 40^{1}). Der unvermittelte Einsatz der Schilderung und die parallele Formulierung 40^{1} sowie die Datierung der übrigen Visionen lassen vermuten, daß ursprünglich eine Zeitangabe vorausging, die bei der Redaktion des Buches ausgefallen ist. Der Eingriff Jahwes reißt Ezechiel aus seiner Alltagswirklichkeit heraus und führt ihn »im Geiste Jahwes«, vgl. 11^{24} »im Geiste Gottes« (das sind geprägte Termini der Sehersprache), auf eine Ebene. Dabei ist kaum an 3^{22f}, zu dem hier ein Gegenbild gegeben ist (Eichrodt), gedacht. Der Ort ist beliebig. Wichtig ist allein, was der Prophet in ekstatischer Entrükkung dort schauen muß: ein mit ausgeblichenen Gebeinen übersätes Leichenfeld. Vielleicht hat Jer 8^{1-3} das Bild beeinflußt. Wie auch sonst wird Ezechiel in das Visionsgeschehen einbezogen. Jahwe fragt ihn, ob daraus Leben entstehen könne. Die Antwort (vgl. Offb 7^{14}) ist das Bekenntnis der Ohnmacht des Menschen im Angesicht des Todes, zugleich offenbart sie das Wissen, daß Jahwe sich zwar allgemein um die Toten nicht kümmert, aber kraft seiner Schöpfermacht Toten neues Leben zu geben vermag und dies zeichenhaft schon

bringe Geist in euch, dann werdet ihr lebendig. [6] Ich spanne Sehnen
über euch und umgebe euch mit Fleisch; ich überziehe euch mit Haut
und bringe Geist in euch, dann werdet ihr lebendig. Dann werdet ihr
erkennen, daß ich der Herr bin. [7] Da sprach ich als Prophet, wie mir
befohlen war; und noch während ich redete, hörte ich auf einmal ein
Geräusch: Die Gebeine rückten zusammen, Bein an Bein. [8] Und als
ich hinsah, waren plötzlich Sehnen auf ihnen, und Fleisch umgab sie,
und Haut überzog sie. Aber es war noch kein Geist in ihnen. [9] Da
sagte er zu mir: Rede als Prophet zum Geist, rede, Menschensohn,
sag zum Geist: So spricht Gott, der Herr: Geist, komm herbei von
den vier Winden! Hauch diese Erschlagenen an, damit sie lebendig
werden. [10] Da sprach ich als Prophet, wie er mir befohlen hatte, und
Gen 2^7 es kam Geist in sie. Sie wurden lebendig und standen auf – ein gro-
Ps 104^{30} ßes, gewaltiges Heer.

37^{10} Und standen auf, wörtlich: »und stellten sich auf die Füße«.

getan hat (1 Kön 17^{17-24} 2 Kön 4^{31-37}). In seine Ratlosigkeit hinein trifft Ezechiel Jahwes Auftrag, als bevollmächtigter Bote den Gebeinen ein wirkmächtiges Gotteswort zu verkünden. Es ist, wie an Lebende gerichtet, voll ausgestaltet mit Redeauftrag, Aufmerksamkeitsruf, Botenformel und Botenspruch. Auf das Wort des Propheten hin geschieht das Unglaubliche: Es kommt Leben in die ausgedörrten Gebeine und geräuschvoll (vgl. 1^{24f} 3^{12f} 10^5 43^2) fügen sie sich zu menschlichen Körpern zusammen. Ließ das Wort des Propheten einen einzigen Bewegungsvorgang erwarten, so wird er dramatisch in zwei Phasen zerdehnt. Das erinnert an Gen 2^7. So mischt sich in den bewußten Formwillen offenbar ein traditionsgeschichtlicher Zwang der Darstellung. Dahinter steht ein dichotomisches Menschenbild, das den menschlichen Körper und die ihn erfüllende und bewegende, nicht greifbare Lebenskraft unterscheidet. Davon weiß noch Koh 3^{20f} 12^7. Das ist aber nicht zu verwechseln mit einem Dualismus, der dem sterblichen Leib eine unsterbliche Seele gegenüberstellt. So sind denn wie in Gen 2^7 die menschlichen Gestalten zwar in Vollkommenheit hergestellt, aber es fehlt ihnen noch die *rū^{a}ḥ* »Lebenskraft«, um lebendige Menschen zu sein. Daher ergeht an den Propheten im zweiten Auftrag der Befehl, diese *rū^{a}ḥ* aus den vier Himmelsrichtungen herbeizurufen und in die leblosen Gestalten hineinfahren zu lassen. Dahinter steht die Vorstellung vom Lebensgeist, die in Israel uralt ist und im »Vierwind« des Enuma elisch 4,46 (AOT^2 117; ANET 66) ihre Wurzel hat. Der Lebensgeist, der bei den Propheten sonst nicht erwähnt wird, durchweht die ganze Welt (Koh 1^6 11^5; vgl. Joh 3^8) und verleiht auf Gottes Befehl hin aller Kreatur Leben, Fruchtbarkeit und Gedeihen. Wenn Jahwe ihn entzieht, sind Tod und Verderben die Folge (Ps 104^{29f}; vgl. Gen $6^{3.17}$ $7^{15.22}$ Num 16^{22} 27^{16} Ijob 10^{12} 12^{10} u. ö.). Diese mehr naturhafte *rū^{a}ḥ* göttlichen Wirkens ist zu unterscheiden von der *rū^{a}ḥ JHWH* als der inneren Wesensmacht Gottes, die Geschichte und Geschicke von Welt und Mensch lenkt und antreibt.

11 Er sagte zu mir: Menschensohn, diese Gebeine sind das ganze
Haus Israel. Jetzt sagt Israel: Ausgetrocknet sind unsere Gebeine, unsere Hoffnung ist untergegangen, wir sind verloren:
12 Deshalb tritt
als Prophet auf, und sag zu ihnen: So spricht Gott, der Herr: Ich
öffne eure Gräber und hole euch, mein Volk, aus euren Gräbern herauf. Ich bringe euch zurück in das Land Israel.
13 Wenn ich eure Grä-

37^{12} Mein Volk: fehlt in G, S; sekundäres Interpretament im Horizont der Bundesverheißung ^{20ff}.

Auf das bevollmächtigte Wort des Propheten, das wieder aus Redeauftrag, Anrede Menschensohn, Botenformel und Botenspruch besteht, bemächtigt sich die *rū*^{a}*ḥ* der Leblosen, die als Erschlagene bezeichnet werden – ein Nebenzug des Geschehens, so daß sie sich auf die Füße stellen, d.h. mit neuer Lebenskraft erfüllt sind, vgl. 2^{1f} 3^{24} vom Propheten gesagt. Die Bezeichnung »großes, gewaltiges Heer« meint nicht ein zu neuem Kampf erstarktes Israel (dazu 38f), sondern dient als Ausdruck für die unübersehbare Schar, die vor dem visionären Auge des Propheten die Ebene erfüllt. Noch innerhalb der Vision (!) gibt Gott selbst die Deutung des Geschehens. Was der Prophet schaut, ist die Wiederherstellung des ganzen Hauses Israel. Damit endet die Vision. Sie hat dem Propheten verdeutlicht, was Gott mit den Verbannten, den Überresten seines Volkes vorhat. Sie gibt ihm Gewißheit, daß Gottes Handeln an seinem Volk auch im unreinen Land des Exils weitergeht und daß es auf eine Wende zum Heil gerichtet ist. Das gibt ihm Kraft und Mut für seine schwierige Aufgabe der Ermutigung zum Glauben in seiner in jeder Beziehung angefochtenen und entmutigten Exilsgemeinde.

$^{11b-13a}$ Wie aussichtslos sie ihre Lage einschätzt, zeigt das Zitat ihrer Klage ^{11b}. Sie ist wie 33^{10} dreigliedrig gestaltet und verwendet traditionelles Wort- und Bildgut der Psalmensprache. Zu »vertrockneten Gebeinen« vgl. Ps 13^{11} Spr 17^{22}; vom Zugrundegehen der Hoffnung sprach 19^{5}, vgl. Ps 9^{19} Spr 10^{25} Ijob 8^{13} 14^{19}; zu »abgeschnitten sein (vom Land der Lebenden)« vgl. Klgl 3^{54} Jes 53^{8} Ps 88^{6}. Dahinter steht die traditionelle Auffassung von Leben und Tod. Wie Krankheit oder Feindesnot als Vorboten des Todes gelten, so daß sich der Bedrängte bereits von der Sphäre des Todes umfangen und damit von der Lebensgemeinschaft mit Jahwe abgeschnitten weiß, so bedeutet Leben im unreinen Land Trennung von Jahwe und seiner Lebensgabe und damit langsames Hinsiechen zum Tod. Im Verständnis der Exulanten ist dieses Absterben bereits so weit vorangeschritten, daß sie sich vom Leben abgeschnitten ohne jede Hoffnung verdorrten Totengebeinen gleich vorkommen.

Damit ist der Entstehungsort des Bildes, das der Prophet schaut, klar. Es entspringt nicht zeitgeschichtlichen Erinnerungsbildern oder älteren Israeltraditionen, auch nicht, worauf die »Erschlagenen« ^{9} hindeuten könnten, dem Motiv der Feldschlachtsage, es ist vielmehr die Klage seiner Gemeinde, sind die darin eingefangenen Bilder, die sich, wie auch sonst bei Ezechiel, in der visionären Schau zu einem dramatischen Bild verdichten. Die Ermutigung, die der Prophet in der Schau erfahren

ber öffne und euch, mein Volk, aus euren Gräbern heraufhole, dann
39^{29} werdet ihr erkennen, daß ich der Herr bin. [14] Ich hauche euch meinen
Geist ein, dann werdet ihr lebendig, und ich bringe euch wieder in
euer Land. Dann werdet ihr erkennen, daß ich der Herr bin. Ich habe
gesprochen, und ich führe es aus – Spruch des Herrn.

37^{13} Die Erkenntnisformel steht am Anfang des Satzes und bildet den Abschluß des vorausgehenden Zusammenhangs. – mein Volk: vgl. 37^{12}.

hat, wird ihm sogleich zum Auftrag. Auf die Klage des Volkes, das sich bereits im Bereich des Todes wähnt, begraben im Exil, soll der Prophet mit dem Verheißungswort Jahwes antworten. Jahwe selbst wird sein Volk aus dem Grab des Exils befreien und es in sein Land zurückführen. An dieser neuen Herausführung und neuen Landgabe werden sie Jahwe als ihren Gott erkennen. Das ist kein billiger Trost, nicht bloßer Appell zur Hoffnung wider alle Hoffnung. Das Ausmaß des Verderbens, in das sein Volk durch eigene Schuld geraten ist, sieht Ezechiel vermutlich deutlicher und realistischer als manche seiner Leidensgenossen. Ja, das Volk Jahwes ist tot. Die Klage der Gemeinde besteht zu Recht. Aber warum stößt (wie 33^{10}) ihre Klage ins Leere, verharrt sie in Resignation? Warum hat die klagende Gemeinde den Adressaten ihrer Klage vergessen oder verloren? Aus ihrer Gebetstradition ist ihr doch bekannt, was ein Mensch tut, der sich in den Bereich des Todes verstrickt sieht, und an wen er seine Klage richtet. Wenn es denn in dieser todernsten Lage überhaupt noch eine Hoffnung gibt, dann besteht sie in der Hinwendung zu Jahwe und im Vertrauen auf seine alle menschlichen Möglichkeiten übersteigende Macht, die aus Tod neues Leben zu schaffen vermag und die Verlorenen zu einer neuen Gemeinschaft mit ihm befreien will.

$^{13b-14}$ Der kleine Zusatz führt die Heilszusage $^{12a-13a}$ weiter. Er wiederholt zunächst ^{12} und präzisiert die Gabe des Lebensgeistes $^{6.9}$, indem er nach 36^{27} betont von »meinem Geist« spricht, den Jahwe einhaucht. Zur Neuschöpfung des Volkes muß seine innere Umwandlung aus dem Gottesgeist hinzukommen, damit das neue Gottesvolk Wirklichkeit werden kann.

37^{1-14} ist ein weiterer Höhepunkt atl. Verkündigung. Kein Wunder, daß insbesondere das grandiose Visionsgeschehen in der altchristlichen Kunst am häufigsten dargestellt wurde. Viele Kirchenväter haben darin die Vorhersage der kommenden Totenerweckung gesehen (Justin, Irenaeus, Tertullian, Cyprian, Cyrill von Jerusalem, u. a. – nicht dagegen Augustinus). Auch die jüdische Tradition scheint die Vision in diesem Sinne verstanden zu haben, wie eine Darstellung auf dem unteren Fries der Nordwand der Synagoge von Dura-Europos (um 245 n. Chr.) zeigt. Wenn man allerdings in $37^{7a.8b-10}$ einen Einschub aus dem 2. Jh. v. Chr. sieht (Bartelmus, 1985, 366ff), dann wäre die Vorstellung von der realen Auferstehung der in den Makkabäerkriegen Gefallenen bereits in die Vision eingetragen worden. Zu anderen Deutungen vgl. bSan 92b. In der christlichen Liturgie wird der Text, ganz im Sinne des Zusatzes $^{13b-14}$, als 1. Lesung am Vorabend von Pfingsten verwandt.

Eine weitere symbolische Handlung: Die Wiedervereinigung Israels und Judas: 37[15–28]

[15] Das Wort des Herrn erging an mich: [16] Du, Menschensohn, nimm
dir ein Holz, und schreib darauf: Juda und die mit ihm verbündeten
Israeliten. Dann nimm dir ein anderes Holz, und schreib darauf: Jo-
sef (Holz Efraims) und das ganze mit ihm verbündete Haus Israel.
[17] Dann füge beide zu einem einzigen Holz zusammen, so daß sie
eins werden in deiner Hand. [18] Und wenn die Söhne deines Volkes
dich fragen: Willst du uns nicht erklären, was das bedeuten soll?,
[19] dann antworte ihnen: So spricht Gott, der Herr: Ich nehme das
Holz Josefs (das in der Hand Efraims ist) und der mit ihm verbünde-
ten Stämme Israels und lege es auf das Holz Judas. Ich mache sie zu
einem einzigen Holz, und sie werden eins in meiner Hand. [20] Die
Hölzer, auf die du geschrieben hast, sollst du vor ihren Augen in dei-
ner Hand halten. [21] Dann sag zu ihnen: So spricht Gott, der Herr: 34[13] 36[24]
Ich hole die Israeliten aus den Völkern heraus, zu denen sie gehen
mußten; ich sammle sie von allen Seiten und bringe sie in ihr Land.

Aber schon in exilisch-frühnachexilischer Zeit ist [1–14] unter verschiedenen Aspekten ausgedeutet und aktualisiert worden.

[15–19.22aβ.b] Mit der Wortereignisformel und der Anrede Menschensohn wird der Prophet zu einer Zeichenhandlung aufgefordert [15–17]. Sie ist ganz wie die verwunderte Rückfrage der Leute [18] in die Gottesrede hineingenommen (vgl. 12[9] 21[12]). Die in [19] angekündigte Deutung ist eigentlich nur eine Ankündigung, daß Jahwe so handeln werde, wie der Prophet im Zeichen getan hat. Die Deutung des göttlichen Zeichengeschehens erfolgt [22aβ.b].

Die Wiederherstellung des Volkes und seine Rückführung in Jahwes Land wird hier konkret als Inbesitznahme der Berge Israels und als Wiedervereinigung des seit dem Tod Salomos politisch gespaltenen Volkes verstanden. Was Jesaja (7[17]) als nationales Unglück empfand, wird in der neuen Heilszeit revidiert. Die Teilung in Israel (Nordreich), das bereits 722/21 ausgelöscht wurde, und in Juda, dessen Untergang man gerade miterlebt hat, wird es nicht mehr geben. Und das geeinte Reich wird wieder einen einzigen König (*mælæk*!) haben. Das Wort »einzig« in [22aα] ist dazu die Stichwortbrücke. Das Ganze ist ein Zeugnis für politisch-restaurative Bestrebungen unter den Exulanten, gegen die sich Ezechiel mit Nachdruck gewandt hat.

[20–25*] An den erweiterten Textzusammenhang [1–14.15–19.22aβb] ist in deutlicher Anlehnung an 36[16–28*] eine Bundesverheißung angeschlossen, die nach dem Bund »um meines heiligen Namens willen« und dem »Friedensbund« (34[25–31*]) den Aspekt »Jahwe inmitten seines Volkes« betont.

Die Vorlage 36[16–28*] läßt sich bis [25a] verfolgen. [25b] ist doppelter Nachtrag: Er nimmt die Landverheißung [25a] auf und dehnt sie auf alle künftigen Geschlechter aus, ferner fügt er aus 34[24] die Davidverheißung in Wiederaufnahme von »für alle Zeit« hinzu. Der Abschnitt [20–25a] bietet einige Schwierigkeiten. Der Redeauftrag [21] ist mit

^{22} Ich mache sie in meinem Land, auf den Bergen Israels, zu einem
Jes 11$^{11.13}$ einzigen Volk. Sie sollen alle einen einzigen König haben. Sie werden
34^{23} nicht länger zwei Völker sein und sich nie mehr in zwei Reiche teilen.
^{23} Sie werden sich nicht mehr unrein machen durch ihre Götzen und
Greuel und durch all ihre Untaten. Ich befreie sie von aller Sünde, die
11^{20} sie in ihrer Untreue begangen haben, und ich mache sie rein. Dann
werden sie mein Volk sein, und ich werde ihr Gott sein. ^{24} Mein
Knecht David wird ihr König sein, und sie werden alle einen einzigen
Hirten haben. Sie werden nach meinen Rechtsvorschriften leben und
28^{25} auf meine Gesetze achten und sie erfüllen. ^{25} Sie werden in dem Land
wohnen, das ich meinem Knecht Jakob gegeben habe und in dem ihre
Väter gewohnt haben. Sie und ihre Kinder und Kindeskinder werden

37^{22} In meinem Land: ergänzt nach G.

37^{23} Und Greuel und durch all ihre Untaten: fehlt in G; vermutlich sekundäre Anreicherung, vgl. aber die Sekundärparallele 14^{11}. – Sünde: Text korr., vgl. G. H: »ihre Wohnsitze«: bewußte Veränderung gegenüber 36^{29} nach der Vorstellung, daß wohnen im unreinen Land unrein macht (4^{13}; vgl. Am 7^{17} u. ö.).

37^{25} Ihre Väter: Text korr. nach G und S; H: »eure Väter«, bewahrt ein ursprüngliches Element. Der sekundäre Einschub »meinem Knecht Jakob« hat die Veränderung des nachfolgenden Textes verursacht, ursprünglich: »das ich euren Vätern gegeben habe«, vgl. 36^{28a} aus Jer 7^{7}.

einem Hinweis auf den Redeauftrag und das folgende Gotteswort ^{19} in ^{20} eigens angebunden. Die Verzahnung beider Abschnitte ^{15ff} und ^{20ff} zeigt sich auch darin, daß die Deutung der Zeichenhandlung in ^{22} erfolgt. Die erneute Davidverheißung ^{24a} ist 34^{23} entnommen und hier durch die Bundesformel veranlaßt. Der umständliche Satzbau ^{25a} geht kaum auf den Verfasser von $^{20-25a}$ zurück, der vermutlich 36^{28a}, vgl. Jer 7^{7}, getreu kopiert hat. Ein Glossator dürfte den Hinweis auf Jakob, den Knecht Jahwes, als Empfänger der Landgabe nach 28^{25} eingetragen haben. Es ist also zu lesen: »Sie werden in dem Land wohnen, das ich euren Vätern gegeben habe.« Der Grundtext der Bundesverheißung dürfte demnach in $^{20-21.22a\alpha}$ (ohne »auf den Bergen Israels«) $^{23a.b}$ (ab Relativsatz) $^{24b.25a}$ vorliegen.

Das Heilswort ist dem Kontext entsprechend aus der Anrede in die Beschreibung umgesetzt (der umgekehrte Vorgang liegt 11^{14-21*} gegenüber Jer 32$^{37-39.41}$ vor). Es ist das dritte Bundeswort (s. o.) mit eigenem theologischem Profil. Die Distanz zu den Nichtjuden ist gewachsen. Die Sammlung »von ringsum her« geht von der Vorstellung aus, daß das Verheißungsland der Mittelpunkt der Erde ist (vgl. 5^{5}). Daß Jahwe die Zurückgeführten zu einem einzigen Volk machen werde, lehnt sich an die Zeichenhandlung ^{15ff} an und verweist zugleich auf 11^{19}, vgl. Jer 32^{39}. Das volle Gewicht fällt hier auf die kultische Reinigung Israels. Die Tendenz, das Verhältnis Jahwes zu seinem Volk in kultischen Vorstellungen zu fassen, die sich in 36^{16-28*} andeutete, ist hier beherrschend geworden. Ursache der Unreinheit Is-

für immer darin wohnen, und mein Knecht David wird für alle Zeit
ihr Fürst sein. [26] Ich schließe mit ihnen einen Friedensbund; es soll ein Jes 54^{10}
ewiger Bund sein. Ich werde sie zahlreich machen. Ich werde mitten 43^{7} 11^{20}
unter ihnen für immer mein Heiligtum errichten, [27] und bei ihnen Lev 26^{11f}
wird meine Wohnung sein. Ich werde ihr Gott sein, und sie werden
mein Volk sein. [28] Wenn mein Heiligtum für alle Zeit in ihrer Mitte
ist, dann werden die Völker erkennen, daß ich der Herr bin, der Is- 36^{23}
rael heiligt.

37^{26} Ich werde sie zahlreich machen: fehlt in G; Parallelangleichung aus Lev 29^{9}, vgl. Ez 36^{10}.

raels ist seine Untreue gegen Jahwe, die in aller Breite dargestellt wird. Erst durch die kultische Reinigung, die Jahwe an seinem Volk vornimmt, wird das neue Bundesverhältnis begründet. Das erklärt, weshalb die Bundesformel anders als sonst nicht in der Klimax steht (vgl. 11^{20} 14^{11} $34^{24.30.31}$ 36^{28} 37^{27}). Das von Jahwe gereinigte Gottesvolk wird nach seinen Weisungen leben (der Wortlaut stammt z. T. aus 11^{20}) und dafür die Einlösung der Landverheißung an die Väter erhalten.

[26–28*] Mit deutlichem Neueinsatz beginnt in [26] ein neues Heilswort, das durch die Bundesformel in der Klimax [27] abgeschlossen wird. Die erweiterte Erkenntnisformel erweist sich durch die Aufnahme von [26bβ] als sekundärer Abschluß, der den ganzen Erweiterungsteil [15–27] formal an [1–14] anbindet.

Die kleine Bundesverheißung bringt einen neuen und wichtigen Aspekt ein, der für die weitere Geschichte der Bundesverheißung ausschlaggebend sein wird. Der Gottesbund wird hier in Verbindung gebracht mit Jahwes Heiligtum inmitten seines Volkes, d. h. mit Jahwes Gegenwart im Kult auf dem Zion. Jahwes heilvolle Zuwendung im Friedensbund wird gebunden an den Tempel und seinen Kult. Diese Vorstellung wird in 40–48 aufgenommen und hat über Lev 26 in P ihren vollen Niederschlag gefunden. Israels Erwählung vor den Völkern [28] und Jahwes Zuwendung an sein Volk wird im Kult auf dem Zion anschaulich und gewiß. Damit wird die Verheißung des Gottesbundes in eine Zusage umfunktioniert, die dem Heiligtum auf dem Zion ewigen Bestand verheißt.

Der Abschnitt [21–28], der zusammen mit [15ff] ein Stück exilisch-frühnachexilischer Theologiegeschichte widerspiegelt, ist in der Liturgie am Samstag der 5. Woche in der Fastenzeit vorgesehen. Die Zeit ist gut gewählt. Die Fastenzeit als Zeit der Besinnung und inneren Umkehr soll zu besonders aufmerksamem Hören auf Gottes Wort führen. Es gilt, seinen in Christus letztgültig geoffenbarten Willen zu erkennen und im Alltag der Gegenwart konkret werden zu lassen. Das bewahrt davor, Gottes Wort zu vereinnahmen und einem gerade herrschenden Zeitgeist oder bestimmten menschlichen Wünschen und Erwartungen anzupassen. Die meisten Zusagen in [15–28], die glaubten, Gottes bevollmächtigtes Wort an seinen Propheten präzisieren oder aktualisieren zu müssen, haben sich letztlich als haltlos und irrig erwiesen. Daß die Heilige Schrift solche Irrwege der Theologie nicht verschweigt, ist eine Gnade Gottes, der uns auf diese Weise zu besonderer

DER KAMPF GOTTES GEGEN GOG: 38^{1}–39^{29}

Die Kriegsvorbereitungen Gogs: 38^{1-16}

38^{1} Das Wort des Herrn erging an mich: ^{2} Menschensohn, richte dein
39^{1} 27^{13} Gesicht auf Gog im Land Magog, auf den Großfürsten von Me-
32^{26} schech und Tubal, tritt als Prophet gegen ihn auf, ^{3} und sag: So

38^{1} Im Land Magog: sekundärer Zusatz nach 39^{6}.

Sorgfalt und Demut gegenüber seinem Wort ermutigen will, um sein neues Gottesvolk vor Irrwegen zu bewahren.

38–39 Die Heilsverkündigung des Ez-Buches, die in 33–37 Voraussetzungen und Wirkungen des neuen Heils für Israel entfaltet und mit der Schilderung von der Errichtung des neuen Tempels und der Neugestaltung des Landes in 40–48 ihren Höhepunkt und Abschluß findet, wird jetzt unterbrochen durch die große Gog-Perikope. Sie ist als ganze erst nachträglich in das Buch eingeschaltet worden. Die Gründe dafür werden in der Auslegung zur Sprache kommen. In Anlage und Intention steht die Gog-Perikope im Widerspruch zur Heilsverkündigung Ezechiels und seiner Tradenten. Es handelt sich um eine breit angelegte, mit apokalyptischen Zügen ausgestattete Schilderung eines gewaltigen Völkersturms gegen den Zion, der hier an Jahwes Macht zerschellt und so die endgültige Gottesherrschaft Jahwes über die Völker heraufführt.

Das Motiv des Völkersturms ist seiner Herkunft nach ungewiß. Manche sehen darin einen in die Geschichte übertragenen Chaoskampfmythos, in dem der Zionsberg – schon vorisraelitisch? – als unbezwingbarer Götterberg im Norden gegolten habe (vgl. Ps 48^{3}). Andere leiten es von geschichtlichen Erinnerungen her. Dabei gehe die Vorstellung der Feindbedrohung aus dem Norden auf die Bewegungen der sog. Seevölker um 1200 oder auf die Skytheneinfälle des 7. Jh. zurück. Zudem habe die vergebliche Belagerung Jerusalems durch den Assyrer Sanherib 701 (vgl. 2 Kön 18^{13}–19^{37} Jes 36f) die Anschauung von der Unüberwindbarkeit des Zionsberges aufkommen lassen. Jes 5^{26} erwartet einen Feind aus fernen Landen, der nach 14^{25} in Palästina eine Niederlage erleidet. Vor allem spricht Jer 4–6 vom Feind aus dem Norden, ohne ihn näher zu bezeichnen; Jer 50f identifiziert ihn später mit Babylon. In der exilisch-nachexilischen Literatur spielt das Motiv des eschatologischen Völkersturms eine große Rolle, vgl. Sach 12 14 Joël 4 Mi 4^{11-13} Zef 3^{8ff} Ps 46 48 76. Das Anliegen wie das Darstellungsschema ist immer das gleiche: Im Augenblick höchster Bedrängnis greift Jahwe rettend ein.

Unter den genannten Darstellungen ist die Gog-Perikope die ausführlichste und schillerndste. Sie gleicht einem Kolossalgemälde. Die Gesamtaussage ist verständlich, die Einzelzüge und Bezüge verwischen, bleiben in manchem undurchsichtig und schwer deutbar. Viele haben daran gearbeitet, haben dieses oder

spricht Gott, der Herr: Ich will gegen dich vorgehen, Gog, gegen 39^{1}
dich, den Großfürsten von Meschech und Tubal. 4 Ich reiße dich Gen 10^{2}
herum und schlage dir Haken durch deine Kinnbacken und führe 29^{4}
dich und deine ganze Streitmacht heraus: Pferde und Reiter, alle
prächtig gekleidet, ein großes Heer, mit Langschild und Rundschild;
alle haben ihr Schwert in der Hand. 5 Auch Paras, Kusch und Put
sind dabei, alle ausgerüstet mit Schild und Helm, dazu 6 Gomer und
all seine Truppen, Bet-Togarma aus dem äußersten Norden und all 27^{14}
seine Truppen. Viele Völker ziehen mit dir. 7 Rüste dich, halte dich
bereit, du und dein ganzes Heer, das bei dir versammelt ist; sei mit ih-

38^{4} Mit Langschild ... Helm: ausmalende Glosse, die von den alten Übersetzungen verschieden wiedergegeben wird.

38^{5} Sekundäre Zufügung typischer Söldnertruppen, die den Zusammenhang $^{4a.6}$ zerreißt.

38^{7} Sei mit ihnen auf dem Posten, andere Übersetzung: »und stehe mir zu Diensten«, vgl. G.

jenes Motiv ausgestaltet oder ergänzt, um auf je eigene Weise zu verdeutlichen. So weist die sich als Weissagung gebende Schilderung keine geschlossene Konzeption auf. Es handelt sich vielmehr um die Abfolge einzelner Visionsbilder, die durch zahlreiche Einleitungs- und Beschlußformeln aus dem Sprechrepertoire des Ez-Buches lose miteinander verbunden sind. Viermaliger Redeauftrag an den Propheten gliedert die komplexe Einheit, die in 38^{1} als ganze unter das Ergehen des göttlichen Wortes gestellt wird, in vier Redeabschnitte: $38^{2-13.14-23}$ $39^{1-16.17-29}$. Die Abschnitte sind in sich nicht einheitlich und stehen auch untereinander in Spannung.

38^{2-13} Der erste Redeabschnitt hat eine feierliche Einleitung mit Anrede Menschensohn, Auftrag zur wirkmächtigen Geste und Botenauftrag ^{2} (vgl. 25^{1} 29^{1f}, jedoch ohne Datum). Die Botenformel in $^{3.10}$ gliedert die Gottesrede in die Abschnitte $^{3-9.10-13}$.

$^{3-9}$ Mit der Herausforderungsformel zum Zweikampf wendet sich Jahwe an Gog, der als Großfürst von Meschech und Tubal vorgestellt wird. Die Versuche, Gog als geschichtliche Gestalt zu identifizieren (Stadtfürst Gagi im medischen Saḫi, Lyderkönig Gyges [akk. *Gûgu*] um 605, Unterführer von Kyrus, Alexander d. Gr., u. a.) sind gescheitert und führen an der Sache vorbei. Gog ist eine geheimnisvolle Gestalt, vielleicht eine mythologische gottwidrige Macht oder ein Symbolname nach sumerisch *gug* »Dunkelheit, Finsternis« in Anklang an $38^{9.14}$. Sein Herrschaftsbereich ist Meschech und Tubal. Von Tubal ist wenig bekannt. Meschech wird in Kämpfen mit Tiglatpileser I. und Sargon erwähnt. Beide Völker wurden von den Kimmeriern an den Rand des Schwarzen Meeres abgedrängt. Gog befehligt auch über Gomer und Bet-Togarma. Gomer sind die Kimmerier, die zeitweise das assyrische Reich bekämpften, aber schon längst von ihm und den Lydern geschlagen waren. Ihr Name haftet an der Landschaft Kappadokien südlich des Schwarzen Meeres. Mit Bet-Togarma dürfte das im Osten anschließende Armenien gemeint sein. Es handelt sich also um Völker im Bereich des Schwarzen

nen auf dem Posten. 8 Nach langer Zeit wirst du deinen Auftrag er-
halten. Nach vielen Jahren wirst du in ein Land kommen, dessen
Volk dem Schwert entronnen ist und aus vielen Völkern wieder auf
den Bergen Israels zusammengeführt wurde, die lange verödet waren.
Mitten aus den Völkern wurde es herausgeführt, und alle leben in Si-
cherheit. 9 Wie ein Unwetter ziehst du herauf; wie eine Wolke, die
das ganze Land bedeckt – du und all deine Truppen und viele Völker
mit dir.
10 So spricht Gott, der Herr: An jenem Tag steigen (unheilvolle) Ge-
danken in deinem Herzen auf, und du ersinnst einen bösen Plan.
11 Du sagst: Ich will gegen das ungeschützte Land hinaufziehen und
die friedlichen Menschen überfallen, die dort in Sicherheit leben; alle
leben sie ohne Mauern, und sie haben keine Riegel und Tore. 12 Ich
will Beute machen und plündern, ich will diese wieder bewohnten
Trümmer angreifen und das Volk überfallen, das aus den Völkern

38^{8} Nach vielen Jahren, wörtlich: »am Ende der Jahre«. – Mitten ... herausgeführt: Variante zu ^{8a}.

Meeres, die nach damaliger Vorstellung am Rand der Welt im äußersten Norden leben und zeitgeschichtlich ohne Bedeutung sind, jedenfalls keine akute Gefahr darstellen. Jahwe nimmt Gog in seinen Dienst. Das drastische Bild, das vorausgreifend auf das Ende Gogs anspielt, stammt aus 29^{4} und dürfte die Ergänzung ^{5} nach 27^{10} provoziert haben. Gog hat sich mit seinem Heer, das durch »viele Völker« verstärkt ist, bereitzuhalten für einen Auftrag, den er »nach langer Zeit« ^{8} erhalten wird. Der Ausdruck weist in eine ferne, nicht mehr überschaubare Zukunft. Nach Ablauf dieser ungewissen, allein von Jahwe festgesetzten Frist, so ist das parallele »am Ende der Tage« zu verstehen, ergeht der Befehl zum Aufbruch der gewaltigen Heeresmacht gegen Israel, das längst aus den Völkern versammelt ist und in Sicherheit wohnt ^{8}. Der Aufmarsch gegen die Berge Israels wird in Bildern geschildert, die aus Jer 4^{13} Jes 10^{3}, vgl. Jes 5^{26-29}, stammen. Da Israel wieder im Lande wohnt, ist die Heilsverkündigung Ez 33–37 40–48 bereits Geschichte. Damit ist eine neuerliche, endzeitliche Bedrohung Israels nicht vereinbar.

$^{10-13}$ Jahwes Walten in der Geschichte schließt menschliches Planen und Handeln nicht aus, er macht es sich jedoch dienstbar, selbst wenn die Ziele grundverschieden sind. Davon spricht der zweite Abschnitt, der mit neuer Botenformel und der Anknüpfungsformel »an jenem Tag« lose an das Vorangehende anschließt. Wie einst Assur (Jes $10^{1-11.13f}$) als Gerichtswerkzeug Jahwes seine Macht mißbrauchte und gegen jedes Recht mit rücksichtsloser Gewalt raubte und plünderte, so schmiedet Gog ähnliche Pläne, lebt er in dem Wahn, die Macht in Händen zu haben und eigenmächtig ein wehrloses Volk überfallen und ausplündern zu können. Das Zitat seiner Absichten verleiht der Darstellung große Lebendigkeit. Dabei dürfte ^{10f} von Jer 49^{30f} beeinflußt sein. Das Wohnen Israels in offenen, unbefestigten Siedlungen ^{11}

zusammengeführt wurde, das sich wieder Herden und Besitz erwor-
ben hat und jetzt auf dem Nabel der Erde wohnt. [13] Dann werden 25[13]
dich Saba und Dedan und die Kaufleute und Händler von Tarschisch
fragen: Kommst du, um Beute zu machen? Hast du deine Heere ver-
sammelt, um zu plündern, um Silber und Gold wegzuschleppen, Her-
den und Besitz zu rauben und große Beute zu machen?
[14] Darum tritt als Prophet auf, Menschensohn, und sag zu Gog: So
spricht Gott, der Herr: Dann, wenn mein Volk Israel sich in Sicher-
heit wähnt, brichst du auf [15] und ziehst aus deinem Land heran, aus
dem äußersten Norden, du und viele Völker mit dir, alle zu Pferd,
ein großes Heer, eine gewaltige Streitmacht. [16] Du ziehst gegen mein
Volk Israel heran wie eine Wolke, die das ganze Land bedeckt. Am
Ende der Tage wird es geschehen: Ich lasse dich gegen mein Land
heranziehen; denn die Völker sollen mich erkennen, wenn ich mich Ex 14[4]
vor ihren Augen an dir, Gog, als heilig erweise.

38[13] Händler: Text korr. H: »alle seine Junglöwen«. – Und große Beute zu machen: Doppelschreibung des Versanfangs.

38[14] Brichst du auf: Text korr. nach G; H: »wirst du es wissen«. – Der ganze Vers ist durch einleitendes *h^{a}lō'* als rhetorische Frage formuliert.

weist auf den endzeitlichen Friedenszustand hin (Sach 2[5–9]). Israels Wohnland wird als »Nabel der Welt« bezeichnet, vgl. 5[5] von Jerusalem. Gogs Habsucht und Beutegier erregt das Interesse der ebenso gierigen Händler, die ein gutes Geschäft wittern. Das Zitat ihrer hektischen Fragen macht anschaulich, daß sie es kaum erwarten können. Der geplante Angriff Gogs auf das Volk in der Mitte der Welt bedeutet einen Angriff auf Jahwe selbst, der inmitten seines Volkes wohnt. Deshalb ist das Gericht über Gog und seine Völkermacht ein Akt göttlicher Gerechtigkeit.

[14–23] Gerichtsbegründendes »darum«, Redeauftrag, Anrede Menschensohn, Botenauftrag und Botenformel leiten den zweiten Redegang ein, der nach [10–13] die Gerichtsankündigung erwarten läßt. Die erfolgt erst [18–23]. Dazwischen stehen zwei kleine, unabhängige Einheiten. Die erste beginnt [14b] und schließt mit einer Art Erkenntnisformel [16], die zweite wird mit der Botenformel [17] eingeleitet und durch den Neueinsatz in [18] begrenzt.

[14–16] Mit einer rhetorischen Frage wird ein Reflexionswort eingeleitet. Es rekapituliert in geraffter Form [3–9], um über die Gerichtsbegründung [10–13] hinaus den Anschluß herzustellen. Das »Sichaufmachen« Gogs erinnert an Jer 6[22]. Das Ziel der kleinen Einheit formuliert [16b] in einer eigenwillig verfremdeten Erkenntnisformel. Dabei kontrastiert die Du-Anrede Gogs der Rekapitulation wirkungsvoll das »Ich« des eigentlich Planenden und Handelnden. »Am Ende der Tage«, hier ohne Frage eine eschatologische Formulierung, wird Jahwe im Gericht an Gog die Völkerwelt zur Erkenntnis seiner Heiligkeit führen. Der Heiligkeitserweis Jahwes im Gericht hat eine Parallele in 28[22] im Gericht über Sidon. Sonst besteht er in der Rückholung seines Volkes in das Land (20[41] 28[25] 36[23] 39[27]).

[17] Botenformel und direkte Anrede

Der Drohspruch gegen Gog: 38^{17-23}

^{17} So spricht Gott, der Herr: Du bist der, von dem ich in früherer Zeit
durch meine Knechte gesprochen habe, durch die Propheten Israels,
die in jenen Tagen und Jahren weissagten, daß ich dich gegen Israel
heranziehen lasse. ^{18} Und an jenem Tag, wenn Gog gegen das Land
Israel heranzieht – Spruch Gottes, des Herrn –, wird der Groll in mir
aufsteigen. ^{19} In meinem leidenschaftlichen Eifer, im Feuer meines
Zorns, schwöre ich: An jenem Tag wird es im ganzen Land Israel ein
gewaltiges Erdbeben geben. ^{20} Dann zittern die Fische im Meer und
die Vögel am Himmel vor mir, das Wild auf dem Feld und alle klei-
nen Tiere, die auf dem Erdboden kriechen, und alle Menschen auf
Erden. Es bersten die Berge, die Felswände stürzen ein, und alle
Offb 20^{8f} Mauern fallen zu Boden. ^{21} Dann rufe ich mein ganzes Bergland zum
Krieg gegen Gog auf – Spruch Gottes, des Herrn. Da wird sich das

38^{17} Du bist der: Text korr. nach G und Vg; H formuliert als Fragesatz.
38^{18} Wenn Gog gegen das Land Israel heranzieht: erläuternde Glosse.

Gogs leiten ein weiteres Reflexionswort ein. Es gewährt einen Einblick in Sinn und Funktion des sich anbahnenden eschatologischen Dramas. Es ist die Einlösung einer Weissagung, die Jahwe durch seine »Knechte«, »die Propheten« (dtr Sprachgebrauch, vgl. 2 Kön 9^7 17^{13} Jer 7^{25} 26^5 u. ö. Am 3^7 Sach 1^6) seinem Volk gegeben hat und die in ihrer Letzterfüllung noch aussteht. Damit wird der Feind aus dem Norden als eine noch nicht in die Geschichte eingetretene Macht begriffen, die in Gog ihre Verkörperung findet. Der von Jesaja und Jeremia angekündigte anonyme Feind aus dem Norden war im Gericht über Israel (= Nordreich) in Assur 722/21 (Jes 5^{25ff}) und Babylon 587/86 (Jer 19f) konkret geworden. Das darin angesagte Gericht über die Völker war bislang noch nicht eingetroffen. Da Israel im Gericht Jahwes neue Zuwendung erfahren hat, kann es dem mit Gewißheit irgendwann über die Völker hereinbrechenden Gericht Jahwes mit Zuversicht entgegensehen.

$^{18-23}$ Die Völkerwelt, repräsentiert durch Gog, erfüllt der kommende Gerichtstag Jahwes indes mit Angst und Schrecken. Der Abschnitt, der mit der Anknüpfungsformel »an jenem Tag« und nachgestellter Gottesspruchformel an ^{17} anschließt, markiert zugleich einen Neueinsatz und führt voll in die Gerichtsschilderung hinein. Die direkte Anrede Gogs weicht der unpersönlichen Rede in der 3. Pers. »Jener Tag« wird erläutert als Tag, an dem Gog über das »Land Israel« kommt ^{18}. Sein Erscheinen bewirkt den Ausbruch des Jahwezornes. Seine Wirkung wird in ihrem verheerenden Ausmaß $^{19b-22}$ anschaulich beschrieben. Der Verfasser trägt alles zusammen, was er an Schrecknissen und Plagen in der Tradition vorfand (Ex 14^{24f} Jos 8^{14ff} 10^{11ff} Ri 4^{14ff} 7^{22} 1 Sam 7^{7ff} 2 Sam 5^{20ff} u. a., vgl. Jes 28^{21} 30^{27ff} Zef $1^{2ff.15ff}$ u. a). Jahwe verfügt über kosmische Kräfte wie über geschichtliche Mächte. Ein gewaltiges Erdbeben (Jer 4^{24-26} 10^{22}), das kosmische Ausmaße der Welterschütterung an-

Schwert des einen gegen den andern wenden. 22 Ich richte ihn durch
Pest und (Ströme von) Blut; ich lasse Wolkenbrüche und Hagel,
Feuer und Schwefel über ihn und seine Truppen und über die vielen
Völker, die bei ihm sind, herabregnen. 23 So werde ich mich als groß
und heilig erweisen und mich vor den Augen vieler Völker zu erken-
nen geben. Dann werden sie erkennen, daß ich der Herr bin.

Der Untergang Gogs: 39^{1-22}

39 1 Du, Menschensohn, tritt als Prophet gegen Gog auf, und sag: So 38^{2}
spricht Gott, der Herr: Ich will gegen dich vorgehen, Gog, gegen 32^{26}
dich, den Großfürsten von Meschech und Tubal. 2 Ich führe dich und 38^{3f}
locke dich herbei, ich lasse dich aus dem äußersten Norden heranzie-
hen und führe dich ins Bergland von Israel. 3 Dann schlage ich dir
den Bogen aus der linken Hand und lasse deiner rechten die Pfeile
entfallen. 4 Im Bergland von Israel wirst du umkommen, du und alle

nimmt (Joël 2^{10} 3^{3f} 4^{15} Hag $2^{6.21}$) bringt Gog zu Fall. Dadurch entsteht unter den Völkern eine selbstmörderische Panik, zudem brechen Pest und Blut (vgl. 5^{16f}), Feuer und Schwefel (vgl. Gen 19^{24} Jes 30^{33} Ps 11^{6}) über sie herein. Die Häufung der Vernichtungsbilder sind Kennzeichen apokalyptischer Sprache. Ziel des dramatischen Gerichtsgeschehens ist die Erkenntnis und das Bekenntnis der Größe und Heiligkeit Jahwes durch die Völker. Damit wird das zentrale Anliegen der Gog-Weissagung wie in ^{16} noch einmal stark betont und als Schlüssel zum Verständnis des ganzen Geschehens akzentuiert. Obwohl sich das alles im Land Israel ereignet, bleibt Jahwes Volk von alledem auf wundersame Weise verschont.

39^{1-16} Der dritte Redeabschnitt ist eine verwirrende Abfolge von Worten ganz unterschiedlicher Prägung und Intention. Die Abschnittsgrenzen werden in $^{5.8a.10}$ durch die Gottesspruchformel markiert, die in ^{13} Kontextformel sein dürfte. So sind folgende kleinere Einheiten zu unterscheiden: $^{1-5.6-8a.8b-10.11-16}$.

$^{1-5}$ Der kleine Abschnitt ist in seinem jetzigen Kontext eine knappe und straffe Zusammenfassung des in $38^{1-9.17-23}$ in breiter Ausführlichkeit und in eschatologischen Farben dargestellten Geschehens. Formal und inhaltlich sprengt er aber seinen Kontext, da er ein in sich geschlossenes Völkerorakel darstellt.

Mit betont vorangestelltem Du und der Anrede Menschensohn erhält der Prophet den Auftrag, ein Wort gegen Gog zu sprechen, der wie Pharao als geschichtlicher Repräsentant seines Volkes erscheint. Ohne Begründung eröffnet die Herausforderungsformel zum Zweikampf die Gerichtsankündigung Jahwes. Was $38^{8.9}$ als Tun Gogs dargestellt wird, ist hier ganz auf das Handeln Jahwes konzentriert. Der Weg vom »äußersten Norden« bis zu den »Bergen Israels« hin steht ganz unter der Führung Jahwes ^{2}. Das Gerichtsgeschehen vollzieht sich als Zweikampf zwischen Jahwe und Gog $^{3.4a}$. Gog wird als Bogenschütze dargestellt, was als typische Bewaffnung der berittenen Nordvölker angesehen wird. Ebensowenig wie im Kampf Jahwes

deine Truppen und die Völker, die bei dir sind. Raubvögeln aller Art
und den wilden Tieren werfe ich dich zum Fraß vor. 5 Auf dem freien
Feld wirst du fallen; denn ich habe gesprochen – Spruch Gottes, des
Herrn.
6 Gegen Magog und die sorglosen Küstenbewohner sende ich Feuer.
Dann werden sie erkennen, daß ich der Herr bin. 7 Meinen heiligen
Namen offenbare ich in meinem Volk Israel; ich will meinen heiligen
Namen nie mehr entweihen. Dann werden die Völker erkennen, daß
ich der Herr bin, heilig in Israel. 8 Es kommt und geschieht – Spruch
Gottes, des Herrn.
Ps 46^{10} Das ist der Tag, von dem ich gesprochen habe: 9 Die Einwohner der
Städte Israels werden hinausgehen; mit den Waffen, mit Langschild
und Rundschild, mit Bogen und Pfeilen, mit Keulen und Lanzen ma-
chen sie Feuer und heizen. Sieben Jahre lang machen sie Feuer damit.

39^{6} Küstenbewohner, wörtlich: »Bewohner der Inseln«.

mit dem Pharao (30^{22}) werden Einzelheiten geschildert, lediglich das Ergebnis wird mitgeteilt: Gog findet den Tod, und seine Truppen samt den Hilfsvölkern werden vernichtet. Als Stätte des Kampfes und des Gerichts werden die »Berge Israels« ausdrücklich genannt (vgl. Jes 14^{25}). Die Erschlagenen werden ein Raub der Vögel und Wildtiere. Mit dem Hinweis, daß Jahwe dies angekündigt hat, endet das Wort mit bekräftigender Gottesspruchformel.

Vermutlich stoßen wir in diesem Orakel gegen Gog und die Nordvölker auf den ältesten Kern der Gog-Perikope. Das schlichte Völkerwort hat dann infolge verschiedener Motivassoziationen den Anstoß gegeben zu der jetzigen dramatischen Ausgestaltung eines eschatologischen Endgerichts.

$^{6-8a}$ In ^{6a} ist offenbar das Fragment eines weiteren Völkerspruches erhalten geblieben. Magog ist außerbiblisch nicht bezeugt. Die Verbindung mit den »Bewohnern der Inseln« (vgl. $26^{15.18}$ $27^{3.6f.15.35}$) weist in den Mittelmeerraum; vgl. die Nähe Magogs zu Jawan (= Griechenland) in Gen 10^{2}. Das Aussenden von Feuer ist eine formelhafte Gerichtsandrohung gegen die Fremdvölker, die vor allem in Am 1f ($1^{4.7.10.12}$ $2^{2.5}$) belegt ist. Die Erkenntnisformel schließt das Fragment ab.

$^{7.8a}$ binden $^{1-5.6}$ in den Kontext der Gog-Perikope ein, indem die Reflexionen von 38^{14-16} aufgenommen werden. Formal abweichend, nicht als Frage, sondern im Duktus von $39^{1-5.6}$ als Ankündigung formuliert. Das Gerichtshandeln Jahwes an den Völkern zielt auf die Heiligkeit seines Namens, die von den Völkern erkannt und anerkannt werden muß. Der Heiligung seines Namens inmitten seines Volkes steht die Entweihung seines Namens unter den Völkern durch sein Volk als unheilvolles Gegenbild gegenüber (36^{20-33}). Die Zeit der Entehrung der Heiligkeit Jahwes ist endgültig vorbei. Mit den Worten aus 21^{12} wird das Angekündigte wirkungsvoll unterstrichen und mit der Gottesspruchformel abgeschlossen.

$^{8b-10}$ »Das ist der Tag« weist zurück auf den Gerichtstag Jahwes über Gog und seine vernichtende Nieder-

[10] Sie sammeln kein Holz auf den Feldern, sie schlagen kein Holz im
Wald, sondern verbrennen die Waffen. Sie plündern die Plünderer
und berauben die Räuber – Spruch Gottes, des Herrn.
[11] An jenem Tag weise ich Gog einen Platz für sein Grab in Israel zu:
das Tal der Durchreisenden, östlich vom (Toten) Meer. Das Grab
versperrt dann den Durchreisenden den Weg. Dort wird man Gog
und all seine Pracht begraben und den Ort »Tal der Pracht Gogs«
nennen. [12] Sieben Monate wird das Haus Israel brauchen, um alle zu
begraben, um das Land wieder rein zu machen. [13] Das ganze Volk im
Land wird helfen, sie zu begraben, und das wird ihm großes Ansehen
verschaffen an dem Tag, an dem ich mich als herrlich erweise –
Spruch Gottes, des Herrn. [14] Man wird Männer auswählen, die stän-
dig durch das Land ziehen und alle bestatten sollen, die im Land ver- Num 19^{16}
streut liegengeblieben sind. So soll man das Land wieder rein ma- Dtn 21^{23}

39^{14} Verstreut, wörtlich: »die Vorüberziehenden«; vermutlich Glosse.

lage auf den Bergen Israels. ^{9f} spricht von der Vernichtung der Waffen Gogs und seines Heeres. Im Gegensatz zu Jes 9^{4} Ps 46^{10} sind es ganz nüchtern die Bewohner der Städte Israels, die die Waffen einsammeln und verbrennen. Die Menge ist so groß, daß eine ganze Jahrwoche das Feuer brennt. Der in Jes 9^{3f} Ps 46^{10} mitschwingende und Jes 2^{4} par ausgedrückte Gedanke von der endgültigen Beseitigung des Krieges ist hier einem sehr profanen und praktischen Nutzen gewichen. Die Waffen Gogs dienen als Brennmaterial für den Hausgebrauch. Zur Banalität der Deutung des göttlichen Endzeitgeschehens gesellt sich eine Skurrilität: So als ob Israel den Sieg errungen hätte, machen sich alle über die Beute her.

$^{11-16}$ Nicht weniger merkwürdig ist das Folgende. Mit sichtlichem Wohlgefallen wird die Bestattung Gogs und seiner Heeresmacht ausgemalt, wobei sich wiederum Phantasie und Sinn für praktische Notwendigkeiten eigentümlich vermischen. Dabei steht ohne Frage die Sorge um die levitische Reinheit des Landes im Hintergrund. Die große Zahl der Gefallenen mußte das Land schwer verunreinigen (Num 35^{33}) und ebenso die Bewohner ständiger Unreinheit aussetzen (Num 5^{2} Dtn 21^{23} Ez 22^{2-13}). Jahwe selber gibt Gog eine Grabstätte »in Israel« ^{11}. Der Ort ist je nach Lesung das »Tal der Durchziehenden (*ʿoberīm*)« oder das »Tal Abarim« östlich des Toten Meeres, das allerdings nach Num 33^{47f} nicht mehr in Israel, sondern in Moab liegt. Der Name des Tals Oberim inspiriert den Verfasser und einen späteren Glossator zu Wortspielereien. Das Tal verbaut den »Durchziehenden« den Weg ^{11} (vgl. Sach 14^{5}), nach ^{14f} werden »Durchziehende« bestellt, um das Land nach Leichen abzusuchen. Im Tal Oberim wird »Gog und sein Gepränge« begraben, so daß der unreine Ort »Tal des Gepränges Gogs« genannt wird. Ganz Israel wird aufgeboten, das Land zu reinigen und die Toten zu begraben. Es benötigt dazu eine Monatswoche. Das zeigt, wie groß die Zahl der Gefallenen ist. Allein das genügt nicht. Eine ständige Kommission muß das Land ab-

chen. Und am Ende der sieben Monate sollen sie das Land gründlich
durchsuchen. [15] Wenn diese Männer durch das Land ziehen und einer
von ihnen einen Menschenknochen findet, soll er die Stelle kenn-
zeichnen, bis die Totengräber ihn im Tal der Pracht Gogs begraben.
[16] [Auch eine Stadt trägt den Namen Hamona, »Die Pracht«.] So
wird man das Land rein machen.
Offb 19[17–19] [17] Du aber, Menschensohn – so spricht Gott, der Herr –, sag zu allen
Vögeln und zu allen wilden Tieren: Versammelt euch, und kommt
her! Von überall kommt zu meinem großen Opfer zusammen, das ich
für euch schlachte, zu meinem großen Opfer auf den Bergen Israels,
kommt, und freßt Fleisch und trinkt Blut! [18] Das Fleisch der Helden
sollt ihr fressen, das Blut der Fürsten der Erde sollt ihr trinken. Lauter
Widder, Lämmer und Böcke, Stiere und gemästete Rinder aus dem
Baschan sind es. [19] Freßt euch satt am Fett, und berauscht euch am
Blut meines Opfers, das ich für euch geschlachtet habe. [20] An meinem
Tisch könnt ihr euch sättigen mit Pferden und Reitern, mit Helden
und Kriegern aller Art – Spruch Gottes, des Herrn.
Ex 14[4] [21] So zeige ich unter den Völkern meine Herrlichkeit. Alle Völker se-

39[16] Der Zusatz nimmt aus [11] das Stichwort »Pracht« auf und gibt die Namensätiologie eines unbekannten (erfundenen?) Ortes.

39[20] Reitern: Text korr. nach G.

suchen und Merkzeichen aufstellen, wenn sich noch Leichenreste finden, damit auch sie beerdigt werden. Die penible Genauigkeit priesterlicher Sprache trägt auf ihre Weise dazu bei, Jahwes gewaltigen Sieg zu illustrieren. Daran hat Israel keinen Anteil. Es gereicht ihm aber zum Ruhm, das verunreinigte Land wieder kultisch rein gemacht zu haben.

[17–29] Der letzte Redeabschnitt enthält wieder sehr heterogenes Material. Der mögliche Abschluß der Gog-Perikope dürfte in den Abschnitten [17–20.21–22] vorliegen. [23–29] ist redaktionelles Bindeglied zwischen 37 und 40 nach dem Einschub von 38–39.

[17–20] Was in [4] in logischer Konsequenz aus einem mit Leichen übersäten Schlachtfeld geschildert wurde, daß sich nämlich Vögel und Wildtiere darüber hermachen, erfährt hier – nach [11–16] zu spät – eine groteske Übersteigerung. Der Prophet erhält den Auftrag, alle Vögel und Wildtiere zu einem Festmahl herbeizurufen. Jahwes Aufgebot ist in direkter Rede an die Tiere stilisiert, vgl. Jer 12[9] Jes 56[9]. Das Anschauungsbild vom grausigen Leichenschmaus der Tiere verschiebt sich im Folgenden zu einem Opfermahl, zu dem Jahwe einlädt. Das Motiv vom Schlachttag Jahwes begegnet Zef 1[8] im Zusammenhang mit dem Jahwe-Tag, Jes 34[5–8] im Rahmen des Völkergerichts über Edom. Die Einbringung des Motivs an dieser Stelle will die kosmische Dimension des Sieges Jahwes über den letzten Widersacher zum Ausdruck bringen. Das Opfermahl ist das Freudenfest der Kreatur am Siegestag Jahwes. Alle Kreatur kann aufatmen, denn die Repräsentanten aller irdischen Mächte müssen die Mächtigkeit Jahwes letztgültig anerkennen.

[21–22] Auf dieses letzte Ziel allen gött-

hen, wie ich mein Strafgericht abhalte, sie sehen, wie ich meine Hand
auf sie lege. [22] Dann wird das Haus Israel erkennen, daß ich der
Herr, sein Gott, bin, von jenem Tag an und auch weiterhin.

Die Wiederherstellung Israels: 39[23–29]

[23] Die Völker werden erkennen, daß das Haus Israel wegen seiner
Schuld verschleppt wurde. Denn sie sind mir untreu geworden;
darum habe ich mein Angesicht vor ihnen verborgen und sie ihren
Feinden ausgeliefert, so daß alle unter dem Schwert fielen. [24] Wie ihre
Unreinheit und ihre Vergehen es verdienten, so habe ich sie behan-
delt und mein Angesicht vor ihnen verborgen.
[25] Darum – so spricht Gott, der Herr: Jetzt werde ich das Geschick
Jakobs wenden, ich will Erbarmen haben mit dem ganzen Haus Israel
und will mit leidenschaftlichem Eifer für meinen heiligen Namen ein- Ps 106[8]
treten. [26] Sie werden ihre Schande vergessen, vergessen, wie oft sie
mir untreu waren, wenn sie auf ihrem Grund und Boden in Sicherheit
leben, ohne daß sie jemand erschreckt, [27] wenn ich sie aus den Völ-
kern zurückgeholt und aus den Ländern ihrer Feinde gesammelt habe
und so mich an ihnen vor den Augen vieler Völker als heilig erweise.

39[27] Vieler: fehlt in G: »vor den Augen der Völker«.

lichen Gerichtshandelns lenkt der Abschluß der Gog-Perikope noch einmal den Blick. Der Schlag gegen Gog soll weltweite Erkenntnis der Herrlichkeit Jahwes bewirken. Dieses Geschehen wird aber auch Israel, das hier zum einzigen Mal namentlich Subjekt einer Erkenntnisformel ist, zu einer neuen Gotteserkenntnis führen.

[23–24] knüpfen zwar an [21f] an, führen aber ganz zurück in die aktuelle Geschichte Jahwes mit seinem Volk. Die Völkerwelt muß erkennen, daß sein Handeln an seinem Volk gerecht war. Die Deportation ist Strafe für begangene Frevel. Zweimal wird die göttliche Strafaktion als »Verbergen des Angesichts« beschrieben [23.24] (in [29] positiv gewendet). Ein Ausdruck, der in Ez nur hier vorkommt, in den Psalmen, bei DeutJes und TrJes dagegen häufig belegt ist (Ps 13[2] 22[25] 27[9] u. ö., Jes 54[8] 57[17] 59[2] 64[6]). Dahinter steht das Wissen, daß der Mensch nur aus der Gnade des zugewandten Angesichts Gottes leben kann.

[25–29] Das redaktionelle Verbindungsstück sucht über 38f den Anschluß an 33–37 herzustellen. In lockerer Ordnung werden die wichtigsten Inhalte der Heilsverkündigung an Israel rekapituliert. Das Geschenk der Sammlung und Rückführung in die Heimat ist Ausdruck von Jahwes Eifern um die Heiligkeit seines Namens. Die gemäße Antwort des Volkes ist tiefe Beschämung und neue Gotteserkenntnis, die durch die Ausgießung des Geistes die innere Umwandlung des einzelnen bewirkt und so eine neue Gemeinschaft stiftet zwischen Jahwe und seinem Volk.

Im Horizont der Heilsverkündigung des Ez-Buches wird die Gog-Peri-

28 Dann werden sie erkennen, daß ich, der Herr, ihr Gott bin; denn
nachdem ich sie zu den Völkern weggeführt hatte, habe ich sie wie-
der in ihrem Land versammelt und keinen von ihnen in der Fremde
Jes 54^{8} zurückgelassen. 29 Ich verberge mein Gesicht nicht mehr vor ihnen;
36^{26} Joël 3^{1} denn ich habe meinen Geist über das Haus Israel ausgegossen –Wort
Gottes, des Herrn.

kope durch diese redaktionelle Einbindung in das Ganze zu einem Geschehensvorgang herabgeschraubt, der auf der Linie der Völkersprüche liegt. Die ehemals selbständige Gog-Perikope darf man mit Vorbehalt als frühen apokalyptischen Versuch bezeichnen, der in der Folge reichen Widerhall gefunden hat. Das Ereignisschema des Völkersturms ist über die sich reich entfaltende apokalyptische Literatur des Frühjudentums in die eschatologischen Schilderungen des NT eingegangen (Mk 13 par 2 Thess 2 Offb 20^{8f}). Die geheimnisvolle Gestalt Gogs hat die Phantasie von Juden und Christen gleichermaßen beschäftigt. Gog wird zum persönlichen Gegner des Gottesvolkes und zum atl. Vorbild des Antichristen (2 Thess 2^{3-12} 1 Joh $2^{18.22}$ 4^{3} 2 Joh ^{7}). In Offb 20^{8f} werden Gog und Magog als Namen des mythischen Völkerheeres genannt, durch dessen Ansturm die Friedenszeit des tausendjährigen Reiches beendet wird. Die rabbinische Literatur spricht ausgiebig vom »Krieg Gogs und Magogs«, der in Verbindung mit der Äonenlehre in der Abfolge der apokalyptischen Ereignisse der Messiaszeit verschieden zugeordnet wird (vgl. Strack-Billerbeck III 831–840).

40–48 Eine grandiose Vision bildet den Höhepunkt und Abschluß des Ez-Buches und der Heilsverkündigung Ezechiels. Sie will als thematische und kerygmatische Einheit verstanden werden trotz aller Unebenheiten. In kühnen Strichen entwirft sie den Plan eines neuen Tempels, der kein eschatologisches Gebilde ist, sondern eine kritische Alternative zum zerstörten salomonischen Tempel und daran haftenden kontroversen Kulttraditionen darstellt. In das erneuerte Heiligtum kehrt die Herrlichkeit Jahwes zurück. Er wird wieder Wohnung nehmen inmitten seines Volkes, das durch die Kraft des Gottesgeistes eine innere Umwandlung vollzogen hat. Die ganze Schauung ist somit eine volle Entfaltung der in 33–37 von Jahwe verheißenen neuen Zukunft Israels. Sie vereinigt in sich die beiden Grundtendenzen der Heilsverkündigung: das Geschenk einer neuen Zukunft durch Jahwe und die Verpflichtung Israels auf die als göttliches Gebot aufgegebene neue Lebensordnung.

Mit den beiden großen Visionen 1–3 und 8–11 bildet 40–48 das literarische und theologische Gerüst des Buches. Wie gezeigt (s. o.), sind die drei als *mār'ot 'ælohīm* (1^{1} 8^{2} 40^{2}) bezeichneten »göttlichen Schauungen« kompositorisch kunstvoll aufeinander abgestimmt. Ohne 40–48, die Abtrennung wird häufig vertreten (Hentrich, Matthews, Irwin, u. a.), wäre das Buch ein Torso. Allerdings ist 40–48 in seiner Endgestalt ein vielgestaltiger Komplex, der eine komplizierte Entstehungsgeschichte hat, die bei der Auslegung zur Sprache kommen wird. Der Kern, um den sich das oft ungefüge Material kristallisiert hat, ist eine Vision des Propheten Ezechiel, die in 40^{1-2*} 43^{4-7*} 47^{1-12*} in ihrem Grundbestand noch erhalten ist; sie lautet im Zusammenhang: »Im 25. Jahr unserer

DIE VISION VOM NEUEN ISRAEL: 40^{1}–48^{35}

Der neue Tempel: 40^{1}–44^{3}

Die Entrückung des Propheten: 40^{1-4}

40^{1} Am zehnten Tag des Monats am Jahresanfang im fünfundzwanzigsten Jahr nach unserer Verschleppung und im vierzehnten Jahr nach der Eroberung der Stadt (Jerusalem), genau an diesem Tag legte 1^{3} 37^{1}

40^{1}–44^{3} H ist vielfach schwierig und bisweilen verderbt. Die Übersetzung versucht eine durchschaubare Darstellung zu geben.

40^{1} Am Jahresanfang: *bᵉ rōš haššānā* ist mit G in *bārīšōn* zu ändern. – Dorthin: aus [3a] eingedrungen und mit G zu streichen.

Wegführung, im 1. (Monat), am 10. des Monats, im 14. Jahr, nachdem die Stadt gefallen war, an eben diesem Tag kam die Hand Jahwes über mich, und er brachte mich (40^{1}) in einer göttlichen Schauung in das Land Israel und ließ mich auf einem sehr hohen Berg nieder, und auf ihm war etwas wie eine Stadt erbaut im Süden [(2)]. Und die Herrlichkeit Jahwes zog in das Tempelhaus ein durch das Tor, dessen Vorderseite nach Osten lag (43^{4}). Und eine Kraft hob mich empor und brachte mich in den Innenhof, und siehe, das Tempelhaus war erfüllt von der Herrlichkeit Jahwes [(5)]. Und ich hörte jemanden zu mir aus dem Tempelhaus reden [(6a)], und er sprach zu mir: ›Menschensohn, (siehe da) die Stätte meines Thrones und die Stätte meiner Füße, wo ich für immer inmitten des Hauses Israel wohnen werde‹ [(7a)]. Und siehe, Wasser floß von unterhalb der Schwelle des Tempelhauses hervor nach Osten, denn die Vorderseite des Tempelhauses lag im Osten. Und das Wasser floß von der Südseite herab südlich vom Altar (47^{1}). Und siehe, das Wasser rann auf der Südseite aus [(2b)]. Und er sprach zu mir: ›Hast du gesehen, Menschensohn? [(6a)]. Dieses Wasser fließt hinaus in den östlichen Bezirk und hinunter zur Steppe und mündet in das Meer, in das Salzwasser, und das Wasser wird gesund [(8)]. Und die Fische werden sehr zahlreich sein. Und alles wird leben, wohin der Fluß kommt [(9)]. Und am Fluß, an seinen beiden Ufern, werden alle Arten von Fruchtbäumen wachsen, deren Blätter nicht welken und deren Früchte nicht ausgehen werden. Jeden Monat werden sie neue Früchte tragen, denn sein Wasser – vom Heiligtum geht es aus‹ [(12a)].« Diese Entrückungsvision ist eine in sich geschlossene literarische und kerygmatische Einheit, die durchaus von »einer durchgehenden Bewegung erfüllt« ist, die Zimmerli im Gegensatz zum Grundbestand von 8–11 vermißt. Der Eindruck einer »Schilderung eines ruhenden Zustandes, in dem lediglich Vorhandenes betrachtet und in seiner Ordnung sichtbar gemacht wird« (Zimmerli), entsteht erst durch die großen Erweiterungen, die diese Vision des Propheten erfahren hat. Zur Begründung der Rekonstruktion der ursprünglichen Fassung, die auf

sich die Hand des Herrn auf mich, und er brachte mich dorthin. ^{2} In
göttlichen Visionen brachte er mich ins Land Israel und stellte mich
auf einen sehr hohen Berg. In südlicher Richtung war auf dem Berg
etwas wie eine Stadt erbaut. ^{3} Dorthin brachte er mich. Da sah ich ei-
nen Mann, der aussah, als sei er aus Bronze. Er hatte eine leinene
Schnur und eine Meßlatte in der Hand und stand im Tor. ^{4} Der
Mann sagte zu mir: Menschensohn, öffne deine Augen und Ohren,

40^{2} Brachte er mich: fälschlich hierher geratene Randglosse zu $^{3a\alpha}$; mit G, S zu streichen.

Beobachtungen Vogts basiert, siehe die Auslegung.

40^{1-2} Die Schlußvision des Propheten trägt ein Datum, vgl. 1^{1} 8^{1}. Das letzte datierte Wort war 32^{17ff}. Formal gleicht die Zeitangabe in ihrer Dreigliedrigkeit der Mehrzahl der übrigen Daten: 1. Jahresangabe, 3. Tag, dazwischen 2. der Monat. Die Monatsangabe ist ungewöhnlich: »am Jahresanfang«. In Verbindung mit dem 25. Jahr, das man symbolisch als Anspielung auf die Hälfte des Jobeljahres (50-Jahr-Periode) versteht, sieht man darin nach Lev 25^{9a} den 10. des 7. Monats als am altisraelitischen Herbstjahresbeginn orientiertes Neujahrsdatum. Es deutet zeichenhaft die Halbzeit an, die bis zur Ankündigung des großen Erlaßjahres (Jes 61^{1}) vergehen müsse. Nun fällt nach einer jüngeren P-Schicht in Lev 25^{9b} auf diesen Tag später der große Versöhnungstag, vgl. Lev 16^{29}. Ob man mit H »Haupt des Jahres«, vgl. »Haupt des Monats« = »1. Tag des Monats« in Num 10^{10} 28^{11}, oder nach G »am ersten (Monat)« liest, gemeint ist in jedem Fall der 1. Monat (= Nisan). Das Datum ist der 10. Nisan des 25. Jahres. Das ist zugleich, wie die zweite Angabe hinzufügt, das 14. Jahr nach dem Fall Jerusalems. Rechnet man vom Jahr der Gefangennahme Jojachins 598/97 und dem der Eroberung Jerusalems 587/86 an, so kommt man auf den 10. April 574 – einen ganz normalen Tag, ohne jeden Symbolgehalt.

An diesem Tag hat der Prophet ein Widerfahrnis göttlicher Offenbarung, das ähnlich formuliert ist wie 8^{1-3}, vgl. $1^{1(3)}$ + 3^{14}. Die »Hand Jahwes«, die über ihn kommt, bezeichnet die Wirkung des Geschehens auf den ganzen Menschen (vgl. 3^{14} Jes 8^{11}). In einem ekstatischen inneren Erleben wird der Prophet entrückt (3^{14} 8^{3}) und erhält eine gottgewirkte Erkenntnis. Der Ort der Entrückung ist ein »sehr hoher Berg« im Land Israel. Damit ist ohne Frage der Zion gemeint, der in der Heilszeit alle Berge überragt (vgl. 17^{22f} 20^{40} 43^{12} Jes 2^{4} Sach 14^{10} Ps 48^{3}). Der Prophet schaut »etwas wie eine Stadt«. Das ist nicht das Neue Jerusalem, sondern das neue Heiligtum Jahwes (vgl. 37^{26b-28}), das er nur sehr vage wahrnimmt. Sein Standort ist nördlich des Heiligtums (vgl. 8^{3b}).

40^{3-4} Trotz des engen Anschlusses an $^{1-2}$ markiert ^{3} einen Neueinsatz. ^{3} wiederholt wörtlich (und grammatisch falsch) die Entrückung. Diese unmotivierte Wiederholung erweist $^{3-4}$ als jüngeren Zusatz, der $^{1-2}$ mit der nachfolgenden Tempelbeschreibung verbinden will. ^{3a} führt mit »und siehe« einen Mann ein. Die Partikel *w^{e}-hinnē* führt häufig in Visionen ein (1^{4} 8^{5} 9^{2} 37^{2}; u. a.), ist aber auch beliebt, um Nachträge einzufü-

sieh und höre, und achte auf alles, was ich dir zeige. Denn du bist hierher gebracht worden, damit ich es dir zeige. Berichte alles, was du siehst, dem Haus Israel.

Der Tempel, seine Tore und Höfe: 40^{5}–41^{4}

5 Da stand eine Mauer, die den Tempel ringsum außen umgab. Der 40^{5}–42^{20}:
Mann hatte in der Hand eine Meßlatte von sechs Ellen, die je eine 1 Kön 7
gewöhnliche Elle und eine Handbreit maßen. Und er maß die Dicke
der Mauer – eine Latte – und die Höhe – eine Latte. 6 Dann ging er

gen (1^{15} 3^{13} 8^{2} 10^{1} 40^{5}), also kaum für den Visionsstil typisch. Der Mann ist nur sehr blaß als übermenschliches Wesen charakterisiert »wie aus Bronze«. Der Standort des Mannes ist »am Tor«, denn erst ^{6} geht er zum Tor. Welches Tor gemeint ist, bleibt eigentümlich in der Schwebe. Erst ^{6} nennt das Osttor. Der Standort des Propheten war aber nördlich des Heiligtums ^{2}. Der Mann, der Meßgeräte bei sich hat, fordert den Propheten auf, alles genau zu merken und dem Haus Israel zu verkünden. Der kleine sekundäre Abschnitt, der in etwas dürftiger Weise 8^{2-5} nachahmt, hat die Funktion der Überleitung und Einleitung zur detaillierten Beschreibung des neuen Tempels, deren Grundbestand in $40^{6-37.47-49}$ $41^{1-8.9-15a}$ 42^{15-18} vorliegen dürfte. Sie bietet samt ihren jüngeren Zusätzen die nüchtern-sachliche Beschreibung eines Tempelgrundrisses. Stilistisch ist sie als Führung dramatisiert, um ein Gegenstück zu 8 zu schaffen und das spröde Zahlenmaterial von Toren, Mauern und Gebäulichkeiten anschaulich und lebendig zu gestalten. Dem (damals) kundigen Leser fielen sofort die Unterschiede zum salomonischen Tempel auf und die darin angedeutete Kritik an den Verhältnissen im vorexilischen Kult. Mit hoher Wahrscheinlichkeit stammt der Entwurf nicht von Ezechiel. Seiner Überzeugung nach ist die Entweihung des Heiligtums der neuen Heilszeit, wie immer es aussehen mag, ausgeschlossen. Jahwe hat seinem Volk ja ein neues Herz und einen neuen Geist gegeben (36^{26f}) und dadurch ein neues Bundesverhältnis begründet (37^{27f}), so daß eine materielle Sicherung des neuen Heiligtums vor Profanierung durch gewaltige Mauern und Festungstore samt den damit ein- bzw. ausgegrenzten Heiligkeitsbezirken überflüssig und sinnlos ist. Die ganze Beschreibung dürfte den geistreichen Versuch seiner Tradenten darstellen, das theologische Grundanliegen des Propheten realitätsnah in einem Gesamtentwurf der Neuordnung Gestalt werden zu lassen (Abb. 1, S. 267).

40^{5} unterbricht den Zusammenhang von ^{3} und ^{6}, zudem wiederholt er das Meßgerät und macht, im Gegensatz zur nachfolgenden Beschreibung eine Höhenangabe. Der Vers dürfte mit dem Abschluß 42^{15-20}, der in ^{20} die Mauer erwähnt, nachträglich hier eingeschoben worden sein. Er macht darauf aufmerksam, daß mit der »großen Elle« gemessen wird, d. h. eine gewöhnliche Elle plus eine Handbreit. Großelle und Normalelle sind auch in Ägypten und Babylonien bekannt, wobei die Maßangaben differieren. Die Länge der Meßlatte zu 6 Großellen dürfte etwa 3 m betragen.

$40^{6-37.47-49}$ 41^{1-4} Die Grundrißbe-

zum Osttor, stieg seine Stufen hinauf und maß die Schwellen des Tores: Sie waren eine Latte breit [jede Schwelle war eine Latte breit].
7 Dann maß er die Torkammer. Sie war eine Latte lang und eine Latte breit. Der Abstand zwischen den Torkammern betrug fünf Ellen. Und er maß die Schwelle des Tors auf der Tempelseite der Vorhalle des Tors. [
8 Er maß die Vorhalle des Tors auf der Tempelseite – eine Latte.]
9 Dann maß er die Vorhalle des Tors – acht Ellen – sowie die Pfeiler des Tors – zwei Ellen. Die Vorhalle des Tors lag auf der Tempelseite des Tors.
10 Drei Torkammern des Osttors lagen auf der einen Seite, drei auf der andern; alle drei hatten jeweils die gleichen Maße, und auch die Pfeiler hüben und drüben hatten die gleichen Maße.
11 Dann maß er die Breite der Toröffnung – zehn Ellen – und die Länge des Torgebäudes – dreizehn Ellen.
12 Vor allen Torkammern war eine Schranke, jeweils eine Elle hoch. Die Torkammern auf beiden Seiten maßen jeweils sechs Ellen.
13 Dann maß er die Breite des Torbaus vom Dachansatz einer Torkammer bis zum Dachansatz der gegenüberliegenden Torkammer von Tür zu Tür – fünfundzwan-

40[9] Pfeiler des Tores, wörtlich: »Pfeiler der Vorhalle«.

schreibung des Tempels ist als Führungsbericht stilisiert. Er hält konsequent einen Weg ein, der vom äußeren Osttor bis zum Allerheiligsten, dem Mittelpunkt des Tempels führt. Offenbar in Vorausnahme des Weges, den die Herrlichkeit Jahwes nach 43[4-6] nehmen wird.

40[6-16] Die Messung beginnt beim Osttor (Abb. 2, S. 269). In der antiken Architektur ist ein Tor kein einfacher Durchlaß, sondern ein gewaltiges Torgebäude (vgl. mittelalterliche Stadttore). Die Vermessung geschieht in klarer Abfolge. Über Stufen, nach [20.26] sieben, betritt der Mann die Außenschwelle des Torbaus. Sie dürfte seitlich mit ebenso dicken Mauern begrenzt sein, die sich nach [5] in selber Stärke in die Umfassungsmauer des Tempelareals verlängern. Der Tordurchgang hat auf jeder Seite drei quadratische Nischen zu je 6 Ellen [10]. Die Zwischenwände (zum Ausdruck vgl. 1 Kön 6[31]) betragen je 5 Ellen. Der Tordurchgang wird durch eine Schwelle, die dem Maß der Eingangsschwelle entspricht, abgeschlossen. Im Unterschied zu den bekannten Stadttorbauten aus dieser Zeit (Abb. 3, S. 269) hat der Torbau in Ez eine überdachte Vorhalle, die in den äußeren Hof führt und insgesamt 10 Ellen mißt. Die Vorhalle ist vermutlich seitlich offen, so daß man über Stiegenaufgänge zu den ringsum führenden Galerien gelangt. Dann wäre allerdings die Vorhalle breiter zu denken als die Innenbreite des Torbaus von 25 Ellen [13]. Das ergibt folgendes Bild: Torbau ohne Vorhalle bilden ein Quadrat von 40 × 40 Ellen Außenmaß. Das entspricht dem Maß der Torbauten in der sog. Tempelrolle von Qumran (TR Kol 36). Die Vorhallenfront mißt dort 60 Ellen, 40 Ellen vor dem Torbau und auf jeder Seite als Gangbreite für die Stiegenaufgänge ein Normmaß von je 10 Ellen. Diese Angabe hat eine überraschende Entsprechung in [14], der allgemein als verderbt ausgeschieden wird: »er

zig Ellen: [[14] Dann maß er die Vorhalle – zwanzig Ellen. An das Tor
stieß ringsum der Vorhof.] [15] Von der Vorderseite des Toreingangs
bis zur Tempelseite der Vorhalle des Tors innen waren es fünfzig El-
len. [16] Die Torkammern ringsum hatten verschließbare Fenster,
ebenso innen die Pfeiler und die Vorhalle. Ringsum befanden sich in-
nen Fenster. Die Pfeiler waren mit Palmen verziert.
[17] Dann brachte er mich in den Vorhof. Rings um den Vorhof lagen
Räume, und davor war ringsum ein Steinpflaster angelegt; dreißig
Räume grenzten an das Pflaster. [18] Das Steinpflaster schloß sich seit-
lich an die Tore an, und es war genauso breit wie der Vorsprung der
Tore (in den Vorhof). Das war das untere Steinpflaster. [19] Dann maß

40[14] Wörtlich: »dann maß er die Vorhalle – 60 Ellen«. Der Rest des Verses ist unklar.

40[16] Verschließbare Fenster: »blinde Fensternischen« (s. Auslegung).

40[19] Übersetzt nach G.

maß die Vorhalle 60 Ellen«. [14] gibt also das innere Frontmaß und [15] das Achsenlängsmaß des Gesamtkomplexes an (Maier). Nach [16] sind Torbauseiten und Vorhalle voller blinder Fensternischen (zur Ablage von allerlei Gegenständen). Daß es sich nicht um (vergitterte) Fenster handeln kann, geht auch daraus hervor, daß sie an den Pfeilern ebenso angebracht sind. TR gibt über den vieldiskutierten Ausdruck letzten Aufschluß (vgl. Y. Yadin, 1977, I 174f). Daß als Dekor lediglich Palmettenschmuck vorgesehen ist, dürfte sich polemisch gegen figürliche Darstellungen im salomonischen Tempel wenden (vgl. Kap. 8).

[17–19] bieten eine knappe Beschreibung des Bereichs zwischen äußerem und innerem Tor. Man erblickt ringsumher (an die Umfassungsmauer [5] angebaut) Räume bzw. Hallen, die auf plattengedecktem Boden aufbauen. Die Zahl 30 bezieht sich kaum auf die Gesamtzahl im Hofbereich. Das ergäbe architektonisch unwahrscheinlich große Räume. Geht man von der Gesamtlänge des äußeren Hofes aus, der nach 42[15] 45[2] 500 Ellen beträgt, so verbleiben unter Abzug der lichten Torbauweite von 25 Ellen und den auf beiden Ecken angebrachten Küchenbauten mit 30 × 40 Ellen (Innenmaß), vgl. 46[22–24], 395 Ellen, geteilt in zwei Hallenkomplexe zu je 197,5 Ellen unter Abzug der 7,5 Ellen vermutlicher Mauerstärke des Torbaus, (woraus sich sein Außenmaß von 40 × 40 Ellen ergibt, s.o.). Das ergibt 190 Ellen pro Hallenkomplex. Jeder Einzelkomplex hat vermutlich die 30 Räume, wahrscheinlich verteilt auf zwei bis drei Stockwerke, denn die 30 allein auf ein Erdgeschoß zu verteilen, ergibt zu kleine Einheiten. Nach TR haben diese Räume eine Breite von 20 Ellen. Das entspricht in etwa den 18 Ellen bei Ez. Die Raumverteilung könnte in Analogie zu TR dann so ausgesehen haben: Im Erdgeschoß ringsum 6 × 10 und 2 × 6 (im Westen) Räume, also insgesamt 72, bei zwei Geschossen 144 und bei drei 216 Räume. Für wen sie bestimmt sind, wird nicht gesagt, vgl. aber Neh 13[4ff] für den nachexilischen Tempel. Daß die Hallenkomplexe mit der inneren

er den Abstand von der Innenseite der Außentore zur Außenseite der
Innentore im Osten und Norden – je hundert Ellen.
[20] Auch das Nordtor des Vorhofs maß er der Länge und Breite nach.
[21] Es hatte je drei Torkammern auf beiden Seiten. Seine Pfeiler und
seine Torkammern hatten die gleichen Maße wie die des ersten Tors.
Im ganzen war es fünfzig Ellen lang und fünfundzwanzig Ellen breit.
[22] Seine Fenster, seine Vorhalle und sein Palmenschmuck hatten die
gleichen Maße wie die des Osttors. Man mußte sieben Stufen zu ihm
hinaufsteigen. Auf der Innenseite lag seine Vorhalle. [23] Wie beim Ost-
tor lag auch dem Nordtor ein Tor gegenüber, das zum Innenhof
führte, und er maß den Abstand von Tor zu Tor – hundert Ellen.
[24] Dann führte er mich nach Süden, und auch im Süden war ein Tor.
Und er maß seine Pfeiler und seine Vorhalle; sie entsprachen den
Maßen der anderen. [25] Auch die Fenster des Tors und seiner Vorhalle
ringsum entsprachen den anderen Fenstern. Im ganzen war es fünfzig
Ellen lang und fünfundzwanzig Ellen breit. [26] Sieben Stufen führten
zu ihm hinauf. Auf der Innenseite lag seine Vorhalle. Die beiden Pfei-
ler dieses Tors waren hüben und drüben mit je einer Palme verziert.
[27] Auch auf der Südseite war ein Tor zum Innenhof, und er maß den
Abstand von Tor zu Tor im Süden – hundert Ellen.
[28] Dann brachte er mich durch das Südtor in den Innenhof und maß
das Südtor. Es hatte die gleichen Maße wie die anderen Tore. [29] Seine
Torkammern, seine Pfeiler und seine Vorhalle hatten die gleichen
Maße wie dort. Auch dieses Tor und seine Vorhalle hatten ringsum

40[20.26] Auf der Innenseite: Text korr. nach G; H: »Nach ihrer Vorderseite«.

Torbaufront eine Flucht bilden, legt [18] nahe. In jedem Fall handelt es sich um eine geschlossene Hofumbauung. Eine solche ist im Städtebau erst seit dem 6. Jh. zunehmend belegt. [19] gibt die Distanz vom äußeren zum inneren Tor an, vgl. [23–27] und weist bereits auf eine Höhendifferenz hin, die in [32.34.37] dann ausdrücklich festgestellt wird.

[20–23] Ohne Überleitung erfolgt die Vermessung des äußeren Nordtores. Es ist baugleich mit dem Osttor, so daß die Maße und Baubestandteile nur summarisch rekapituliert werden. Die einzig neue Information ist, daß man auf sieben Stufen zum Tor hinaufsteigt. Diese Angabe wird man bei der Schematik der Darstellung auch auf das äußere Ost- bzw. Südtor übertragen dürfen.

[24–27] Die Beschreibung des äußeren Südtores wird wieder mit der Führungsformel eingeleitet. Da es den beiden anderen entspricht, ist die Darstellung gerafft bei leichter Variation in der Aufzählung.

[28–31] Die Führung geht jetzt unter steter Verwendung der Führungsformel [32.35.48] 41[1] durch das innere Südtor in den Innenhof, von wo aus die weiteren Vermessungen vorgenommen werden. Die Beschreibung des inneren Südtores und der beiden anderen Innentore ist noch knapper. Die Distanzmessung zum gegenüberliegenden Tor entfällt. Wichtig ist die Information, daß die Innen-

Fenster. Im ganzen war es fünfzig Ellen lang und fünfundzwanzig El-
len breit.
[30 Ringsherum waren Vorhallen, fünfundzwanzig Ellen lang und
fünf Ellen breit.] 31 Seine Vorhalle lag auf der Seite zum Vorhof.
Seine Pfeiler waren mit Palmen verziert, und acht Stufen führten zu
ihm hinauf.
32 Dann brachte er mich zur Ostseite des Innenhofs und maß das Tor
ab. Es hatte die gleichen Maße wie die anderen Tore: 33 Seine Tor-
kammern, seine Pfeiler und seine Vorhalle hatten die gleichen Maße
wie dort. Auch dieses Tor und seine Vorhalle hatten ringsum Fenster.
Im ganzen war es fünfzig Ellen lang und fünfundzwanzig Ellen breit.
34 Seine Vorhalle lag auf der Seite zum Vorhof. Seine beiden Pfeiler
waren hüben und drüben mit je einer Palme verziert, und acht Stufen
führten zu ihm hinauf.
35/36 Dann brachte er mich zum (inneren) Nordtor und stellte auch bei
seinen Torkammern, seinen Pfeilern und seiner Vorhalle die gleichen
Maße fest. Auch dieses Tor hatte ringsum Fenster. Im ganzen war es
fünfzig Ellen lang und fünfundzwanzig Ellen breit. 37 Seine Vorhalle
lag auf der Seite zum Vorhof, seine beiden Pfeiler waren hüben und
drüben mit je einer Palme verziert, und acht Stufen führten zu ihm
hinauf.

40[37] Seine Vorhalle: Text korr. nach G (vgl. [31] und [34]).

hoftore ihre Vorhallen zur Außenhofseite hin haben, was einen praktischen Grund haben muß, ferner daß das Niveau des Innenhofes gut 2 m höher liegt als der Außenhof und die Toreingänge über acht Stufen erreicht werden.

32–37 Die Beschreibung des inneren Osttores gleicht bis auf wenige Ausdrucksvarianten der des Südtores. Es fällt auf, daß noch einmal die Hineinführung in den Innenhof erwähnt wird. Eine unachtsame Wiederholung von [28]. Die Beschreibung des inneren Nordtores fällt noch knapper aus als die vorherigen.

47 fügt der Beschreibung der Innentore eine kurze Angabe über den Innenhof an. Unter der Annahme, daß auch beim Innenhofkomplex die äußere Einfassung, wie immer sie ausgesehen haben mag – eine Mauer wird nicht erwähnt; sie ist aber anzunehmen –, auf einer Fluchtlinie mit der Torbaufront liegt, also ein Rechteck bildet von je 200 Ellen im Osten und Westen und je 350 Ellen Länge im Norden und Süden, das im Westen mit der Gesamtumfassung abschließt, ergibt sich im Ostteil innerhalb der Einfassungsbauten, falls diese wie die Torbauten mit 50 Ellen Tiefe anzusetzen sind, eine Innenhoffläche von 100 × 100 Ellen. Lapidar wird der Altar erwähnt, ohne Maße anzugeben. Es handelt sich offenbar um den Brandopferaltar von 43[13ff]. Von ihm heißt es, daß er »vor dem Tempelgebäude« steht, nicht in der Mitte des Innenhofquadrats, wie meist stillschweigend vorausgesetzt wird. Sein Standort dürfte eher aus der Mitte versetzt näher beim Tempel-

38 An den Pfeilern des Tors war der Eingang zu einem besonderen
Raum, in dem man das Brandopfer abspülte. 39 In der Vorhalle des
Tors standen an beiden Seiten je zwei Tische, auf denen die Brand-,
Sünd- und Schuldopfer geschlachtet wurden. 40 An der Außenwand
standen neben dem Toreingang im Norden je zwei Tische, und an
der gegenüberliegenden Wand der Vorhalle des Tors ebenfalls je
zwei Tische; 41 je vier Tische standen also an den beiden Stirnwänden
(der Vorhalle) des Tors, zusammen acht Tische. Auf ihnen schlach-
tete man (die Opfertiere).
42/43 Die vier Tische für das Brandopfer waren aus behauenen Steinen.
Sie waren anderthalb Ellen lang, anderthalb Ellen breit und eine Elle
hoch. Innen (in der Vorhalle) hatte man ringsum handbreite Randlei-
sten angebracht. Auf sie legte man die Geräte, mit denen man die
Brand- und Schlachtopfer schlachtete, und auf die Tische legte man
das Opferfleisch. 44 Neben dem (nördlichen und südlichen) Innentor
lagen zwei Räume; der neben dem Nordtor liegende öffnete sich
nach Süden zum Innenhof, der neben dem Südtor liegende öffnete
sich nach Norden zum Innenhof. 45 Er sagte zu mir: Der Raum, der
sich nach Süden öffnet, gehört den Priestern, die im Tempel dienen.

40^{44} Zwei: Text korr. nach G. – Südtor: Text korr. nach G; H: »Osttor«.

haus sein, vgl. 1 Kön 8^{64} 2 Kön 16^{14}. Die dürftige Bemerkung zum Altar hat später nicht mehr befriedigt. 43^{13-17} sind genaue Angaben zum Altar nachgetragen.

40^{48}–41^{4} Das Ziel der Führung ist nicht der Altar, sondern das dreifach gegliederte Tempelhaus, das man über zehn Stufen erreicht. Wortlos werden die beiden freistehenden Säulen vor dem Tempelhaus gemessen, dann Vorhalle, Tempelhalle und schließlich der letzte Raum, den der Mann allein betritt. Es fällt auf, daß die Türöffnungen steigernd sich verengen und so den Blick zentrieren auf das Wichtigste. Zum Schauen tritt jetzt das deutende Wort: »Das ist das Allerheiligste.« Damit endet die Führung. Die Angaben über das Tempelhaus ermöglichen einen Vergleich mit dem salomonischen Tempelhaus, das in 1 Kön 6f beschrieben wird. Die beiden Säulen vor dem Tempelhaus sind 1 Kön $7^{15-22.41f}$ ausführlich dargestellt und tragen (Symbol-)Namen. Sie werden in Ez zwar erwähnt, erhalten aber keine neue Deutung oder Funktion, bleiben Erinnerungsstücke an den alten Tempel. Insgesamt entspricht der Kernbau des Tempelhauses in etwa dem des salomonischen. Die Innenbreite ist beiden gleich (20 Ellen), auch die Gesamtlänge von Tempelhalle und Allerheiligstem (40 und 20 Ellen). Nur die Tiefe der Vorhalle differiert. Nach 1 Kön 6^{3} beträgt sie 10, nach 40^{40} sind es 12 Ellen. Auf die Bedeutung dieser Abweichung wird weiter unten noch einzugehen sein.

$^{38-46}$ Die summarischen Angaben der Führung durch den Tempel vermitteln nur ein sehr vages Bild von der Gesamtanlage. Für einen archäologisch und architektonisch Unkundigen sind sie eher verwirrend. Durch zahlreiche Ergänzungen, die zunächst nur Details mitteilen, ergibt sich dann ein klares Bild der Anlage.

46 Der Raum aber, der sich nach Norden öffnet, gehört den Priestern, die am Altar dienen; das sind die Nachkommen Zadoks, die als einzige aus dem Stamm Levi vor den Herrn hintreten dürfen, um ihm zu dienen.
47 Dann maß er den Innenhof – ein Quadrat von hundert Ellen Länge und hundert Ellen Breite. Vor dem Tempelgebäude stand der Altar.
48 Darauf führte er mich zur Vorhalle des Tempels und maß die Pfeiler der Vorhalle zu beiden Seiten – je fünf Ellen. Die Breite der Toröffnung betrug vierzehn Ellen und die Breite der beiden Seitenwände (neben der Toröffnung) je drei Ellen.
49 Die Vorhalle war zwanzig Ellen breit und zwölf Ellen lang. Zehn Stufen mußte man zu ihr hinaufsteigen. An den Pfeilern standen außen Säulen, je eine auf jeder Seite.

43,19 44,15 48,11 1 Chr 5,34–41 1 Kön 1,8.39

41,1 Dann brachte er mich zur Tempelhalle und maß die Pfeiler zu beiden Seiten (des Eingangs); jeder war sechs Ellen dick. [So dick waren die Pfeiler.]
2 Die Breite der Türöffnung betrug zehn Ellen und die der beiden Seitenwände neben der Türöffnung je fünf Ellen. Darauf maß er die Länge der Tempelhalle – vierzig Ellen – und ihre Breite – zwanzig Ellen.
3 Er trat ins Innere und maß die Pfeiler der Türöffnung (zum Allerheiligsten) – zwei Ellen – und die Türöffnung – sechs Ellen – sowie die Breite der Seitenwände neben der Türöffnung – sieben Ellen.
4 Und er maß seine Länge – zwanzig Ellen – und seine Breite an der Seite der Tempelhalle – zwanzig Ellen. Und er sagte zu mir: Das ist das Allerheiligste.

Die Nebengebäude des Tempels: 41^{5-12}

5 Dann maß er die Mauer des Tempelgebäudes – sechs Ellen dick – und die Breite des Anbaus rings um das Tempelgebäude – vier Ellen.

40,48 Vierzehn Ellen und die Breite der beiden Seitenwände: Text korr. nach G; vgl. 41,1.
40,49 Zwölf: Text korr. nach G; H: »elf«. – zehn: Text korr. nach G.
41,1 Text korr.
41,3 Der Seitenwände: ergänzt nach G.

Die erste Ergänzung $^{38-43}$ beschreibt ein Bauelement auf der Nordseite am inneren Nordtor. Es handelt sich um einen Raum, der für die Waschung der Brandopfer vorgesehen ist (vgl. 2 Chr 4^{6} mit 1 Kön 7^{38}; Lev $1^{9.13}$) und mit seinem ganzen Inventar beschrieben wird, wobei sogar die Maße der Tische angegeben werden ^{42}. In $^{44-46}$ werden zwei weitere Räume erwähnt, die Priestern mit verschiedenen Dienstfunktionen als Umkleideräume dienen. Was hier noch verhalten angedeutet ist, wird 42^{1ff} über die »Sakristeien« und 44^{6ff} in der Priesterordnung voll entfaltet.
$41^{5.(6-8).9-15a}$ Der Abschnitt setzt nun in bloßer Beschreibung die Vermessung der Außenseite des Tempelhauses sowie dessen Einpassung in das

[6] (In dem Anbau waren) Nebenräume, einer am andern, im ganzen dreißig in drei Stockwerken. An der Mauer des Tempelgebäudes waren ringsum Vorsprünge für die (Deckenbalken der) Nebenräume; die Vorsprünge dienten als Auflagen; es brauchten also in der Wand des Tempelgebäudes keine Auflagen zu sein. [7] Durch die Nebenräume ergab sich bis zu einer bestimmten Höhe hinauf eine Verbreiterung, denn das Tempelgebäude war ringsum umbaut; durch diesen Anbau ergab sich eine Verbreiterung bis zu einer bestimmten Höhe. Vom untersten Stockwerk konnte man (im Innern) über das mittlere zum oberen hinaufsteigen. [8] Das Tempelgebäude selbst konnte man von allen Seiten (über die Anbauten) herausragen sehen. Die Fundamente der Nebenräume waren eine ganze Meßlatte dick – sechs Ellen. [9] Die Außenmauer des Anbaus war fünf Ellen dick. Zwischen den Nebenräumen des Tempelgebäudes [10] und den (Priester-) Räumen war ein freier Platz von zwanzig Ellen Breite, der rings um den Tempel herumlief. [11] Aus dem Anbau führten zwei Türen ins Freie, eine im Norden und eine im Süden. Die Mauer des freien Platzes war

41[6] Dreißig in drei: Text korr.; vgl. die alten Übersetzungen; H: »dreiunddreißig«, wörtlich: »Und die Seitengemächer, Seitengemach über Seitengemach, dreimal«.
41[7] Text korr. nach G. Der ganze Vers ist unklar.
41[8a] Sinn von H nicht ganz klar.
41[9] Zwischen: Text korr.; vgl. G. – Nebenräume: statt *hall^{e} šākōt* ist *haqqīrā* (vgl. [11b]) zu lesen.
41[11] Die Mauer: Text korr.; vgl. G; H: »Der Platz«.

Gesamtareal fort. Trotz der stilistischen Differenz dürfte er – ohne den Zusatz [6–8] – zur sog. »Führungsschicht« gehören. Eine Dramatisierung des Abschnitts ist auf Grund seiner Angaben kaum möglich.
Zunächst wird die Dicke der Seitenwände des Tempelhauses gemessen und die Breite des Anbaus [5]. Der Zusatz [6–8] nimmt das Stichwort »Anbau« im Plural auf und beschreibt den Anbau als dreistöckige Umbauung des Tempelhauses, vgl. 1 Kön 6[5f.8.(15f)], hier allerdings ist es eine Holzkonstruktion. Wenn [9] die Dicke der Außenmauer angibt, handelt es sich um einen das Tempelhaus umgebenden Steinbau, dessen Stockwerke über Stiegenaufgänge erreicht werden. Da der Anbau tempelhausseitig auf Mauervorsprüngen aufliegt, verbreitern sich die Stockwerke nach oben. Damit verjüngt sich die Tempelhauswand nach oben, bleibt aber völlig abgeschlossen und wird nicht durch Bohrungen für Auflagen versehrt. Unter Einrechnung der Mauerstärken ergibt sich für das umbaute Tempelhaus insgesamt 100 × 50 Ellen. Daher die Änderung der Vorhallentiefe auf 12 Ellen in 40[49] (s. o.). Seitlich des Tempelhauses bleibt ein Freiraum von 20 Ellen, der durch eine 5 Ellen dicke Mauer auf beiden Seiten begrenzt wird, so daß sich für das Tempelhaus eine Gesamtbreite von 100 Ellen ergibt, der Tempel also ein Quadrat von 100 × 100 Ellen darstellt entsprechend dem Innenhofquadrat. West-

ringsum fünf Ellen dick. [12] Vor dem eingefriedeten Platz lag auf der Westseite ein (großes) Gebäude, das neunzig Ellen breit und siebzig Ellen lang war. Die Mauer dieses Gebäudes war ringsum fünf Ellen dick.

Die Maße des Tempels: 41[13–15a]

[13] Dann maß er das Tempelgebäude – hundert Ellen lang – sowie den eingefriedeten Platz, das andere Gebäude und seine Mauern – auch hundert Ellen lang. [14] Die Breite der Vorderseite des Tempels und des eingefriedeten Platzes betrug im Osten zusammen ebenfalls hundert Ellen. [15] Und er maß die Breite des (großen) Gebäudes, das vor dem eingefriedeten Platz lag, auf der Rückseite und (die Länge) der Terrassenbauten auf seinen beiden Seiten – wieder je hundert Ellen.

Das Innere des Tempels: 41[15b–26]

Das Innere der Tempelhalle und der Vorhalle, die aus dem Innenhof in den Tempel führt, [16] waren getäfelt. Die Rahmen der verschließbaren Fenster und die drei Gesimse, die von der Schwelle an ringsum liefen, waren aus Holz; ebenso gab es vom Fußboden bis zu den Fenstern – die Fenster waren verdeckbar – [17] und bis über die Türöffnungen hinauf eine Holztäfelung. Auf allen Wänden ringsum, auch auf den Wänden zum Innenraum und nach draußen, war die Täfelung in Felder eingeteilt, auf denen [18] geschnitzte Kerubim und Palmen zu sehen waren, je eine Palme zwischen zwei Kerubim. Jeder Kerub hatte

41[15] Auf der Rückseite: unverständlich. – Terrassenbauten: statt *'attīqēhā* (ihre Böschungen) ist *qīrōtēhā* (ihre Mauern) bzw. *qīrōtāu* (seine Mauern) zu lesen.
41[16] Waren getäfelt: Text korr. nach G.
41[17] Text unklar.

lich des Tempelhausquadrats und des Innenhofquadrats schließt ein drittes Quadrat von 100 × 100 Ellen an. Es besteht aus einem 20 Ellen breiten »Sperraum« (*gizrā*) und einem daran anschließenden ummauerten leeren und ungedeckten Raum (*binjān*) von insgesamt 100 × 50 Ellen. Über die Funktion des Raumes ist viel gerätselt worden. Es handelt sich zusammen mit der *gizrā* vermutlich um eine Schutzzone, die verhindern soll, daß das Allerheiligste auf seiner Rückseite betreten werden kann, vgl. dagegen 1 Chr 26[18]. Erst recht ist da kein Raum mehr für die Unterbringung fremder Kultsymbole (2 Kön 23[11]).

41[15b–26] Unerwartet erfolgt jetzt eine Rückkehr ins Innere des Tempels und eine Schilderung seiner Innenausstattung. Nach Form und Stil erweist sich der Abschnitt als spätere Einfügung, wobei [26] fragmentarisch ist. Insgesamt dürfte die Beschreibung der Innenausstattung bereits

zwei Gesichter. 19 Ein Menschengesicht (blickte) zur einen Palme und
ein Löwengesicht zur andern. So war das ganze Haus ringsum aus-
gestaltet. 20 Vom Fußboden bis über die Türöffnungen hinauf waren
an der Tempelwand Kerubim und Palmen angebracht. 21 Die Tür der
Tempelhalle hatte einen vierfach gestuften Türrahmen. Vor dem Al-
Ex 25^{23-30} lerheiligsten war etwas, das aussah wie 22 ein Altar aus Holz, drei El-
40^{22f} len hoch, zwei Ellen lang und zwei Ellen breit. Seine Ecken, sein Sok-
kel und seine Wände waren aus Holz. Der Mann sagte zu mir: Das
ist der Tisch, der vor dem Herrn steht. 23 Die Tempelhalle und das
Allerheiligste hatten je eine Doppeltür. 24 Die Türen hatten zwei Tür-
flügel, zwei drehbare Türflügel, zwei die eine Tür und zwei die an-
dere Tür. 25 An den Türen der Tempelhalle waren Kerubim und Pal-
men angebracht wie an den Wänden. Außen, an der Vorderseite der
Vorhalle, war ein Vordach aus Holz. 26 An den beiden Seitenwänden
der Vorhalle und an den Nebenräumen des Tempels (und an den
Vordächern) waren verschließbare Fenster und Palmen.

Die Räume für die Priester: 42^{1-14}

42^{1} Dann führte er mich in den nördlichen Teil des Vorhofs hinaus
und brachte mich zu einem Bau mit Einzelräumen, der gegenüber

41^{22} Und zwei Ellen breit: Text korr., eingefügt nach G. – Sein Sockel: Text korr. nach G; H: »seine Länge«.

41^{25} An den Türen der Tempelhalle, wörtlich: »und an ihnen, an...«; schon von G bezeugte Glosse. – Vordach: H: *'ab* bzw. Pl. *hā–'ubbīm* in ^{26} ist unerklärt.

42^{1} Der gegenüber..., wörtlich: »der quer zum Sperrplatz und quer dem Bau im Norden gegenüberliegt«.

den zweiten Tempel vor Augen haben, so daß gewisse Parallelen zu 1 Kön 6 zu erkennen sind; demgegenüber ist allerdings alles viel bescheidener gehalten. Die Ornamentik beschränkt sich auf (zweiköpfige) Kerubim und Palmen. Blumenornamente werden nicht mehr erwähnt. Vor allem vermißt man den Rauchopferaltar, den goldenen Leuchter und insbesondere die Bundeslade.

Nach Jer 3^{16ff}, einem vermutlich zeitgenössischen Text, ist sie für die Heilszeit nicht mehr vorgesehen. Dasselbe bringt die Beschreibung durch ihr Verschweigen zum Ausdruck. $^{21b.22}$ fügen im Stil visionärer Schau in Anlehnung an 1 Kön 6^{20a} den Altartisch vor dem Debir ein. In Nachahmung der Benennungsaussage von 41^{4} heißt es: »Das ist der Tisch, der vor dem Herrn steht.« Auf diesem Tisch legen die Menschen ihre Gaben nieder (Schaubrote?) zur Ehre Gottes. Das setzt aber die Gegenwart Jahwes in seinem Heiligtum voraus (43^{1ff}), der über die Gaben hinweg sein Antlitz dem Menschen heilvoll zuwendet.

42^{1-14} Der Abschnitt setzt 41^{5-15a} voraus und klärt noch offene bauliche Fragen. Zugleich nimmt er den Ge-

dem eingefriedeten Platz und im Norden des (großen) Gebäudes lag.
2 An seiner Längsseite gegenüber dem Nordeingang (des großen Ge-
bäudes) maß dieser Bau hundert Ellen; seine Breite betrug fünfzig El-
len. 3 Der Bau lag gegenüber dem freien Platz von zwanzig Ellen, der
zum Innenhof gehörte, und gegenüber dem Steinpflaster, das zum
Vorhof gehörte. Er war terrassenartig angelegt, mit drei Stockwer-
ken. 4 Vor den Räumen lief ein Gang entlang, zehn Ellen breit und
hundert Ellen lang. Die Eingänge der Räume lagen im Norden. 5 Die
oberen Räume des Baus waren kürzer als die mittleren und die un-
teren; denn die Terrassen nahmen ihnen Platz weg. 6 Das Ganze war
dreistöckig; die Stockwerke hatten aber keine Säulen wie der Vorhof;
deswegen wurden sie von unten nach oben, vom unteren über das
mittlere (bis zum oberen) immer kürzer. 7 Außen zog sich an den
Räumen zum Vorhof hin eine Mauer entlang. An der Vorderseite der
Räume war sie fünfzig Ellen lang; 8 da die Räume, die zum Vorhof
gehörten, ebenfalls fünfzig Ellen lang waren, war die ganze Mauer
hundert Ellen lang. 9 Der Zugang zu den unteren Räumen (des Ter-
rassenbaus) lag im Osten, dort, wo man vom Vorhof herkam, 10 an
der Breitseite der Mauer zum Vorhof.

42,2 An seiner Längsseite: H: *'æl pᵉnē* ist unklar, fehlt in G; mit BHS ist wohl *'ᵃrkā* (»seine Länge«) zu lesen.

42,4 Hundert Ellen lang: Text korr. nach G.

42,8 Die ganze (Mauer): Text korr. nach G.

42,10 Im Süden: Text korr.; vgl. G; H: »im Osten«.

danken von 40,44–46 auf, um das, was dort nur andeutungsweise angesprochen wurde, durch konkrete Anweisungen zu präzisieren. Formal nimmt er den Führungsstil auf, ohne ihn im Folgenden weiter zu beachten. Er gehört nicht zur ursprünglichen Führung, wie die Weiterführung in 42,15–20 zeigt.

42,1 spricht von einer Führung in den äußeren Hof zu einem Bau »gegenüber dem Sperrplatz« im Norden, der nach 13 im Süden seine Entsprechung hat. Es handelt sich um die sog. »Tempelsakristeien« (Elliger), die quer zu dem nach Osten ausgerichteten *binjān* stehen. Zum Verständnis der Bauten ist noch einmal zu berücksichtigen: Der innere Hof liegt acht Stufen über dem äußeren und ist nur durch die Torbauten zu erreichen. Ihre Gesamttiefe wie die der genannten Baukomplexe setzt wie beim äußeren Hof eine Mauereinfassung (s.o.) voraus. Vermutlich ist auch der ganze Innenhof von Einfassungsbauten umgeben, von denen Ez nur die für ihn wichtigen nennt. Der Zugang zu einem Teil der Umfassungsbauten lag offenbar außen über der Einfassungsmauer, er war nur durch die Torbau-Vorhallen erreichbar. Das erklärt die Lage der Vorhallen der inneren Torbauten zum äußeren Hof hin (s.o.). Die Sakristeien liegen in dem Bereich, der ausschließlich Priestern zugänglich ist, was einen Zugang vom äußeren Hof her verbietet. Zugang und Abgang erfolgen durch die Torbau-Vorhal-

Im Süden des eingefriedeten Platzes und des (großen) Gebäudes war
ebenfalls ein Bau mit Einzelräumen, [11] und auch an ihrer Vorderseite
lief ein Weg entlang. Sie hatten dasselbe Aussehen, die gleiche Länge
und Breite, die gleichen Eingänge, dieselbe Anordnung und ebenso
viele Türen wie die Räume im Norden. [12] Der Zugang zu den Türen
der Räume im Süden lag am Anfang des nach Osten führenden Weges,
der am Kopfende der Schutzmauer begann.
[13] Der Mann sagte zu mir: Die Räume im Norden und die Räume im
Süden, die vor dem umfriedeten Platz liegen, sind heilige Räume.
Dort sollen die Priester, die vor den Herrn hintreten dürfen, die
hochheiligen Gaben verzehren, und dort sollen sie die hochheiligen
Gaben, die Speise-, Sünd- und Schuldopfer niederlegen; denn der
44[19] Ort ist heilig. [14] Wenn die Priester in das Heiligtum gegangen sind,
sollen sie von dort nicht zum Vorhof hinausgehen, sondern ihre Gewänder,
in denen sie Dienst getan haben, in diesen Räumen ablegen;
denn die Gewänder sind heilig. Sie sollen andere Kleider anziehen
und erst dann auf den Platz hinaustreten, der für das Volk vorgesehen ist.

42[12] Text unklar, die Übersetzung ist ein Versuch.

len. Tempel- und Altardienstbereich sind damit nach außen vollständig abgeschirmt. Von hier aus ergibt sich für die »Tempelsakristeien«: Sie stehen auf Innenhofniveau. Die Breitenangabe von 50 Ellen ist das Gesamtmaß inklusive vorgelagertem Gang, weil die Abgrenzungsmauer auf der Einfassungsmauer zum Gebäude mitzählt. Die Abgrenzungsmauer schirmt die Zugänge zu den Sakristeien gegenüber dem Außenhof ab. Diese Mauer stößt nach 50 Ellen an die Wand der Außenhofumbauung. Die Priester gelangen zu den Sakristeien im Westen, indem sie aus der Vorhalle des Torbaus den Gang nach Westen nehmen, der dann innerhalb des Sakristeigebäudekomplexes an den Erdgeschoßzellen entlang führt. Damit bleibt der Innenhofbereich unberührt vom Kommen und Gehen der gerade nicht diensttuenden Priester, »ein bemerkenswertes Anliegen« (Maier), das eine gewisse Analogie in TR hat, vgl. Kol 36–38. Der Sakristeikomplex ist dreigeschossig, wobei die Zellen der beiden oberen Stockwerke sich um je 10 Ellen Gangbreite verjüngen. Die Zugänge befinden sich auf der Seite zum Außenhof hin (abgeschirmt durch die Abgrenzungsmauer). Zum Innenhof hin ist der Bau völlig abgeschlossen, für die 80 Ellen des *binjān* sowieso, vermutlich auch für die 20 Ellen der *gizrā*. Die für den Laien etwas verwirrende Baubeschreibung verfolgt konsequent ein theologisches Anliegen, das im deutenden Wort [13f] sichtbar wird. Die Gebäude liegen im Heiligkeitsbereich. Daraus ergeben sich die Anweisungen über das Verhalten der Priester und über die Opfer (s. u. 45[10–17]). Die Priesteranteile dürfen unter keinen Umständen aus dem heiligen Bereich gebracht werden. Zur Kleiderordnung s. 44[19].
Wir stoßen in diesem Abschnitt auf eine ausgeprägte Heiligkeitsvorstellung, die der älteren Überlieferung

Die Maße des Tempelbezirks: 42^15–20

15 Als er den inneren Tempelbezirk vermessen hatte, führte er mich
zum Osttor hinaus und vermaß den ganzen Tempelbezirk ringsum.
16 Er maß mit seiner Meßlatte die Ostseite – fünfhundert Ellen (mit
der Meßlatte). Dann wandte er sich (der Nordseite zu) 17 und maß
mit der Meßlatte die Nordseite – fünfhundert Ellen. Dann wandte er
sich 18 der Südseite zu und maß mit der Meßlatte wieder fünfhundert
Ellen. 19 Dann wandte er sich der Westseite zu und maß mit der Meß-
latte wieder fünfhundert Ellen. 20 Nach allen vier Windrichtungen

42^16f Dann wandte er sich: Text korr. nach G.

40^44–46 noch fremd ist. Hier melden sich Priesterkreise zu Wort, deren ganze Sorge sich auf eine scharfe Trennung von Heiligem und Profanem, von Priestern und Laien konzentriert. Die besorgte Absperrung des Heiligen zum Schutz vor Entweihung (vgl. Kap. 8) birgt allerdings die Gefahr in sich, zu verkennen, daß »der Heilige« andere Ziele verfolgt, daß er sich vielmehr dort als heilig erweist, wo er sich der kranken Umwelt (47^1ff) zuwendet.

42^15–20 Der kleine Abschnitt bildet den Abschluß der Grundschicht. Die Führungsaussage wird den Maßangaben vorangestellt. In der Nennung des Meßinstruments kehrt der Abschluß zum Anfang der Beschreibung zurück. Jetzt gilt es nur noch, die Außenlänge des Tempelbezirks zu ermitteln. Es ist ein Quadrat von 500 × 500 Ellen. Die Außenmauer hat die Funktion, den heiligen Bereich zu markieren. Eine weitere Differenzierung der Heiligkeitsbezirke ist der Grundschicht fremd. Einzig das »Allerheiligste« im Innersten des Tempels ist als Ort der Gegenwart Jahwes besonders herausgehoben.

Was ist das Neue an diesem neuen Tempelentwurf? Zunächst dies: Der Prophet Ezechiel schaut auf dem endzeitlich überhöhten Berg Zion »etwas wie eine Stadt«. Sie ist das Heiligtum Jahwes, der Tempel Gottes unter den Menschen. Diese vage Angabe hat seine Schüler inspiriert, einen Plan der neuen Wohnstatt Gottes inmitten seines Volkes zu entwerfen. Er ist von vollendeter Proportion und Harmonie (Abb. 1, S. 267). Deutlich tritt das Bild einer imponierenden Tempelanlage hervor: Sie ist in drei übereinanderliegenden Terrassen aufgebaut. Auf der obersten liegt das Gotteshaus, dessen beherrschende Lage den Blick auf sich lenkt. In strenger Konzentration strebt alles auf das Wesentliche zu, das Allerheiligste, das Gottes Gegenwart verbürgt. Da diese sich aber in ganz neuer Wirklichkeit ereignet, sind Symbole seiner Gegenwart unnötig und haben ausgedient. Die schmucklos nüchterne Darstellung trägt dem Anliegen des Propheten Rechnung, der allein auf die reinigende Kraft Gottes setzt. Deshalb ist natürlich im Unterschied zum alten Tempel (1 Kön 6f) seine Einbeziehung in die Palastanlagen eines irdischen Herrschers undenkbar, deshalb fehlen Seitenkapellen für irgendwelche Schutzhelfer, werden die wichtigsten Kultsymbole nicht erwähnt. Die gewaltigen Tore stehen weit offen für jeden, der zu Jahwe hinaufsteigen will, um sein Angesicht

vermaß er den Tempelbezirk: Der Tempelbezirk hatte ringsum eine Mauer, fünfhundert Ellen in der Länge und fünfhundert Ellen in der Breite; sie sollte das Heilige vom Unheiligen trennen.

Der Einzug des Herrn in den Tempel: 43^{1-12}

43^{1} Dann führte er mich zu einem der Tore, dem Tor, das im Osten
1^{28} lag. ^{2} Da sah ich, wie die Herrlichkeit des Gottes Israels aus dem
Osten herankam. Ihr Rauschen war wie das Rauschen gewaltiger
Offb 1^{15} Wassermassen, und die Erde leuchtete auf von seiner Herrlichkeit.
^{3} Die Erscheinung, die ich sah, war wie die Erscheinung, die ich da-

43^{1} Einem der Tore: das zweite *ša'ar* ist mit G, Vg, S als Dittographie zu streichen.

zu schauen. Von besonderen Heiligkeitszonen, das Debir ausgenommen, die dem gläubigen Menschen den Weg versperren, weiß der Entwurf nichts; denn Jahwe heiligt sein Volk durch seine Gegenwart.

Ein so kühner Entwurf, der gewiß die Billigung des Propheten hätte finden können, war natürlich für weite Kreise der Exulanten, insbesondere der Priesterschaft, untragbar. Ein Tempel ohne nach diversen Priesterklassen und strenger Trennung von Amtsträgern und Volk vollzogenen Kult, war für sie undenkbar. So haben spätere Hände eingegriffen, um ihre besonderen Anliegen und Interessen zur Geltung zu bringen. Daß dies in 40–42 in solchem Umfang geschah und auch in 43–48 zu beobachten sein wird, ist aus der Bedeutung der Schlußvision für alle, die auf einen Neubeginn hofften und ihn danach tun mußten, ohne weiteres verständlich. Das alles mag durchaus von echter Sorge und guter Absicht getragen worden sein, zeigt aber die Dringlichkeit und Aktualität der vom Propheten unermüdlich geforderten Umkehr zur neuen Gotteserkenntnis.

$43^{1-11(12)}$ Die seit 40^{1f} erwartete »göttliche Schauung«, das Widerfahrnis unmittelbarer Gottesbegegnung wird Ereignis. Der Abschnitt berichtet vom Einzug der Herrlichkeit Jahwes in sein Heiligtum. Der Text ist nicht aus einem Guß. ^{1} schließt die Vision mit der Führungsformel an die Tempelbeschreibung redaktionell an. In ^{2} steht »die Herrlichkeit des Gottes Israels« in Spannung zur »Herrlichkeit Jahwes« in ^{4f}. In 8–11 steht die »Herrlichkeit des Gottes Israels« in den Erweiterungsstücken (8^{4} 9^{3} 10^{19b} 11^{22}), während die »Herrlichkeit Jahwes« im Grundtext gebraucht wird ($10^{4a.b.12a}$ 11^{23}). $^{2a\alpha}$ stammt wörtlich aus dem sekundären 1^{24}, der von der Interpolation 3^{12f} abhängt. In ^{3a} sind die beiden Rückverweise auf die Erscheinung der Herrlichkeit Jahwes in 1 und 10 zweifellos redaktionell, vgl. 3^{13} 8^{4} $10^{20.22}$. Der ganze Abschnitt $^{1-3}$ dürfte redaktionelle Über- und Einleitung zur eigentlichen Vision sein. Diese beginnt in ^{4} und findet in der Klimax des Jahwewortes ^{7a} ihren Abschluß. ^{7b} setzt zwar formal die Jahwerede fort, aber der Textzusammenhang $^{7b-9}$ steht inhaltlich im Widerspruch zu $^{4-7a}$. $^{10-12}$ bilden eine Einheit für sich. Abteilung des Textes und Wortsinn sind unsicher. Es dürfte sich um den Abschluß der

mals sah, als er kam, um die Stadt zu vernichten, und wie die Erschei- Kap. 8–11
nung, die ich am Fluß Kebar gesehen hatte. Da fiel ich nieder auf 1[3]
mein Gesicht. [4] Und die Herrlichkeit des Herrn zog in den Tempel Ex 40[34]
ein durch das Tor, das im Osten lag. 1 Kön 8[10f]
[5] Der Geist hob mich empor und brachte mich in den Innenhof. Und
die Herrlichkeit des Herrn erfüllte den Tempel. [6] Dann hörte ich vom
Tempel her, während der Mann neben mir stand, einen, der mit mir
redete; [7] er sagte zu mir: Menschensohn, das ist der Ort, wo mein
Thron steht, und der Ort, wo meine Füße ruhen; hier will ich für im- Ps 132[7f]
mer mitten unter den Israeliten wohnen. Das Haus Israel aber und Klgl 2[1]
seine Könige sollen meinen heiligen Namen nie mehr beflecken mit 37[26f]
ihrer Unzucht und mit den Leichen ihrer Könige [wenn sie tot sind].
[8] Sie legten ihre Schwelle neben meine Schwelle und setzten ihre

43[3] Als er kam: Text korr. nach einigen H-Handschriften und Vg; H: »als ich kam«.

43[4] Tempel: H: *habbājit*, vgl. Mi 3[12] Hag 1[8].

43[6] Während der Mann neben mir stand: Glosse, vgl. [1].

43[7] Israeliten: statt *bᵉnē* ist mit G *bēt* zu lesen. – Leichen, wörtlich: »Denksteine«; G hat H: *bᵉpigrē malkēhæm* nicht verstanden, eine Änderung in *'t hrgjhm* bzw. *b–hrgm* ist unnötig.

Tempelbeschreibung handeln, wobei [12] zugleich auf die nachfolgenden Anordnungen überleitet.

[4–7a] Nach der ekstatischen Entrückung des Propheten auf den Zion nördlich des neuen Heiligtums, das wie eine Stadt aussieht (40[1f]), darf er nun die Herrlichkeit Jahwes schauen, wie sie durch das Osttor, durch das sie 10[19] ausgezogen war, wieder Einzug hält. Vom Geist ergriffen wird der Prophet in den Innenhof gebracht, und er erlebt, daß die Herrlichkeit Jahwes »das Haus« erfüllt (vgl. Jes 6). Auf die Vision folgt die innervisionäre Audition. In seiner ehrfurchtsvoll zurückhaltenden Art (1[28b] u.ö.) formuliert Ezechiel, daß »jemand« zu ihm spricht. In der vertrauten Anrede spricht Jahwe den Propheten direkt an und erklärt feierlich »das Haus« zum Ort seiner Gegenwart. »Ort meines Thrones« und »Ort meiner Füße« weisen auf alte Traditionen hin, die einst mit der Lade verbunden waren (1 Sam 4[2] 2 Sam 6[2]). Aber schon Jer 3[16f] weitet die Ausdrücke aus und bezieht sie auf Jerusalem. Daß Ezechiel die Präsenz Jahwes an den Tempel binden will (Zimmerli), steht im Widerspruch zur Botschaft des Propheten und ist kaum wahrscheinlich. Deshalb besteht auch kein scharfer Gegensatz zu Jes 66[1]. Ezechiel kennt den Tempelentwurf seiner Schüler nicht. Vor allem liegt die Aussagespitze auf Jahwes ständiger Gegenwart inmitten seines Volkes, die er unbedingt zusagt. Es geht um die neue Gemeinschaft, die Jahwe mit seinem Volk eingeht.

Der Text [1–7a] hat in der Liturgie seinen Platz am Samstag der 20. Woche im Lesejahr 2.

[7b–9] Die enge Verbindung Jahwes mit dem neuen Tempel wird erst in der Erweiterung deutlich, die die Gottesrede erfahren hat. Sie setzt den Tempelplan voraus, der das Wand an

Türpfosten neben meine Türpfosten, so daß zwischen mir und ihnen nur eine Wand war. So befleckten sie meinen heiligen Namen durch die Greueltaten, die sie begingen, und ich mußte sie in meinem Zorn vernichten. [9] Jetzt aber sollen sie ihre Unzucht und die Leichen ihrer Könige von mir fernhalten, so daß ich für immer mitten unter ihnen wohnen kann.

[10] Du, Menschensohn, berichte dem Haus Israel über den Tempel, damit sie sich wegen ihrer bösen Taten schämen. Sie sollen den Entwurf des Tempels kennenlernen. [11] Wenn sie sich all dessen schämen, was sie getan haben, dann mach ihnen den Plan des Tempels bekannt, seine Einrichtung, seine Ausgänge und Eingänge und seinen ganzen Plan, alle ihn betreffenden Gesetze [meine ganzen Pläne] und alle ihn betreffenden Anweisungen. Zeichne alles vor ihren Augen auf! Sie sollen darauf achten, daß sie seinen ganzen Plan ausführen und alle ihn betreffenden Gesetze befolgen.

43[9] Und die Denksteine (vgl. [7]) ihrer Könige: aus [7b] eingedrungen und zu streichen.

43[10] Sie sollen … kennen lernen, andere Übersetzung: »seine Maße und seinen Bauplan«; statt *umādᵉdū* lies *ummiddōtāu* und statt *'et–toknīt* mit G *w–tabnītō.*

43[11] Und seinen ganzen Plan, andere Übersetzung: »und alle ihn betreffenden Weisungen«; statt *ṣūrōtāu* (»seine Gestalten«) lies mit G *tōrōtāu.* – Alle ihn betreffenden Gesetze und alle ihn betreffenden Anweisungen: verbessernde Stichwortglosse.

Wand von Tempel und Palast ausschließt [8]. Auch das »Fernhalten« der Buhlerei spielt darauf an [9]. Wichtiger ist aber, daß die klare und unbedingte Verheißung der Gegenwart Jahwes inmitten seines Volkes schwerfällig und stilistisch überladen von Bedingungen abhängig gemacht wird. Das steht in direktem Widerspruch zu [7a]. Das gilt gleichermaßen, ob man die zweideutigen Verbformen [7b.9a] jussivisch oder futurisch übersetzt. Im ersten Fall drücken sie Zurechtweisung eines für die Sünde anfälligen Volkes aus, richten sich also nicht an das Volk mit verwandeltem Herzen der neuen Heilszeit, im zweiten Fall setzen sie eine Bedingung, von der Jahwes Verbleiben im Heiligtum abhängt.

10–12 Der kleine Abschnitt ist der Schluß der Tempelbeschreibung. Er nimmt den Verkündigungsauftrag von 40[4] auf und verstärkt ihn. War es dort der Mann, der zur Verkündigung aufforderte, so wird dieser Auftrag jetzt Jahwe selbst in den Mund gelegt als Ausdruck seines göttlichen Willens – eine ständige Gefahr und Versuchung des Menschen, seinen eigenen Vorstellungen und den daraus abgeleiteten Handlungsanweisungen göttliche Autorität zu verleihen. [11] setzt offenbar die späteren Erweiterungen voraus. Denn von Gesetzen und Anweisungen war in der Grundschicht der Beschreibung keine Rede. Dort gab es nur eine Tora: 42[20] erklärt das ganze Tempelareal für heilig. Der heilige Außenhof mit der das Heilige vom Profanen scheidenden Außenmauer-

12 Das ist meine Anweisung für den Tempelbezirk. Das ganze Gebiet
auf dem Gipfel des Berges ringsum ist hochheiliger Boden. [Siehe,
das ist die Anweisung für den Tempelbezirk.]

Der Altar im Innenhof und die Altarweihe: 43$^{13-27}$

13 Das waren die Maße des Altars, gemessen in Ellen, die Elle zu ei- Ex 27$^{1-8}$
ner gewöhnlichen Elle und einer Handbreit gerechnet: Der Graben 1 Kön 8^{64}
(um den Altar) war eine Elle tief und eine Elle breit, und die gemau-
erte Einfassung an seinem Rand war eine Spanne breit. Die Höhe des
Altars maß: 14 vom Boden des Grabens bis zur unteren Stufe zwei El-
len; die Stufe war eine Elle breit; auf diese niedrige Stufe folgte eine
höhere Stufe von vier Ellen, die oben wieder eine Elle zurücksprang.
15 Der (darauf folgende) Opferherd war vier Ellen hoch, und an dem
Opferherd ragten vier Hörner empor. 16 Der Opferherd hatte eine
Länge von zwölf Ellen und eine Breite von zwölf Ellen; er war qua-
dratisch. 17 Auch die (mittlere) Stufe war quadratisch, vierzehn Ellen
lang und vierzehn Ellen breit. Rings um die untere Stufe lief eine ge-

43^{12} [ ]:Die emphatische Wiederholung fehlt in G, ist aber, da beabsichtigt, beizubehalten, vgl. das verstärkende *hinnē*.
43^{14} Die oben ... zurücksprang: H wörtlich: »und die Breite eine Elle«.
43^{17} Text ergänzt; vermutlich ist ein Satz ausgefallen.

umbauung ist die wichtigste Neuerung im Tempelplan 40–42. ^{12} nimmt diesen Gedanken auf und verkündet dies feierlich als Tora Jahwes. $^{10-11}$ verfolgen eine andere Absicht. Der Hinweis auf die bösen Taten Israels, die Aufforderung, sich dessen zu schämen und der Verweis auf Gesetze und Weisungen entstammen Priesterkreisen, die eine scharfe Trennung zwischen Amtsträgern und Volk ziehen und sich auf diese Weise die alleinige Zuständigkeit im Tempel sichern wollen.
43$^{13-27}$ Der Text behandelt den Brandopferaltar (Abb. 4, S. 270). Er zerfällt in zwei formal und inhaltlich verschiedene Teile. Mit neutraler Überschrift und ohne Kontextanbindung bieten $^{13-17}$ eine Beschreibung des Altares samt den Maßangaben. $^{18-27}$ enthält, als Jahwe-Rede stilisiert, das Ritual der Altarweihe.

$^{13-17}$ Sachlich gehört das Stück nach 40^{47}, wo der Altar beiläufig erwähnt wird. Daß es dort nicht eingeschoben wurde, zeigt, daß es sich um einen späten Nachtrag handelt, der in die (erweiterte) Tempelbeschreibung nicht mehr eingefügt werden konnte. An der in sich verständlichen Beschreibung fällt auf, daß sie auf Ex 20^{25f} keine Rücksicht nimmt, wonach zum Altarbau nur unbehauene Steine verwendet werden durften und ein Stufenaufgang nicht vorgesehen war. Vermutlich ist das schon beim salomonischen Altar nicht beachtet worden (vgl. 1 Kön 8^{69} 2 Chr 4^{1}). Nach 1 Kön 16^{10ff} läßt Ahas zusätzlich nach einer assyrischen Kopie einen neuen großen Altar errichten. Die Beschreibung $^{13-17}$ orientiert sich wohl am Vorbild des babylonischen Stufenturmes (Abb. 5, S. 270). Erst 1 Makk 4^{47} berichtet von der Errich-

mauerte Einfassung von einer halben Elle (Höhe). Der Graben, der
sie umgab, maß ringsum eine Elle. Im Osten führte eine Treppe zum
Altar hinauf.
18 Dann sagte er zu mir: Menschensohn, so spricht Gott, der Herr:
Ex 29^{36f} Das sind die Gesetze für den Tag, an dem der Altar fertiggestellt
wird, damit man Brandopfer auf ihm darbringen und Blut auf ihn
sprengen kann: 19 Du sollst den levitischen Priestern, den Nachkom-
40^{46} 44^{15} men Zadoks, die vor mich hintreten dürfen, um mir zu dienen –
Spruch Gottes, des Herrn –, einen jungen Stier zum Sündopfer ge-
ben. 20 Dann sollst du etwas von seinem Blut nehmen und es auf die
vier Hörner und auf die vier Ecken der (mittleren) Stufe sowie
ringsum auf die gemauerte Einfassung tun. So sollst du den Altar ent-
sündigen und entsühnen. 21 Dann sollst du den Stier des Sündopfers
nehmen, und man soll ihn auf dem dafür vorgesehenen Platz beim
Tempel außerhalb des Heiligtums verbrennen. 22 Am zweiten Tag
sollst du einen Ziegenbock, der ohne Fehler ist, als Sündopfer dar-
bringen, und man soll den Altar damit entsündigen, wie man ihn mit
dem Stier entsündigt hat.
23 Wenn du die Entsündigung vollzogen hast, sollst du einen jungen
Stier, der ohne Fehler ist, sowie einen Widder aus der Herde, der
ohne Fehler ist, darbringen. 24 Du sollst beide vor den Herrn bringen,
und die Priester sollen sie mit Salz bestreuen und dem Herrn als
Brandopfer darbringen. 25 Sieben Tage lang sollst du täglich einen
Bock als Sündopfer darbringen, und man soll (täglich) einen jungen

43^{20} Und entsühnen: fehlt in G; wohl Zusatz.

43^{21} Dem dafür vorgesehenen Platz: *mipqad* ist unerklärt (Nah 3^{31} nennt ein *mipqad*-Stadttor), vielleicht eine bestimmte Brandstätte in der Nähe des Tores.

43^{25} Sieben: aus ^{26} verschrieben und in »sechs« zu ändern, da das genannte Sündopfer nur an 6 Tagen dargebracht werden kann.

tung eines Altars im Sinne des alten Gesetzes.

$^{18-27}$ Der komplizierte Einweihungsritus des Altars ist in dieser Form ohne Parallele (vgl. Ex 29^{36f} 40^{10} Lev $8^{10f.15}$). Er ist durch Botenformel und Gottesspruchformel als Jahwerede stilisiert und dem Propheten in den Mund gelegt. $^{18-27}$ setzen $^{13-17}$ voraus, schließen aber stilistisch an $^{10-12}$ an. Auffällig ist, daß die Anrede Menschensohn durch den Mann erfolgt, der den Propheten führt, und daß nach der Botenformel nicht gleich die Jahwerede folgt, sondern eine erneute Überschrift: »Das sind die Gesetze...« Nimmt man den Wechsel zur 3. Pl. ab ^{25bff} hinzu, der sich nur auf die Priester beziehen kann, spricht einiges dafür, daß es sich ursprünglich um ein selbständiges Sühneritual handelt, das mit ^{18f} notdürftig in die Tempelvision eingebaut wurde. Mit nachgestellter Gottesspruchformel wird nochmals die privilegierte Stellung der Söhne Zadoks im Priesteramt hervorgehoben (40^{46} 44^{4ff}). Nach dem jetzigen Kon-

Stier und einen Widder aus der Herde – Tiere ohne Fehler – darbrin-
gen. ^{26} Sieben Tage lang soll man den Altar entsühnen, rein machen
und einweihen. ^{27} Man soll diese Tage genau einhalten. Vom achten
Tag an sollen dann die Priester auf dem Altar eure Brand- und Heils-
opfer darbringen. Dann will ich euch gnädig sein – Spruch Gottes,
des Herrn.

Das verschlossene Tor: 44^{1-3}

44^{1} Dann führte er mich zum äußeren Osttor des Heiligtums zurück.
Es war geschlossen. ^{2} Da sagte der Herr zu mir: Dieses Tor soll ge- Ps 24^{7}
schlossen bleiben, es soll nie geöffnet werden, niemand darf hin-
durchgehen; denn der Herr, der Gott Israels, ist durch dieses Tor ein-
gezogen; deshalb bleibt es geschlossen. ^{3} Nur der Fürst darf, weil er 46^{2}
der Fürst ist, sich dort niedersetzen, um vor den Augen des Herrn die
Opfermahlzeit abzuhalten. Dabei soll er von der Vorhalle des Tores
aus eintreten und auf dem gleichen Weg wieder hinausgehen.

44^{2a} Der Herr: ist als Glosse zu streichen, Subjekt ist der Mann, da ^{2b} von Jahwe in der 3. Person die Rede ist.

44^{3} Nur der Fürst..., weil er der Fürst ist: Die Änderung von *'ēt* in *'ak* (»nur«) ist unzulässig; artikelloses *nāśī'* ist vermutlich Dittographie, Übersetzung: »Der Fürst, er soll sich dort niederlassen«.

text soll der Prophet selbst das Ritual vollziehen. Das entspricht der Stellung, die Mose in Ex 29^{31ff} beim Einweihungsopfer für die Priester zugeschrieben wird.

44^{1}–46^{18} Der große Abschnitt enthält die Hauptmasse des neuen Tempelgesetzes. Er weist durch zahlreiche Gliederungselemente von Botenformeln ($44^{6.9}$ 45^{9} $46^{1.16}$) und Gottesspruchformeln ($44^{12.15.27}$ $45^{9.15}$) eine gewisse formale Geschlossenheit auf, vereint in sich aber sehr verschiedenartiges Material.

44^{1-3} Die kleine Einheit, deren Textgrenzen ohne Schwierigkeit zu erkennen sind, hat eine doppelte Funktion. Sie setzt einen Schlußstrich unter den neuen Tempelplan und bindet durch Vorgriff auf 46^{1-12} die Gesetzessammlung 44^{4}–46^{18} an 40–43^{27} an. Sie bildet ein redaktionelles Gelenkstück. Die Führungsformel greift auf 43^{1} und ^{5} zurück. Der Mann führt den Propheten auf die Innenseite des Osttores. Das Tor ist verschlossen. Der Mann, nicht Jahwe, gibt dafür die Erklärung. Sie ist wenig plausibel. Die besondere Heiligkeit des Tores – Jahwe habe durch es Einzug gehalten – gilt gleichermaßen für das innere Osttor. 46^{1-12} ist vom Schließen und Öffnen des inneren Osttores die Rede. In diesem Zusammenhang wird auch der Fürst erwähnt, während die Bemerkung in 44^{3} recht gezwungen erscheint. Die Vorschrift 46^{8} wird fast wörtlich in 44^{3} zitiert. Das verdichtet den Verdacht, daß ein Redaktor in 46 die Erwähnung des äußeren Osttores und seiner besonderen Heiligkeit vermißte und in 44^{1-3} ergänzte. Dabei verlegte er das Kultgeschehen vom inneren an das äußere Osttor und machte aus einer zeitweisen Schließung eine endgültige. In Verbindung mit dem genannten Grund

Die Vorschriften für den Kult und die Verteilung des Landes: 44^{4}–48^{35}

Die Leviten und Priester: 44^{4-31}

4 Dann führte er mich zum Nordtor, zur Vorderseite des Tempels.
Ich sah: Die Herrlichkeit des Herrn erfüllte den Tempel des Herrn.
Und ich fiel nieder auf mein Gesicht. 5 Der Herr sagte zu mir: Men-
schensohn, gib acht, öffne deine Augen und deine Ohren, und hör
auf alles, was ich zu dir sage, vernimm alle Gesetze und Anweisungen
über den Tempel des Herrn! Achte an allen Eingängen des Heilig-
tums darauf, wer den Tempel betritt. 6 Sag zu dem widerspenstigen
Haus Israel: So spricht Gott, der Herr: Hört endlich auf mit all euren
Jes 52^{1} Greueltaten, ihr vom Haus Israel! 7 Fremde, die unbeschnitten sind
Jer 9^{25} am Herzen und unbeschnitten am Körper, sie habt ihr eintreten las-
sen, sie waren in meinem Heiligtum und haben meinen Tempel ent-
weiht, wenn ihr mir meine Opferspeise, Fett und Blut, dargebracht
habt. So habt ihr mit all euren Greueltaten meinen Bund gebrochen.
8 Ihr wolltet den Dienst in meinem Heiligtum nicht verrichten, son-
dern ihr habt sie an eurer Stelle den Dienst in meinem Heiligtum ver-
richten lassen.

44^{5} Der Herr: ist als Glosse zu streichen, vgl. ^{2a}. – Achte ... betritt, andere Übersetzung: »gib acht, wie man den Tempel jedesmal betreten und jedesmal wieder verlassen soll«; statt *limᵉbō* lies *lᵉkol mᵉbōʾ* (Haplographie von *bk* des vorausgehenden *libbᵉkā*), statt *môṣāʾē* lies *môṣāʾ*.

ist diese theologische Konzeption höchst problematisch. Jahwe wird den Tempel nicht mehr (wie in 10^{19}) verlassen. Ihm ist der Rückweg buchstäblich verbaut.
Das verschlossene Tor, durch das nur der Herr selbst einzieht, ist von den christlichen Vätern und der Liturgie auf die Jungfräulichkeit Marias typologisch gedeutet worden.
$^{4-5}$ bilden die eigentliche Einleitung zur folgenden Gesetzessammlung. In ihrer formalen Gestaltung bietet sie in ^{4} eine verkürzte und stark geraffte Kopie von 43^{1-6} und in ^{5} eine prägnante Zusammenfassung der nachfolgenden Gesetze und Anweisungen. Die Verknüpfung beider Aspekte macht ein wichtiges theologisches Anliegen deutlich: Das Folgende steht ganz unter der vollen Autorität der direkten Willenskundgabe Jahwes vom Zentrum seiner göttlichen Gegenwart her.
$^{6-31}$ bilden eine thematische Einheit, die den Dienst am neuen Tempel regelt. Nach ihrer formalen Struktur gliedert sie sich in drei Abschnitte: $^{6-9.10-16.17-31}$.
$^{6-9}$ Auf den einleitenden Redeauftrag und die Botenformel ^{6a} folgt in $^{6b-8}$ eine Scheltrede an das Haus Israel, das im Redeauftrag in Aufnahme einer Formulierung Ezechiels als »Haus Widerspenstigkeit« bezeichnet wird. Sie hält ihm alte Greuel und Bundesbruch vor, weil es Fremde zum Dienst am Heiligtum zugelassen hat. Die Rede von der Unbeschnittenheit an Fleisch und

[9] So spricht Gott, der Herr: Kein Fremder, der unbeschnitten ist am
Herzen und unbeschnitten am Körper, darf mein Heiligtum betreten,
keiner von all den Fremden, die bei den Israeliten leben, [10] sondern
nur die Leviten. Doch weil sie mich verlassen haben, als Israel in die
Irre ging, und weil sie statt mir ihren Götzen gefolgt sind, müssen sie
die Folgen ihrer Schuld tragen: [11] Sie dürfen in meinem Heiligtum
nur Wächter an den Tempeltoren und Tempeldiener sein; sie dürfen
(die Tiere für) das Brandopfer und das Schlachtopfer des Volkes
schlachten und sollen vor den Leuten bereitstehen, um ihnen zu die-
nen. [12] Weil sie ihnen bei ihrem Götzendienst geholfen haben und für
das Haus Israel der Anlaß wurden, in Schuld zu fallen, darum habe
ich meine Hand gegen sie erhoben – Spruch Gottes, des Herrn –; sie
müssen die Folgen ihrer Schuld tragen. [13] Sie dürfen nicht mehr vor
mich hintreten, um mir als Priester zu dienen und alle meine heiligen
Geräte und hochheiligen Opfer zu berühren. Sie müssen ihre
Schande und die Folgen der Greueltaten tragen, die sie begangen ha-
ben. [14] Ich setze sie als Tempeldiener ein, damit sie alles erledigen,
was im Tempel zu tun ist. [15] Die levitischen Priester, die Nachkom- 40^{46}
men Zadoks, die mir in meinem Heiligtum treu gedient haben, als die
Israeliten mich verließen und in die Irre gingen, sie sollen vor mich
hintreten und mir dienen, sie sollen vor mir stehen, um mir Fett und

Herz drückt eine »Spiritualisierung« (Hermisson) der Beschneidung aus, insofern mit dem rituellen Vollzug die Reinheit des Herzens gepaart sein muß (vgl. Jer 4^{4} 9^{25} Dtn 10^{16} 30^{6}). Die pauschale Verengung auf die Fremden steht im Widerspruch zur Botschaft Ezechiels (3^{6} u.a.). Auf die Scheltrede folgt, mit der Botenformel eingeleitet, in ^{9} ein sakralrechtliches Verbot, das die Formulierung von ^{7} aufnimmt, vgl. Dtn 23^{2-4}. $^{10-16}$ Auf das Verbot folgt die positive Regelung der Tempeldienste. In Zukunft dürfen nur Leviten den Tempeldienst versehen. Dabei weisen $^{10-14}$ den Leviten (im engeren Sinn) als Strafe die niedrigen Dienste im Tempel zu, wie den Wachdienst und die Schlachtung der Opfertiere. Ihr Vergehen besteht darin, daß sie im (alten) Tempel vor den Götzen für das Volk kultische Dienste verrichtet haben und so zum Anlaß seiner Verschuldung geworden sind ^{12a}. Der Strafansage gegenüber den Leviten folgt in $^{15-16}$ im Kontrast eine begründete Lebenszusage an die Söhne Zadoks. Wegen ihrer ungebrochenen Treue (vgl. aber 7^{26} 22^{26}!) dürfen sie allein den Opferdienst vor Jahwe verrichten.

Die scharfe Trennung von Priestern und Leviten sowie ihrer Dienste hat eine lange und komplizierte Geschichte. Stark vereinfacht wird man in den Priestern die Nachfahren der alten angestammten Jerusalemer Priesterschaft sehen dürfen, während die Leviten, deren Ursprung und Geschichte nicht hinreichend geklärt ist, zumindest teilweise die degradierten Nachkommen der durch die Auflösung der alten Landheiligtümer (Bet-El, Sichem, Dan, Gilgal, Beerscheba, u.a.) arbeitslos gewordenen Priesterschaft sind.

Zwar versucht Dtn 18^{6ff} allen Priestern gleiche Rechte zu sichern und spricht unterschiedlos von Leviten

Blut darzubringen – Spruch Gottes, des Herrn. [16] Sie dürfen in mein
Heiligtum kommen und an meinen Tisch herantreten, um mir zu die-
nen; sie sollen meinen Dienst verrichten.
[17] Wenn sie durch die Tore des Innenhofs hineingehen, sollen sie Lei-
nengewänder tragen. Sie dürfen nichts Wollenes tragen, wenn sie in
den Toren des Innenhofs und im Tempel Dienst tun. [18] Sie sollen ei-
Lev 6^{3f} 16^{4} nen Kopfbund aus Leinen aufsetzen und leinene Hosen anziehen; sie
sollen keine Kleider tragen, in denen man schwitzt. [19] Wenn sie in
den Vorhof zum Volk hinausgehen, sollen sie die Leinengewänder
ausziehen, in denen sie Dienst getan haben; sie sollen sie in die heili-
46^{20} gen Räume legen und andere Kleider anziehen, damit sie das Volk
nicht durch ihre Leinengewänder heilig machen.
Lev 21^{5} 19^{27} [20] Sie sollen weder ihren Kopf kahlscheren, noch ihre Haare lang her-
abhängen lassen, sondern sie sollen ihr Haar kurz schneiden. [21] Ein
Lev 10^{9} Priester darf keinen Wein trinken, wenn er den Innenhof betreten
Lev $21^{7.13f}$ muß. [22] Die Priester dürfen keine Witwe und keine verstoßene Frau
heiraten, sondern nur Jungfrauen aus der Nachkommenschaft des
Hauses Israel. Eine Witwe aber, die mit einem Priester verheiratet
war, dürfen sie zur Frau nehmen.
22^{26} [23] Sie sollen mein Volk über den Unterschied zwischen heilig und
Lev 10^{10} nicht heilig belehren und ihnen den Unterschied zwischen unrein und
Dtn 17^{8f} rein deutlich machen. [24] Bei einem Rechtsstreit sind sie die Richter;
nach meinen Rechtsvorschriften sollen sie ihn entscheiden. An allen
meinen Festen sollen sie auf meine Weisungen und meine Gesetze
Lev 21^{1-4} achten, und sie sollen meine Sabbat-Tage heilig halten. [25] Einem To-

44^{18} Schweiß macht demnach wie andere Ausscheidungen (vgl. Dtn 23^{12-14}) unrein und kultunfähig.

als Priestern, aber die Entwicklung war nicht aufzuhalten (vgl. 2 Kön 29^{9}). $^{10-16}$ versucht die Trennung schuldätiologisch zu begründen, während die jüngeren Schichten von P und die Chronikbücher durch genealogische Kunstgriffe nachexilische Verhältnisse in die Mosezeit zurückprojizieren (Söhne Aarons sind eine levitische Familie und stellen die Priester, während Leviten alle übrigen des Stammes Levi sind, die nicht zur Familie Aarons gehören). Demgegenüber spricht Ez von den Söhnen Zadoks und hat darin eine richtige historische Reminiszenz bewahrt (vgl. 1 Kön 2^{35}).

$^{17-31}$ enthalten die Dienstordnung der bevorzugten Söhne Zadoks. Sie besteht aus zahlreichen Einzelanweisungen, die im wesentlichen mit der priesterlichen Gesetzgebung im Pentateuch übereinstimmen. Unterschiedliche Formung und Gestaltung einzelner Anweisungen lassen sowohl Übernahme geprägten Traditionsgutes als auch sukzessives Wachstum der Einheit erkennen, vgl. den Wechsel zum »Ich« der Jahwerede in ^{23f}; die Abgabebestimmung ^{30b} wechselt zum Sing., ^{31} ist nach Ex 22^{30} ein allgemeines Verbot, vgl. aber Lev 22^{8}. Die Tendenz zur Ausgrenzung der »Fremden«, die

ten sollen sie sich nicht nähern; denn sie werden dadurch unrein. Nur beim Tod von Vater und Mutter, Sohn und Tochter, Bruder und unverheirateter Schwester dürfen sie sich unrein machen; [26] wenn der Priester dann wieder rein geworden ist, soll er noch sieben Tage warten. [27] Wenn er danach wieder in den Innenhof des Heiligtums geht, um dort Dienst zu tun, dann soll er ein Sündopfer für sich darbringen – Spruch Gottes, des Herrn.
[28] Erbbesitz dürfen sie nicht haben; ich bin ihr Erbbesitz. Auch Eigen- Num 18^{20-24}
tum sollt ihr ihnen in Israel nicht geben; ich bin ihr Eigentum. [29] Sie Dtn 18^{1f}
dürfen das Speise-, Sünd- und Schuldopfer essen. Jede Gabe, die man Ex 25^{2}
in Israel Gott weiht, gehört ihnen. [30] Das Beste von allen Erstlingsop- Num 15^{20}
fern, all eure Abgaben, die ihr entrichten müßt, gehören den Prie- Neh 10^{38}
stern; auch das Beste von dem, was ihr backt, sollt ihr dem Priester
geben, damit ihr Segen über eure Häuser bringt. [31] Verendete und Lev 22^{8}
(von Raubtieren) zerrissene Vögel und Tiere dürfen die Priester nicht essen.

Die Aufteilung des Kerngebietes: 45^{1-8}

45^{1} Wenn ihr das Land durch das Los verteilt, sollt ihr ein Stück von 48^{8-20}
fünfundzwanzigtausend Ellen Länge und zwanzigtausend Ellen Breite als eine Abgabe für den Herrn zurückbehalten. Es soll in sei-

44^{27} Des Heiligtums, wörtlich: »in das Heiligtum«; fehlt in G und ist als Glosse zu streichen.
44^{28} Nicht (haben): Text korr. nach Vg.
45^{1} Zwanzigtausend: Text korr. nach G; H: »zehntausend«.

Trennung von Priestern und Leviten, die ausführliche Würdigung der Zadokiden und die spürbare Benachteiligung der Leviten sind der Verkündigung Ezechiels und der Grundschicht von P fremd. $^{4-31}$ setzen deutlich nachexilische Verhältnisse voraus, mit denen sich z. B. Jes 56^{3ff} auseinandersetzt.
45^{1-8} Nach altem Recht haben die Leviten in Israel keinen Erbbesitz. Jahwe ist ihr Erbteil, d. h. sie leben von den Opfergaben (Num 18^{20ff} 26^{62} Dtn 10^{9} 11^{12} $14^{27.29}$ 18^{1f} Jos $13^{14.33}$ 14^{3} 18^{7}). Nach 48^{8-22} erhalten sie aber Wohngebiete zugeteilt. Sie liegen im Gegensatz zu früher nicht mehr verstreut über das ganze Land (Num 35^{1-8} Jos 21^{1-40}), sondern rings um das Heiligtum. Diesen Widerspruch behebt der Verfasser dieses späten Nachtrags, indem er einen Auszug aus 47^{13}–48^{35} fertigt und zugleich Akzente setzt, die auf der Linie von $44^{6.16.28-30a}$ liegen und sie verschärft.
Zunächst wird das ganze Gebiet für Priester und Leviten als »Weihegabe für Jahwe« bezeichnet und entspricht somit der Opferregelung. Dann wird aber scharf der Qualitätsunterschied von Priester- und Levitenland akzentuiert. Der Priesterbezirk wird zum hochheiligen Gebiet erklärt. In seiner Mitte liegt der Tempel. Das Gebiet der Leviten liegt außerhalb dieses Bezirks und wird ihnen zum Eigentum gegeben. Damit ist ihr Land

nem ganzen Umfang heilig sein. [2] Davon gehört um den Tempel herum ein Quadrat von fünfhundert mal fünfhundert Ellen dem Heiligtum, dazu ringsum fünfzig Ellen unbestelltes Land. [3] Von diesem abgemessenen Stück Land sollt ihr wiederum ein Stück von fünfundzwanzigtausend Ellen Länge und zehntausend Ellen Breite abmessen, auf dem das hochheilige Heiligtum stehen soll. [4] Das ist das heilige Gebiet des Landes, und es soll den Priestern gehören, die den Dienst im Heiligtum verrichten und sich beim Gottesdienst dem Herrn nähern dürfen. Es ist der Platz für ihre Häuser und die Weidefläche für ihre Herden. [5] Das (übrige) Stück von fünfundzwanzigtausend Ellen Länge und zehntausend Ellen Breite soll den Leviten gehören, die den Tempeldienst verrichten. Es ist ihr Eigentum; dort können sie ihre Städte bauen und darin wohnen.

[6] Als Eigentum der Stadt sollt ihr ein (weiteres) Stück von fünftausend Ellen Breite und fünfundzwanzigtausend Ellen Länge abmessen, genauso lang wie die heilige Abgabe. Dieses Stück gehört dem ganzen Haus Israel. [7] Dem Fürsten soll auf beiden Seiten der heiligen Abgabe und des Eigentums der Stadt, im Westen und Osten, ein Gebiet gehören, das an die heilige Abgabe und das Eigentum der Stadt angrenzt und in der Länge einem der Stammesanteile von der Westgrenze bis zur Ostgrenze [8] des Landes entspricht. Es gehört dem Fürsten als Eigentum in Israel. Meine Fürsten werden mein Volk nicht mehr unterdrücken, sondern das Land dem Haus Israel und seinen Stämmen überlassen.

45[2] Zerreißt den Zusammenhang von [1.3] und ist jüngerer Zusatz, vgl. 45[15–20].
45[3f] Auf dem das hochheilige ... [4]... des Landes, wörtlich: »darauf steht das Heiligtum. Hochheiliger (Teil) [4] des Landes ist es«.
45[4] Die Weideflächen für ihre Herden: Text korr.; vgl. G und T; H: »ein Heiligtum zum Heiligtum«.

im Grunde profaniert und für sie der alte Grundsatz (44[8]) aufgehoben. Die Trennung zwischen Priestern und Leviten wird noch verschärft dadurch, daß die Leviten auch räumlich vom Heiligtum und von der Nähe zu Jahwe abgedrängt sind. Eine gefährliche Tendenz in der nachexilischen Priesterschaft wird hier sichtbar: Das freie Geschenk göttlicher Nähe wird zu einem vermeintlichen Anspruch einer bestimmten Gruppe degradiert. Die Erwähnung des Stadtgebiets als Gemeinbesitz für ganz Israel südlich des Priesterbezirks und die Besitzanteile des Fürsten [7.8a] münden in die zum Folgenden überleitende Mahnung an »meine Fürsten« [8b], sich nicht am Besitz der Stämme, geschweige am Heiligen Bezirk zu vergreifen. Dahinter stehen trübe Erfahrungen mit den Königen, die im anschließenden Abschnitt voll zur Sprache kommen.

[9–17] Ein deutliches Ressentiment gegenüber der Institution des Königtums spricht aus dem Abschnitt, der die Pflichten »der Fürsten« regelt. Er beginnt in [9] mit einem selbständigen Wort, das von Botenformel und Got-

Mahnung an die Fürsten: 45[9–17]

9 So spricht Gott, der Herr: Genug, ihr Fürsten Israels! Beseitigt Ge- Jer 21[11f]
walt und Unterdrückung! Sorgt für Recht und Gerechtigkeit! Hört 22[3f]
auf, mein Volk von seinem Grund und Boden zu vertreiben – Spruch Mi 3[1–3]
Gottes, des Herrn.
10 Verwendet richtige Waagen, richtiges Efa und richtiges Bat! Lev 19[35f]
11 Das
Efa und das Bat sollen das gleiche Maß haben; das Bat soll der zehnte Dtn 25[13–15]
Teil eines Hómer sein und ebenso das Efa der zehnte Teil eines Hó-
mer; nach dem Hómer sollen sich die anderen Maße richten.
12 Ein
Schekel soll bei euch zwanzig Gera entsprechen. Zehn Schekel sind
ein Fünftel einer Mine, fünf Schekel ein Zehntel; fünfzig Schekel sind
eine ganze Mine.
13 Folgende Abgaben sollt ihr erheben: von jedem Hómer Weizen ein
Sechstel Efa und ebenso von jedem Hómer Gerste ein Sechstel Efa;
14 und für das Öl gilt: von jedem Kor ein Zehntel Bat; das Bat ist das
Ölmaß; zehn Bat entsprechen einem Hómer, und zehn Bat entspre-
chen auch einem Kor;
15 ferner aus jeder Herde ein Schaf auf je zwei-
hundert Tiere vom Viehbesitz Israels. (Diese Abgabe ist) für die
Speise-, Brand- und Heilsopfer (bestimmt), die euch entsühnen sollen
– Spruch Gottes, des Herrn.
16 Das ganze Volk im Land hat diese Ab-

45[12] Fünfzig: Text korr. nach G; H: »fünf«.
45[14] Einem Kor: Text korr.
45[15] Von Viehbesitz: Text korr.

tesspruchformel gerahmt ist. Nach einem kurzen Scheltwort geht es über in die Mahnung, Recht und Gerechtigkeit aufzurichten. Formal ist das kleine Wort die Nachahmung einer priesterlichen Tora, wie sie von Am 5[14f] Jes 1[16f] her bekannt ist. Auffallend ist die pluralische Rede. Der Verfasser spricht nicht von »dem Fürsten«, schon gar nicht von »dem Davididen« der kommenden Heilszeit (34[23f] 37[22.24] 44[3] u. ö.), sondern im Gefälle von 19 von der Institution des Herrschers, die an den alten Fehlern krankt, aber in der Neuordnung irgendwo ihren Platz haben muß. [10–17] besteht aus drei ehemals selbständigen Einheiten: [10–12] Festsetzung des rechten Maßes, [13–15.16–17] Abgabeordnung. Die beiden letzten Abschnitte lassen Opfervorschriften erkennen, die ursprünglich an das Volk gerichtet waren und in [16f] erst sekundär auf den Herrscher (jetzt Sing.!) umgearbeitet worden sind.

In einer Zeit ohne staatliches Eichamt ist es eine wichtige Pflicht des Fürsten, auf rechtes Maß und Gewicht zu achten [10–12]. Zu leicht wird hier durch Manipulation und Betrug die zwischenmenschliche Gerechtigkeit zerstört, insbesondere wenn die Herrscher selbst zur eigenen Bereicherung durch ihre Abgabeneintreiber an solchen Machenschaften beteiligt sind (Am 8[5] Hos 12[8] Mi 6[10f]; vgl. Dtn 25[13ff] Lev 19[30f]). [13–15] regeln die Abgabe des Volkes. Sie fließt nicht in die Staatskasse, der Fürst hat ja seinen eigenen angemessenen Landanteil [7.8a], sie dient vielmehr dem Heiligtum zur Ermöglichung

gaben an den Fürsten von Israel zu entrichten. [17] Der Fürst aber hat an allen Feiertagen des Hauses Israel, an den Festen und an den Neumond- und Sabbat-Tagen für Brandopfer, Speiseopfer und Trankopfer zu sorgen. Er veranstaltet die Sünd-, Speise-, Brand- und Heilsopfer, die das Haus Israel entsühnen sollen.

Lev 1[3] 2[1] 3[1]

Die großen Feste: 45[18–25]

[18] So spricht Gott, der Herr: Am ersten Tag des ersten Monats sollst du einen jungen Stier nehmen, der ohne Fehler ist, und das Heiligtum entsündigen. [19] Der Priester nimmt etwas Blut von dem Sündopfer und bestreicht damit die Türpfosten des Tempels und die vier Ecken der (mittleren) Stufe des Altars und die Türpfosten des Tors zum Innenhof. [20] Dasselbe sollst du am siebten Tag des Monats tun für die, die sich aus Versehen oder aus Unwissenheit verfehlt haben. So sollt ihr den Tempel entsühnen.

Lev 5[17f]

der regelmäßigen Gemeindeopfer. [16.17] bringen dabei den Fürsten ins Spiel. Er soll eine Art Kirchenpfleger sein, der die Abgaben des Volkes entgegennimmt und für die Durchführung der Opfer sorgt, zu denen er auch selbst beizutragen hat. Das ist eine unerhörte Neubestimmung seiner Aufgabe in der neuen Tempelgemeinde. Für einen vorexilischen König war es selbstverständlich, den Tempel als seine Hofkapelle zu betrachten und durch Maßnahmen und Anweisungen aktiv in den Kult einzugreifen. Daran ist nicht mehr zu denken.

45[18]–46[15] Dieser Abschnitt des Kultgesetzes regelt die Feste und die ihnen zugeordneten Opfer. Er zeigt gewisse Verwandtschaft mit der Opfergesetzgebung in P, aber auch erhebliche Unterschiede. In die Fest- und Opferordnung ist in eigentümlicher Weise bereits durch die Einleitung [17b] der Fürst mit seinem Abgabenanteil hineinverwoben. Die Übernahme geprägten Gutes und die Neuformulierungen führen zu einer Unausgeglichenheit der ganzen Einheit.

45[18–20] Der ganzen Ordnung programmatisch vorangestellt ist eine Priestertora über die Entsündigung des Heiligtums. Das angeredete »Du« dürfte den Oberpriester meinen. [19] wechselt der Stil zur 3. Pers. der Schilderung, während der Wechsel zur 2. Pl. [20b] zum folgenden überleitet.

Das Ritual steht in großer Nähe zu 43[18ff], wo von der erstmaligen Entsündigung des Altars, d. h. von seiner Weihe die Rede war. Hier geht es jedoch um eine jährlich wiederkehrende Handlung, die am 1. und 7. des 1. Monats zu vollziehen ist. Die Entsündigung des Heiligtums vor den großen Festen zeigt die Konzentration des Kults auf die Beseitigung jeglicher Verunreinigung, durch die Gott dem Volk seine gnädige Zuwendung entziehen könnte, ein Bemühen, das durch die Erfahrung des Exils besonders stark in den Vordergrund tritt und den Charakter der Feste mitbestimmt.

[21–25] greifen auf [17b] zurück und nennen die großen Feste und die damit verbundenen Opfer, die jeweils identisch sind. Am 14. 1. soll Pascha ge-

[21] Am vierzehnten Tag des ersten Monats sollt ihr das Pascha feiern, Lev 23[5]
ein Fest von sieben Tagen. Da soll man ungesäuerte Brote essen.
[22] Der Fürst soll an diesem Tag für sich und für das ganze Volk im Lev 4[22]
Land einen Stier zum Sündopfer bereitstellen. [23] An den sieben Festta- Num 28[17–23]
gen soll er als Brandopfer für den Herrn sieben Stiere und sieben
Widder, die ohne Fehler sind, bereitstellen, und zwar an jedem der
sieben Tage, dazu täglich einen Ziegenbock als Sündopfer. [24] Für das
Speiseopfer soll er ein Efa Mehl je Stier und ein Efa Mehl je Widder
bereitstellen, dazu je Efa Mehl ein Hin Öl. [25] Genau dasselbe soll er Num 15[4–12]
sieben Tage lang mit dem Sünd-, Brand- und Speiseopfer und mit Lev 23[34]
dem Öl an dem Fest machen, das am fünfzehnten Tag des siebten Ex 23[14]
Monats beginnt.

Die Opfer: 46[1–15]

46[1] So spricht Gott, der Herr: Das Osttor des Innenhofs soll an den
sechs Werktagen geschlossen bleiben, nur am Sabbat und am Neu-
mondtag soll es geöffnet werden.

45[21] Text korr. nach den alten Übersetzungen.

feiert werden, wobei das Massot-Fest bereits in die Anordnung integriert ist (vgl. Num 18[7]). Das Wochenfest (Pfingstfest) wird entgegen den alten Bestimmungen Ex 23[14] 34[23f] Dtn 16[16] nicht erwähnt. Dagegen behält das Herbstfest, kurz »das Fest« genannt, seine Bedeutung.

Die Opfer, die der Fürst an diesen Tagen für sich und das Volk bereitstellen soll, stehen für den Verfasser im Vordergrund. Das Volk wird hier nicht »Haus Israel« [17b] genannt, sondern *'am hā-'āræṣ*, das hier wie Lev 4[27] die kultfähige Gemeinde bezeichnet und nicht mehr den grundbesitzenden Landadel (7[27] 12[19] 22[29] 33[2]). Ein Vergleich mit der jüngeren Kultordnung Num 18f zeigt, daß sich die abweichenden Bestimmungen von [21ff], insbesondere die Zahl der Feste und die Termine, in der Folge nicht durchgesetzt haben.

46[1–15] Die Botenformeln in [1] und [16] begrenzen die Einheit. Sie ist nicht aus einem Guß. In [1–12] liegt unpersönlicher Anweisungsstil in der 3. Pers. vor, der in [13] zur 2. Pers. wechselt, um in [15] in die 3. Pl. überzugehen. Auch inhaltlich sind [1–12.13–14.15] verschieden.

In [1–12] sind Opferanweisungen [4–7.11] und Torordnungen [1–3.8–10.12] miteinander verschmolzen. Danach dürfen Fürst und Volk den Innenhof des Tempels jederzeit betreten, der schon immer der Kult- und Betort des Volkes war. Sie betreten ihn durch das Nord- bzw. Südtor [9f], da das Osttor zumeist verschlossen ist und nur am Sabbat und zu bestimmten Anlässen geöffnet wird. Dann darf der Fürst, der ansonsten einfaches Glied der Kultgemeinde ist, durch die Vorhalle des Osttores eintreten bis zur Schwelle des Tores. Von hier aus sieht er den Altar und die Vorderseite des Tempels, steht er »vor Jahwe«. An diesen Tagen darf auch das Volk Jahwes von dort aus, d.h. vom Eingang zur Vorhalle des Tores aus, anbetend sich vor ihm niederwerfen. Der Grund für die Schließung des Osttores und des

44^{3} 2 Der Fürst soll von außen her durch die Vorhalle den Torbau betre-
ten und sich an den Torpfosten stellen. Dann sollen die Priester sein
Brand- und Heilsopfer darbringen, er aber soll sich an der Schwelle
des Tors niederwerfen und wieder hinausgehen. Das Tor soll erst am
Abend geschlossen werden. 3 Die Bürger des Landes sollen sich an
den Sabbat- und Neumond-Tagen am Eingang dieses Tors ebenfalls
vor dem Herrn niederwerfen. 4 Das Brandopfer, das der Fürst dem
Num 28^{9f} Herrn darbringen läßt, soll am Sabbat-Tag aus sechs Lämmern und
einem Widder bestehen, die ohne Fehler sind. 5 Zu dem Widder ge-
hört ein Speiseopfer von einem Efa Mehl, zu den Lämmern ein Spei-
seopfer, dessen Menge er selbst bestimmen kann, dazu ein Hin Öl je
Efa Mehl. 6 Am Neumond-Tag sollen es ein junger Stier, sechs Läm-
mer und ein Widder sein, die alle ohne Fehler sind. 7 Zu dem Stier
und zu dem Widder soll er je ein Efa Mehl als Speiseopfer besorgen,
außerdem zu den Lämmern so viel, wie er gerade zur Verfügung hat,
und dazu je Efa Mehl ein Hin Öl.
8 Wenn der Fürst den Torbau betritt, soll er ihn durch die Vorhalle
betreten, und auf dem gleichen Weg muß er wieder hinausgehen.
Ex 23^{14-17} 9 Wenn aber das Volk an den Festen vor den Herrn tritt, dann soll
der, der durch das Nordtor gekommen ist, um (den Herrn) anzube-
ten, durch das Südtor hinausgehen, und wer durch das Südtor ge-
kommen ist, soll durch das Nordtor hinausgehen. Niemand soll
durch das Tor wieder hinausgehen, durch das er gekommen ist, son-
dern jeder soll durch das gegenüberliegende Tor hinausgehen. 10 Der
Fürst soll mitten unter ihnen sein; wenn sie hineingehen, soll auch er
hineingehen, und wenn sie hinausgehen, soll auch er hinausgehen.
11 An den Fest- und Feiertagen gehört zu dem Stier und zu dem Wid-
der ein Speiseopfer von je einem Efa Mehl und zu den Lämmern ein
Speiseopfer, dessen Menge er selbst bestimmen kann, dazu ein Hin
Öl je Efa Mehl. 12 Wenn der Fürst dem Herrn von sich aus ein Brand-

$46^{5.11}$ Dessen Menge (er bestimmen kann): sinngemäß übersetzt, wörtlich: »so viel, wie seine Hand zu geben willens ist«.

46^{10} Statt *b^ebō'ām jābō' ub^eṣētām jēṣē'û* lies mit S: *baššaʿar 'ᵃšær bā' bō jēṣē'*: »Der Fürst in ihrer Mitte soll durch das Tor, durch das er eingetreten ist, (wieder) hinausgehen«.

Verbots, es an den Öffnungstagen zu durchschreiten, wird nicht angegeben. 44^{2} sagt aber mit Blick auf die ständige Schließung des äußeren Osttores des neuen Tempelplans, »weil Jahwe durch es eingezogen ist«. In $^{6.12}$ vermißt man die Erwähnung des Opfermahls des Fürsten »vor Jahwe«. Dies wurde bereits durch die Verlegung des Geschehens an das äußere Osttor (44^{1-3}) vom Redaktor vorweggenommen. Die Wegbeschreibung, die der Fürst einzuhalten hat, ist in ^{8} gegenüber 44^{3b} sachgemäß. Das bestätigt die Vermutung, daß $^{1-12}$ bereits den nachexi-

opfer oder ein Heilsopfer darbringen lassen will, soll man für ihn das
Osttor öffnen. Dann soll er sein Brand- und Heilsopfer genauso dar-
bringen lassen wie am Sabbat. Daraufhin soll er hinausgehen, und
wenn er hinausgegangen ist, soll man das Tor schließen.
[13] Täglich sollst du dem Herrn ein einjähriges Lamm, das ohne Fehler Ex 29[38–42]
ist, als Brandopfer darbringen, und zwar jeden Morgen. [14] Dazu Num 28[3]
sollst du als Speiseopfer jeden Morgen ein Sechstel Efa Mehl und ein
Drittel Hin Öl herrichten, mit dem das Mehl besprengt wird. Das soll
das Speiseopfer für den Herrn sein. Diese Vorschrift über das täg-
liche Opfer soll für immer gelten. [15] Bringt also jeden Morgen das
Lamm, das Speiseopfer und das Öl als das tägliche Brandopfer dar!

Der Besitz des Fürsten: 46[16–18]

[16] So spricht Gott, der Herr: Wenn der Fürst einem seiner Söhne et-
was von seinem Erbbesitz schenkt, gehört es seinen Söhnen; es ist ihr
Eigentum, und sie können es weitervererben. [17] Wenn er aber etwas
von seinem Erbbesitz einem seiner Diener schenkt, gehört es diesem
nur bis zum nächsten Erlaßjahr; dann fällt es an den Fürsten zurück.
Nur seine Söhne dürfen behalten, was er ihnen von seinem Erbbesitz
geschenkt hat. [18] Vom Erbbesitz des Volkes darf der Fürst nichts neh-
men; er darf sie nicht mit Gewalt von ihrem Eigentum verdrängen.

46[16] Etwas von seinem Erbbesitz: Text korr.; vgl. G und [17].

lischen Tempel voraussetzt und 44[1–3] eine sekundäre, vermittelnde Bildung nach [1–12] darstellt.
[13–14] enthalten eine selbständige Priestertora über das tägliche Brandopfer in der Du-Anrede. Formal und inhaltlich stimmt die Anweisung mit 45[18–20] und 43[18–27] überein. Die Bestimmung über das Speiseopfer ist gegenüber 46[5.7] verschieden. Das Priestergesetz fordert ein tägliches Morgen- und Abendopfer. Hier wird nur das als *tamīd* bezeichnete Morgenbrandopfer genannt. In Anlehnung an die Sprache von P wird dies als immerwährende Satzung bezeichnet. [15] versucht die Unstimmigkeit zur Vorschrift in Ex 29[42] Num 28[3.6] mit dem term.techn. *'olat tamīd* »ständiges Brandopfer« zu beheben.
[16–18] Unvermittelt spricht dieser mit der Botenformel eingeleitete kleine Abschnitt vom Erbbesitz des Fürsten. Er greift auf 45[1–9] zurück, wenngleich hier andere Akzente gesetzt werden. Äußerlich haben die Vorschriften nichts mit den kultischen Verpflichtungen des Fürsten zu tun, stehen aber in einem inneren Bezug. Das Verfügungsrecht des Fürsten über seinen Grundbesitz ist ganz den Gesetzen der neuen Heilsordnung unterworfen. Das wird an zwei Fällen kasuistisch entfaltet [16.17]. Seinen Söhnen kann der Fürst Landbesitz vererben, da es in der Familie bleibt. Seinen Gefolgsleuten darf er nur unter der Bedingung Land geben, daß es im Erlaßjahr (Lev 25[10]) in seinen Besitz »zurückkehrt«. Damit soll der notorischen Versuchung aller Mächtigen, sich am Eigentum der Untertanen zu vergreifen und sich auf deren Kosten zu bereichern (vgl. nur

Wenn er seinen Söhnen etwas vererben will, muß er es von seinem Eigentum nehmen, damit die Angehörigen meines Volkes nicht von ihrem Eigentum vertrieben werden.

Die Opferküchen des Tempels: 46^{19-24}

19 Dann brachte er mich durch den Eingang auf der Torseite zu den
heiligen Priesterräumen im Norden (des Tempels), und zwar zu einer
Stelle am äußersten Ende (der Räume) im Westen. 20 Dort sagte er zu
mir: Das ist die Stelle, wo die Priester das Schuld- und das Sündopfer
kochen und das Speiseopfer backen, damit sie es nicht in den Vorhof
hinausbringen müssen und dadurch das Volk heiligen. 21 Dann führte
er mich in den Vorhof hinaus und brachte mich zu den vier Ecken
des Vorhofs. Und an jeder Ecke des Vorhofs war noch ein Hof. 22 An
allen vier Ecken des Vorhofs waren kleine Höfe, vierzig Ellen lang
und dreißig Ellen breit. Alle vier Höfe an den Ecken hatten das gleiche Maß. 23 Und ringsum lief in den vier Höfen eine Steinmauer, und
unten an den Steinmauern waren ringsum Kochstellen angelegt. 24 Da
sagte er zu mir: Das sind die Küchen, wo die Tempeldiener das
Schlachtopfer des Volkes kochen.

46^{19} Zu den heiligen Priesterräumen: Text korr.; vgl. die alten Übersetzungen.

46^{22} Kleine: Text korr. nach G.

1 Kön 21!) endgültig ein Riegel vorgeschoben werden. Daher auch die abschließende Mahnung [18], den Besitz des Volkes nicht anzutasten (vgl. $34^{5f.21}$).

$^{19-24}$ Die Führungsformel greift auf 44^4 zurück und leitet einen Abschnitt ein, der noch einmal auf die Beschreibung des neuen Tempels zurücklenkt. Damit wird das Kultgesetz in die Beschreibung des neuen Tempels eingebunden. Die Gegenwart Jahwes im Heiligtum verlangt für Priester und Leviten, für Fürst und Volk nach einer neuen Lebensordnung, die in dem neuen Kultgesetz ihre aktuelle Gestalt gefunden hat und vom Propheten als Gotteswort dem Volk zu verkünden ist.

Nach 44^4 steht der Seher mit seinem Begleiter im inneren Vorhof vor dem Tempelhaus. Von dort begeben sie sich zu den nördlich vom *binjān* liegenden Sakristeien (42^{1ff}). 42^{13} sagte bereits, daß die Priester dort die Opfergaben verzehren sollen. Jetzt wird ergänzend mitgeteilt, daß sich dort auch die Küchen und Backstuben für die Priester befinden, wobei betont wird, daß die Anlage ein Betreten des Außenhofes verhindert. Dahinter steht das Anliegen zu verhindern, daß die Mahlanteile der Priester mit dem Volk irgendwie in Berührung kommen.

Für die Mahlanteile des Volkes sind eigene Back- und Kochgelegenheiten in den vier Ecken des Vorhofes vorgesehen. Hier bereiten die Leviten die Opfergaben für das Volk.

47^{1-12} In diesem Abschnitt vernehmen wir zum letzten Mal die Stimme Ezechiels. Er bildet zugleich den Höhepunkt und Abschluß seiner

Die Tempelquelle: 47[1–12]

47[1] Dann führte er mich zum Eingang des Tempels zurück, und ich Sach 14[8]
sah, wie unter der Tempelschwelle Wasser hervorströmte und nach Joël 4[18]
Osten floß; denn die vordere Seite des Tempels schaute nach Osten. Ps 46[5]
Das Wasser floß unterhalb der rechten Seite des Tempels herab, süd- Offb 22[1]
lich vom Altar. [2] Dann führte er mich durch das Nordtor hinaus und
ließ mich außen herum zum äußeren Osttor gehen. Und ich sah das
Wasser an der Südseite hervorrieseln. [3] Der Mann ging nach Osten
hinaus, mit der Meßschnur in der Hand, maß tausend Ellen ab und

47[1] Und ich sah, wörtlich: »und siehe«, vgl. [2]. – Unterhalb: das zweite *mittaḥat* ist mit G, Vg, S zu streichen. – Der rechten Seite des Tempels: statt *mikkætæp habbājit* lies mit G *min–hakkātēp* (»von der Südseite«).

Heilsschau. Sie ist allerdings in die Führungsschilderung derart hineinverschlungen und von Späteren ausgemalt worden, daß ihr Grundbestand nur mit Mühe einigermaßen sicher festgestellt werden kann. Die Führungsformel [1aα] erweist sich durch die Aufnahme von 46[19] als sekundärer Anschluß der folgenden Szene an die Verkündigung des Kultgesetzes (44[4]–46[18]). Der Grundtext beginnt in [1] mit »und siehe«, womit innerhalb einer Visionsschilderung Neues eingeführt wird. Es schließt unmittelbar an 43[7a] an. Der komplizierte Umweg zum äußeren Osttor ist von der Führungsschilderung 40–42 abhängig und durch den sekundären Text 44[1f] bedingt. Dadurch nimmt das Wasser trotz dreimaliger Nennung der Richtung Süden seinen Verlauf nach Osten. Der Grundtext [2b] vermittelt dagegen ein klares Bild vom Lauf des Wassers (s. u.). In [3–5] tritt der Mann der Führungsschilderung wieder in Aktion. Jetzt endlich kann er sein in 40[3] genanntes zweites Meßgerät einsetzen. Allerdings mißt er in der falschen Richtung. Das beruht auf einem Mißverständnis von [8] und der Angabe in [2a]. [6a] ist die unmittelbare Fortsetzung von [2b]. Subjekt ist Jahwe. Die Frage dient in Ez zur Einleitung einer Mitteilung Jahwes an den Propheten (8 u. ö.). Sie erfolgt erst in [8]. Die Führungsformel erweist [6b.7] als Einschub. Der letzte Teil der Vision schildert die Wirkungen des Tempelbaches. Er hat zahlreiche Ausmalungen erfahren. Zum Grundtext könnten gehören: [9aβ.b2.12a].

[1aβ.b.2b.6a.8.9aβ.b2.12a] Der Text bietet in direktem Anschluß an 43[7a] eine in sich geschlossene Einheit. Nachdem Ezechiel in 43[4–7a] einen Blick in das Tempelhaus tun durfte, das von der Herrlichkeit Jahwes erfüllt war, und Jahwes Verheißung seiner bleibenden Gegenwart vernommen hat, sieht er nach 47[1aβ.b] plötzlich Wasser unter der Tempelschwelle hervorquellen, das nach [2b] seinen Weg nach Süden nimmt. Da Ezechiel den komplizierten Tempelentwurf seiner Schüler nicht kennt, sieht er den neuen Tempel im Erinnerungsbild des alten salomonischen Tempels mit Tempelhaus und Innenhof. Damit kommt für die Südseite nur die des Innenhofs in Frage. Daher entschwindet das Wasser bald den Blikken des Propheten und läuft hinab ins Kidrontal in Richtung auf die Quelle *gīḥôn*.

Dem Gihon als einziger Quelle verdankt Jerusalem seine Existenz. Er gilt als heilige Quelle, an der David Salomo zum König salben ließ (1 Kön 1^{33ff}). Einst floß das Wasser des Gihon direkt in das Kidrontal und bewässerte üppige Gärten. Später wurde er durch die Wasserleitung Schiloach in leichtem Gefälle den Berghang entlang zur Südspitze der Davidstadt geführt. Jes 8^{6} dient das sanft fließende Wasser des Schiloach als Bild für die unaufdringliche Hilfe Gottes. Zu bestimmten Zeiten sprudelt der Gihon (noch heute) kräftig hervor, gespeist aus dem unbekannten Innern des Berges, auf dem der Tempel stand.

Wie auch sonst wird für Ezechiel eine reale Gegebenheit Anlaß zu einem dramatischen Schauerlebnis. Es mag sein, daß ihn dabei das mythische Bild von der Wasserquelle des heiligen Götterberges mit inspiriert hat (vgl. Gen 2^{10-14}). Nach den Kulttraditionen Jerusalems ist der Zion der Götterberg im äußersten Norden (17^{22f} 20^{40} 40^{2} 43^{12}, vgl. Ps 48^{3} Jes 2^{2} Sach 14^{10}), dessen Ströme die Gottesstadt erfreuen (Ps 46^{5} 65^{10} Jes 33^{21} Sach 13^{1} 14^{8} Joël 4^{18}). Natürlich hat Ezechiel das alles gekannt. Aber es ist für den Propheten typisch, daß trotz ekstatischer Schau und oft dramatisch übersteigerter Bilder sein Realitätssinn ganz wach und auf das theologische Anliegen konzentriert bleibt.

Der Prophet steht im Innenhof des Tempels und sieht das Wasser durch dessen Südseite auslaufen. Auf die Vision folgt die innervisionäre Audition. Mit einer rhetorischen Frage führt Jahwe die Deutung des Geschehens ein. Das Wasser nimmt seinen natürlichen Lauf in den Kidron hinab und weiter nach Süden durch den »östlichen Bezirk«, da der Kidron unterhalb Jerusalems nach Osten abbiegt in die Wüste Juda und schließlich ins Tote Meer mündet. Jahwe will den Propheten nicht über den ihm bekannten Verlauf des Baches belehren, sondern mit der lebensfeindlichen Wüste und dem alles Leben tötenden Salzmeer den Hintergrund geben für die heilende und befruchtende Kraft des Tempelbaches, dessen wundersame Wirkungen abschließend angedeutet werden.

Wenn das Jahwewort ursprünglich nicht in ^{8} geendet, sondern Teile von $^{9-12}$ mitumfaßt hat, dann verkündet Jahwe dem Propheten zwei Wirkungen des Tempelbaches. Die Wirkung auf das Tote Meer, dessen geheilte Wasser jetzt Lebensraum bieten, und die Wirkungen längs der beiden Bachufer, die zwar vielgestaltiger und farbiger dargestellt sind, aber gegenüber der Wirkung auf das Tote Meer (Man möchte an die Frage aus 37^{3} erinnert sein: »Kann daraus Leben werden?«) etwas abfällt.

Wie auch immer, die Aussage dieser großartigen Vision ist klar. Jahwe hat wieder Wohnung genommen inmitten seines Volkes. Von seiner heilvollen Gegenwart gehen Ströme lebendigen Wassers aus. Jahwes Segensfülle kennt keine Grenzen. Sie bordet über Mauern und Ufer hinweg und erfüllt alles mit neuem Leben. Die Wüste wird zum blühenden Garten und das Tote Meer zum Lebensraum für alle Kreatur. Das ist die Sprache des Propheten Ezechiel und das ist die durch ihn verkündete bevollmächtigte Heilsbotschaft Jahwes für die unmittelbare Zukunft an sein im Glauben angefochtenes, verzagtes und entmutigtes Volk im Exil. Welch ein Gegensatz zu den peniblen und kleinlichen, von ängstlicher Sorge um Abgrenzung und Ausgrenzung getragenen kultischen Bestimmungen (44–46). Sie sind ein Rückfall in die alten Fehler und zeigen keine neue Gotteserkenntnis.

ließ mich durch das Wasser gehen; das Wasser reichte mir bis an die Knöchel. 4 Dann maß er wieder tausend Ellen ab und ließ mich durch das Wasser gehen; das Wasser reichte mir bis zu den Knien. Darauf maß er wieder tausend Ellen ab und ließ mich hindurchgehen; das Wasser ging mir bis an die Hüften. 5 Und er maß noch einmal tausend Ellen ab. Da war es ein Fluß, den ich nicht mehr durchschreiten konnte; denn das Wasser war tief, ein Wasser, durch das man schwimmen mußte, ein Fluß, den man nicht mehr durchschreiten konnte. 6 Dann fragte er mich: Hast du es gesehen, Menschensohn? Darauf führte er mich zurück, am Ufer des Flusses entlang. 7 Als ich zurückging, sah ich an beiden Ufern des Flusses sehr viele Bäume. 8 Er sagte zu mir: Dieses Wasser fließt in den östlichen Bezirk, es strömt in die Araba hinab und läuft in das Meer, in das Meer mit dem salzigen Wasser. So wird das salzige Wasser gesund. 9 Wohin der Fluß gelangt, da werden alle Lebewesen, alles, was sich regt, leben können, und sehr viele Fische wird es geben. Weil dieses Wasser dort

47^{6} Zurückging: statt *b*^{e}*šūbēnī* lies *b*^{e}*šūbī* (»zurückkam«).
47^{8} Mit dem salzigen Wasser: Text korr. – Araba, wörtlich: »Steppe«; gemeint ist nicht die Araba, sondern der kaum 2 km breite Küstenstreifen, der vom Kidron durchquert wird.
47^{9} Der Fluß: Text korr. nach den alten Übersetzungen. – Weil dieses Wasser dorthin kommt, werden die Fluten gesund: an falsche Stelle in den Text geratene Randglosse.

Die unmittelbaren Tradenten des Propheten versuchen, das wundersame Anschwellen des Tempelbaches und seine heilvollen Wirkungen auszuschmücken.

$^{3-5}$ Der Verfasser dieses Abschnitts ahmt den Meßvorgang der Tempelbeschreibung nach. Er möchte damit die Fülle des ständig wundersam anschwellenden Wassers besonders hervorheben. Das geschieht in handgreiflicher, aber monotoner Weise. Dabei nimmt er auf die Topographie keine Rücksicht. Das Wasser strömt nach Osten, also hinunter ins Kidrontal und quer dadurch und schließlich über (oder: durch?) den Ölberg. Die Landschaft hat sich wundersam verändert. Wie Sach 14^{4} scheint sich der Ölberg zu spalten, so daß das Wasser geradewegs nach Osten fließt durch die Jordanauen zum Toten Meer.

$^{6b-7}$ Der Ergänzer will verdeutlichen, wie schnell das geheimnisvoll angeschwollene Wasser in allen Bereichen Leben in Fülle hervorbringt. Das gelingt ihm auf eine etwas simple, aber anschauliche Weise, indem er den Propheten eine kurze Zeit wegführen und wieder zurückbringen läßt. Dabei ahmt er $^{12a\alpha}$ nach und nimmt den Baumreichtum von dort vorweg.

$^{9a\alpha}$ ist mit eigener Einleitung versehen aus $^{9b\alpha}$ gebildet. Das allgemeine Subjekt »alles« wird ersetzt durch »alle Wesen, die wimmeln«, eine Anspielung auf Gen 1^{21b}. Soll das ein Hinweis auf die neuschöpfende Kraft des Wassers sein?

$^{10-11}$ Die Ergänzung hat wie $^{9a\alpha}$ eine

hinkommt, werden (die Fluten) gesund; wohin der Fluß kommt, dort bleibt alles am Leben. [10] Von En-Gedi bis En-Eglajim werden Fischer am Ufer des Meeres stehen und ihre Netze zum Trocknen ausbreiten. Alle Arten von Fischen wird es geben, so zahlreich wie die Fische im großen Meer. [11] Die Lachen und Tümpel aber sollen nicht gesund werden; sie sind für die Salzgewinnung bestimmt. [12] An beiden Ufern des Flusses wachsen alle Arten von Obstbäumen. Ihr Laub wird nicht welken, und sie werden nie ohne Frucht sein. Jeden Monat tragen sie frische Früchte; denn das Wasser des Flusses kommt aus dem Heiligtum. Die Früchte werden als Speise und die Blätter als Heilmittel dienen.

Die Verteilung des Landes: 47^{13}–48^{29}

[13] So spricht Gott, der Herr: Das ist die Grenze, innerhalb derer ihr das Land als Erbbesitz an die zwölf Stämme Israels verteilen sollt. Josef erhält das Doppelte. [14] Jeder einzelne soll darin seinen Erbbesitz erhalten; denn ich habe meine Hand (zum Schwur) erhoben, es euren Vätern zu geben. Darum soll euch dieses Land als Erbbesitz zufallen.

eigene Einleitung. Sie möchte zwei Aspekte verdeutlichen und verbinden. Sie schmückt den Fischreichtum des gesunden Salzmeeres, der für den Menschen ein Segen ist, konkret aus. Zugleich will sie einen anderen Reichtum erhalten wissen, den das Salzmeer schon immer bereithielt: das Salz. Es ist auch für den Menschen lebensnotwendig und wird nicht zuletzt für den Opferdienst gebraucht.

Für das NT und die Kirche ist die Vision vom neuen Heil Wirklichkeit geworden. Jesus Christus ist der wahre Tempel Gottes unter den Menschen, von dem Ströme lebendigen Wassers ausgehen (Joh 2^{19-22} 7^{38} 19^{34}). Die das NT beschließende Apokalypse sieht den lebendigen Strom ausgehen vom Thron Gottes und des Lammes (Offb 22^{1f}). In der Liturgie wird der wichtige Text zweimal verwandt. In der Fassung $^{1-9.12}$ am Samstag der 20. Woche im Lesejahr 2 und in der dem Grundtext nahekommenden Auswahl $^{1-2.8-9.12}$ am Weihetag der Lateranbasilika.

47^{13}–48^{35} »Der Übergang von 47, 1–12 zu 13ff. führt in eine andere Welt« (Zimmerli). Den Abschluß der großen Tempelvision bildet der kühne Entwurf einer Neugestaltung und Neuverteilung des Landes (Abb. 6, S. 271). Die Einheit ist mit einleitender Botenformel und direkter Anrede (2. Pl.) als Jahwerede stilisiert, die in 48^{29} mit der Gottesspruchformel abschließt. Daran fügt sich ohne Kontextanbindung ein kleiner Abschnitt über die Stadt $^{30-35}$. Der Anschluß des Ganzen mit der Botenformel in 47^{13} an das Vorausgehende ist sehr lose. Und doch liegt der abschließende Teil im theologischen Gefälle des Ez-Buches. In der Stiftung einer neuen Gemeinschaft zwischen Jahwe und seinem Volk ereignet sich ein neuer Exodus (20^{33ff} u. ö.). Die Gegenwart Jahwes inmitten seines Volkes erfordert eine neue Lebensordnung, die im Kultgesetz (44–46) verkündet wird. Das neue Heil vollendet sich in einer neuen Landnahme. Wie einst erscheint das Haus Israel wieder als Stämmevolk

[15] Das ist die Grenze des Landes im Norden: vom großen Meer in Num 34[1–12]
Richtung Hetlon bis Lebo-Hamat, Zedad, [16] Berota, Sibrajim, das
zwischen dem Gebiet von Damaskus und dem Gebiet von Hamat
liegt, und bis Hazar-Enan am Rand des Haurangebirges. [17] Die
Grenze läuft also vom Meer nach Hazar-Enan, wobei das Gebiet von
Damaskus und Zafon und ebenso das Gebiet von Hamat im Norden
liegt. Das ist die Nordgrenze. [18] Im Osten bildet der Jordan die
Grenze zwischen Gilead und dem Land Israel (von Hazar-Enan), das
zwischen dem Haurangebirge und Damaskus liegt, bis hinab zum östlichen Meer und Tamar: Das ist die Ostgrenze. [19] Die Südgrenze im
Negeb: von Tamar bis zu den Quellen von Meribat-Kadesch und Num 20[13] 34[5]
dem Bach, der ins große Meer fließt. Das ist die Südgrenze im Negeb. [20] Im Westen bildet das große Meer die Grenze bis zur Höhe
von Lebo-Hamat. Das ist die Westgrenze.
[21] Dieses Land sollt ihr unter die Stämme Israels aufteilen. [22] Ihr sollt
es als Erbbesitz unter euch und unter die Fremden verlosen, die bei
euch leben und die bei euch Söhne und Töchter gezeugt haben. Sie Lev 19[33f]
sollen für euch wie einheimische Israeliten sein und sollen sich mit

47[15] Lebo-Hamat: Text korr. nach G; vgl. [20].
47[16] Hazor-Enan: vgl. [17].
47[18] Tamar: vgl. [19].

(47[13.21] 48[29]). Im Unterschied zu damals werden jetzt die Stämme das Land nicht durch Losentscheid in Besitz nehmen, geschweige denn erobern, Jahwe selbst gewährt es seinem Stämmevolk in einer neuen Ordnung als göttliches Gebot.

47[15–20] Zunächst wird das Land in seiner äußeren Umgrenzung beschrieben. Bei aller Unsicherheit im einzelnen bezüglich des Grenzverlaufs im Norden – die Westgrenze ist durch das Mittelmeer vorgegeben, die Südgrenze ist verifizierbar – orientiert sich der Verfasser an den historischen Gegebenheiten oder an den traditionellen Idealvorstellungen von den Grenzen Israels (Jos 13–21 Num 34[1–15]). Auffällig ist dagegen die Ostgrenze, die unter Auslassung zusätzlicher Angaben in Num 34 im wesentlichen der Jordan bildet. Das Gebiet der ostjordanischen Stämme ist ausgeklammert. Dahinter steht die Tradition, auf die [14] anspielt, die nur das Westjordanland als Verheißungsland betrachtet. Dazu gehört im Westen das Gebiet der Philister (Gen 9[18–27]) und nach der »negativen Besitzliste« in Ri 1[31] der südliche Teil Phöniziens.

[21–23] Nach der Aufforderung, dieses Land unter die Stämme zu verteilen [21], folgt zunächst, mit nachgestellter Gottesspruchformel bekräftigt, in [22–23] ein Einschub, der eine grundlegende Bestimmung nachträgt und darin [14.21] korrigiert. Den Fremden wird das volle Bürgerrecht zugesichert. Das ist eine Bestimmung von großer sozialer Tragweite. Zwar gab es eine Gesetzgebung, die den Fremden vor Bedrückung schützte (Ex 22[20f] Lev 19[33] Dtn 24[17]), ihm Hausbesitz (Gen 19[9]) und Wohlstand (Lev 25[47]) ermöglichte, aber das volle Bürgerrecht und vor allem Landbesitz blieben ihm versagt (Jes

euch zusammen ihren Erbbesitz mitten unter den Stämmen Israels er-
losen. [23] In dem Stamm, bei dem der Fremde lebt, sollt ihr ihm seinen
Erbbesitz zuteilen – Spruch Gottes, des Herrn.
48[1] Das sind die Namen der Stämme: Im Norden, entlang dem Weg
von Hetlon nach Lebo-Hamat und nach Hazar-Enan – das Gebiet
von Damaskus liegt dabei nördlich, seitlich von Hamat – gehört von
Osten nach Westen Dan ein Anteil. [2] Neben dem Gebiet Dans von
Osten nach Westen Ascher – ein Anteil; [3] neben dem Gebiet Aschers
von Osten nach Westen Naftali – ein Anteil; [4] neben dem Gebiet Naf-
talis von Osten nach Westen Manasse – ein Anteil; [5] neben dem Ge-
biet Manasses von Osten nach Westen Efraim – ein Anteil; [6] neben
dem Gebiet Efraims von Osten nach Westen Ruben – ein Anteil; [7] ne-
ben dem Gebiet Rubens von Osten nach Westen Juda – ein Anteil.
45[1–8] [8] Neben dem Gebiet Judas liegt von Osten nach Westen das Land,
das ihr (dem Herrn) als Abgabe entrichten sollt, 25 000 Ellen breit
und genau so lang wie jeder andere Anteil von Osten nach Westen. In
der Mitte dieses Stückes liegt das Heiligtum.
[9] Das Land, das ihr dem Herrn als Abgabe entrichtet, hat eine Länge
von 25 000 Ellen und eine Breite von 20 000 Ellen. [10] Die heilige Ab-
gabe soll, wie folgt, eingeteilt werden: Den Priestern soll ein Stück

48[9.13] 20 000 Ellen: Text korr.; vgl. 45[1].

22[15ff]). Die Verleihung des vollen Bürgerrechts ist ein mutiger Schritt nach vorne. Zwar entspricht diese Aufgeschlossenheit gegenüber Fremden einer im Exil einsetzenden Entwicklung, daß aber die Praxis in der nachexilischen Gemeinde anders ausgesehen hat, zeigt Jes 56[1–8] im Vergleich mit Esra 9 u. a.

48[1–29] Jetzt wird die in 47[21] angeordnete Landverteilung durchgeführt. Sie erfolgt an die gleichen 12 Stämme, die Jos 13 und 15–19 nennt, aber im Gegensatz zum dort Geschilderten in drastischer Vereinfachung und Konzentration auf das theologische Anliegen, das sie bestimmt. Jeder Stamm erhält einen gleich großen Landstreifen, der sich von der West- bis zur Ostgrenze erstreckt. Da Levi als Stamm ausfällt, wird Josef in Efraim und Manasse geteilt. Über die Breite (Nord-Südgrenze) des jeweiligen Anteils verlautet nichts. Die in stereotypen Sätzen gehaltene Aufzählung der Stammesgebiete erfolgt von Nord nach Süd [1–7.23–28]. Sie wird in [8–22] unterbrochen durch eine ausführliche Schilderung eines 13. Landesanteils, der »Weihegabe für Jahwe« wird und bereits im Vorgriff in 45[1–8] als heiliger Bezirk skizziert wurde (s. o.). Gegenüber dieser Skizze wird in [15–19] das Stadtgebiet genauer dargestellt (Abb. 6, S. 271). Die Stadt selbst ist quadratisch, umgeben von genau begrenzten Weideflächen. Wichtig ist, daß ihre Bewohner aus allen Stämmen des Volkes stammen. Bezeichnend ist die Gruppierung der Stämme um die »Weihegabe für Jahwe«. Unmittelbar im Norden und Süden grenzen Juda und Benjamin an. Es folgen nach Norden: Ruben, Efraim, Manasse, Naftali, Ascher und Dan; nach Süden: Simeon, Issachar, Sebulon und Gad. Dabei

gehören, das im Norden 25 000 Ellen lang ist, im Westen und im
Osten 10 000 Ellen breit und im Süden auch 25 000 Ellen lang. Das
Heiligtum des Herrn soll in der Mitte liegen. 11 Den geweihten Prie-
stern aus den Nachkommen Zadoks, die ihren Dienst verrichtet und
mich nicht verlassen haben, als die Israeliten ebenso in die Irre gingen
wie die Leviten, 12 ihnen soll als Abgabe ein Stück von dem Land ge-
hören, das ihr (dem Herrn) als Abgabe entrichtet habt; dieses Stück
ist hochheilig und liegt neben dem Gebiet der Leviten. 13 Den Leviten Lev 25,32–34
soll wie den Priestern ein Gebiet von 25 000 Ellen Länge und 10 000
Ellen Breite gehören. Das Ganze hat also eine Länge von 25 000 El-
len und eine Breite von 20 000 Ellen. 14 Man darf nichts davon ver-
kaufen oder zum Tausch anbieten, noch darf man dieses beste Stück
des Landes auf andere übertragen; denn es ist dem Herrn heilig.
15 Die 5000 Ellen, die längs der 25 000 Ellen in der Breite noch übrig-
bleiben, sind nicht heilig, sondern gehören der Stadt als Wohngebiet Offb 21,12–17
und Weidefläche. Die Stadt soll mitten darin liegen. 16 Ihre Maße sol-
len im Norden 4500 Ellen und im Süden 4500 Ellen betragen, ebenso
4500 Ellen im Osten und 4500 Ellen im Westen. 17 Die Weidefläche
der Stadt erstreckt sich 250 Ellen nach Norden, 250 Ellen nach Sü-
den, 250 Ellen nach Osten und 250 Ellen nach Westen. 18 Was dann
der Länge nach noch übrig ist längs der heiligen Abgabe – 10 000 El-
len nach Osten und 10 000 Ellen nach Westen [es liegt längs der heili-
gen Abgabe] –, von dessen Erträgen sollen sich die Arbeiter der Stadt
ernähren. 19 Die Arbeiter der Stadt, die dieses Stück bebauen, sollen
aus allen Stämmen Israels sein.
20 Die ganze Abgabe soll 25 000 mal 25 000 Ellen betragen. Dieses
ganze Quadrat einschließlich des Eigentums der Stadt sollt ihr als
heilige Abgabe entrichten.
21 Was zu beiden Seiten der heiligen Abgabe und des Besitzes der
Stadt übrigbleibt, von den 25 000 Ellen der (Ostseite der ganzen) Ab-
gabe bis zur Ostgrenze (des Landes) und von den 25 000 Ellen der
Westseite (der Abgabe) bis zur Westgrenze (des Landes), diese (bei-
den) Stücke entlang den Stammesanteilen sollen dem Fürsten gehö-
ren. Die heilige Abgabe und das Tempelheiligtum liegen mitten darin.

48,11 Sekundärer Zusatz nach 44,6ff.

dürfte die Unterscheidung in vollbürtige und halbbürtige Stämme (Gen 30,1–13) maßgebend gewesen sein. Danach werden die halbbürtigen Stämme Dan, Ascher, Naftali und Gad möglichst weit an die Nord- bzw. Südgrenze verbannt. Daß sieben Stämme nördlich und fünf südlich des heiligen Bezirks angeordnet sind, scheint die geographische Lage Jerusalems zu berücksichtigen, während alle anderen geographischen oder geschichtlichen Gegebenheiten außer Betracht bleiben (Issachar, Sebulon und Gad wohnten z. B. im Norden).

[22] Der Besitz der Leviten und der Besitz der Stadt soll mitten in dem
Gebiet liegen, das dem Fürsten gehört, und das Gebiet des Fürsten
liegt zwischen dem Gebiet Judas und dem Gebiet Benjamins.
[23] Nun folgen die übrigen Stämme: Von Osten nach Westen Benja-
min – ein Anteil; [24] neben dem Gebiet Benjamins von Osten nach We-
sten Simeon – ein Anteil; [25] neben dem Gebiet Simeons von Osten
nach Westen Issachar – ein Anteil; [26] neben dem Gebiet Issachars von
Osten nach Westen Sebulon – ein Anteil; [27] neben dem Gebiet Sebu-
lons von Osten nach Westen Gad – ein Anteil. [28] Neben dem Gebiet
Gads verläuft im Negeb die Südgrenze; sie führt von Tamar zu den
Quellen von Meribat-Kadesch und zu dem Bach, der ins große Meer
fließt.
[29] Das ist das Land, das ihr als Erbbesitz an die Stämme Israels verlo-
sen sollt, und das sind ihre Anteile – Spruch Gottes, des Herrn.

Die heilige Stadt: 48[30–35]

[30/31] Das sind die Ausgänge der Stadt. Die Stadttore sind nach den
Stämmen Israels benannt: auf der Nordseite, die 4500 Ellen mißt,
drei Tore: ein Tor ist nach Ruben benannt, ein Tor nach Juda und

48[31aα] Sprengt den Zusammenhang [30b.31aβ] und dürfte nachträgliche Ergänzung sein.

Mit der ausdrücklichen Aufforderung, diese Neuordnung des Landes durchzuführen und der bekräftigenden Gottesspruchformel schließt der Abschnitt über die Neuverteilung des Landes. Daß dieser kühne Entwurf einer neuen Ordnung und damit einer neuen Einstellung zum Landbesitz sich in der Folge nicht hat durchsetzen können, ist angesichts seiner Radikalität in der ausschließlichen Konzentration auf das theologische Anliegen, die jeden Realitätsbezug vermissen läßt, kaum verwunderlich. Von bleibender Aktualität aber ist die Forderung nach Integration der Fremden in die Volksgemeinschaft durch Gewährung des vollen Bürgerrechts und das Wissen, daß das Land Jahwe allein gehört und immer Gabe Jahwes an sein Volk ist, eine Gabe, die stets gleich und gerecht zu verteilen ist.

[30–35] Wie wenig sich auch in einem anderen wichtigen Punkt die theologische Konzeption der Tradenten des Ez-Buches hat behaupten können, zeigt bereits der letzte Abschnitt des Buches selbst. Er ist ohne jede Einleitung und formale Anbindung, wohl aber in inhaltlicher Aufnahme von 48[16] und der Reihenfolge der Stämme 48[1–7.23–27] ganz spät an das abgeschlossene Buch angehängt worden.
Im Weihebezirk für Jahwe sind nach Ez Tempel und Stadt streng getrennt. Zwar grenzt sie an den hochheiligen Bezirk der Priesterschaft, in dessen Mitte das Heiligtum Jahwes liegt, aber wie das Levitenland ist sie profaner Bezirk. Das widerspricht nicht nur alter Tradition, sondern verletzt auch die Gefühle vieler, die mit ganzem Herzen an »ihrer« Stadt hängen. Für sie ist Jerusalem der Ort

ein Tor nach Levi; 32 auf der Ostseite, die 4500 Ellen mißt, drei Tore:
ein Tor nach Josef, ein Tor nach Benjamin und ein Tor nach Dan;
33 auf der Südseite, die 4500 Ellen mißt, drei Tore: ein Tor nach Si-
meon, ein Tor nach Issachar und ein Tor nach Sebulon; 34 auf der
Westseite, die 4500 Ellen mißt, drei Tore: ein Tor nach Gad, ein Tor
nach Ascher und ein Tor nach Naftali. 35 Der Umfang der Stadt be-
trägt 18 000 Ellen. Und der Name der Stadt soll von heute an sein:
Hier ist der Herr. Offb 21^{3}

der Gegenwart Jahwes (Ps 46 48 76). Über Jerusalem erstrahlt in der neuen Heilszeit die Herrlichkeit Jahwes (Jes 60 $62^{2.4.12}$ u. ö.). Die Beiläufigkeit der Behandlung der Stadt in Ez, ihr Name wird in der Heilsverkündigung 40–48 nicht einmal erwähnt, und die belanglose Rolle, die ihr das Buch zuweist, konnte von diesen Leuten so nicht hingenommen werden.

Dem trägt der Verfasser Rechnung, indem er an das Buch einen Entwurf des Neuen Jerusalems anfügt. Die Stadt ist, wie der neue Tempel, quadratisch (so schon $48^{16.30.35}$) nach den vier Himmelsrichtungen ausgerichtet. Als Vorbild dürfte der heilige Bezirk des babylonischen Tempelturms Etemenanki (Abb. 5, S. 270) Pate gestanden haben. Auf jeder Seite hat die Stadt drei Tore. Die zwölf Tore tragen die Namen der Stämme Israels. Da Levi jetzt mitzählt, ist Efraim und Manasse wieder zum Stamm Josef zusammengefaßt. Ganz Israel wohnt in der Stadt. Das Besondere ist ihr neuer Name: »Jahwe ist hier« 35. Die Herrlichkeit Jahwes hat Wohnung genommen in seiner Stadt.

Das Neue Jerusalem im Anhang des Ez-Buches ist Vorbild geworden für die Beschreibung des himmlischen Jerusalems, das der Seher der Johannesapokalypse schaut (Offb $21^{12f.16}$). Jetzt ist es der Tempel, der ausgedient hat. Das himmlische Jerusalem braucht keinen Tempel, weil Gott und das Lamm ihr Tempel sein wird (Offb 21^{22}). Eine so unmittelbare Nähe Gottes haben die priesterlichen Tradenten des Ez-Buches nicht zu denken gewagt, wohl aber der Prophet Ezechiel, wenn er, dem Denken und der Vorstellungskraft seiner Zeit weit voraus, in der neuen Heilszeit das unmittelbare Einwohnen Gottes inmitten seines Volkes schaut, das ungeahnte Kräfte der inneren Umwandlung zu einem neuen Herzen und einem neuen Geist freisetzt und die kranke und todverfallene Welt mit neuem Leben erfüllt.

LITERATURNACHTRAG ZU 25–48

R. Bartelmus, Ez 37, 1–14, die Verbform *w*^{e}*qatal* und die Anfänge der Auferstehungshoffnung: ZAW 97 (1985) 366–389; E. Kutsch, Die chronologischen Daten des Ezechielbuches (OBO 62), Fribourg 1985; Chr. Levin, Die Verheißung des neuen Bundes (FRLANT 137), Göttingen 1985; H. Schweizer, Der Sturz des Weltenbaumes (Ez 31) – literarkritisch betrachtet: ThQ 165 (1985), 197–215; J. B. Goyer, Mythology and culture in the oracles against the nations: VT 36 (1986), 129–144; B. Gosse, Le recueil d'oracles contre les nations d'Ezechiel XXV–XXXII dans la rédaction du livre d'Ezechiel: RB 93 (1986), 535–562; J. Lust (Hg.), Ezekiel and his Book. Textual and Literary Criticism and their Interrelation (BETL 74), Leuven 1986; S. Niditch, Ezekiel 40–48 in a Visionary Context: CBQ 48 (1986), 208–224; D. I. Block, Gog and the pouring out of the spirit: Reflections on Ezekiel XXXIX 21–9: VT 37 (1987), 257–270; K. P. Darr, The wall arount the paradise. Ezekielian ideas about the future: VT 37 (1987), 271–279; L. Garmus, Ezequiel e a Terra: Um progeto exílico de Reforma Agrária: EstudosB 13, 14 (1987), 21–36.

Abb. 1 *Gesamtplan des neuen Tempels* ▷

1. Äußeres Osttor (vgl. Abb. 2) mit geschlossener Hofumbauung und baugleichen Torbauten im N und S; die *lškwt* dienen als Räume für Tempelbesucher (40^{17}), die 4 offenen Eckturmbauten als Küchen für die Opfer des Volkes (46^{21-24}). – 2. Vorhof (40^{17} u. ö.). – 3. Aufgang über 8 Stufen (40^{31}) zur Vorhalle des inneren Osttores (vgl. Abb. 2) mit geschlossener, analog 42^{1-14} wohl dreistöckiger Innenhofumbauung und baugleichen Torbauten im N und S. Die *lškwt* dienen als Wohn- und Aufenthaltsräume für Priester. – 4. Zugang auf der Einfassungsmauer zu den sog. »Tempelsakristeien« (42^{1-14}), je einer baugleichen, dreistöckigen Terrassenanlage im N und S des *binjān* (vgl. 5.) mit Schutzmauer zum Vorhof (42^{7}), Stiegenaufgang zu den Umkleide- und Speiseräumen der Priester (42^{13}) sowie den an die Westeinfassung angrenzenden Küchen der Priester. – 5. »Der Bau«, *binjān* (41^{12}). – 6. Der Sperrplatz, *gizrāh* (41^{12f}). – 7. Der freie Seitenraum, *munnāḥ* (41^{9bf}) mit Abschlußmauer (41^{11b}). – 8. Der eingefriedete Platz im O (41^{14}). – 9. Innenhof ($40^{28.44}$). – 10. Brandopferaltar (vgl. Abb. 4). – 11. Raum für die Priester des Tempeldienstes (40^{45}). – 12. Raum für die Priester des Altardienstes (40^{46}). – 13. Aufgang über 10 Stufen zum Tempelhaus mit Vorhalle und den davor freistehenden beiden Säulen (40^{48f}), der Tempelhalle, *hēkāl* (41^{1f}) und dem Allerheiligsten, *debīr* (41^{3f}) sowie dem durch 2 Türen (41^{11}) zugänglichen Anbau ($41^{5b.9a}$).

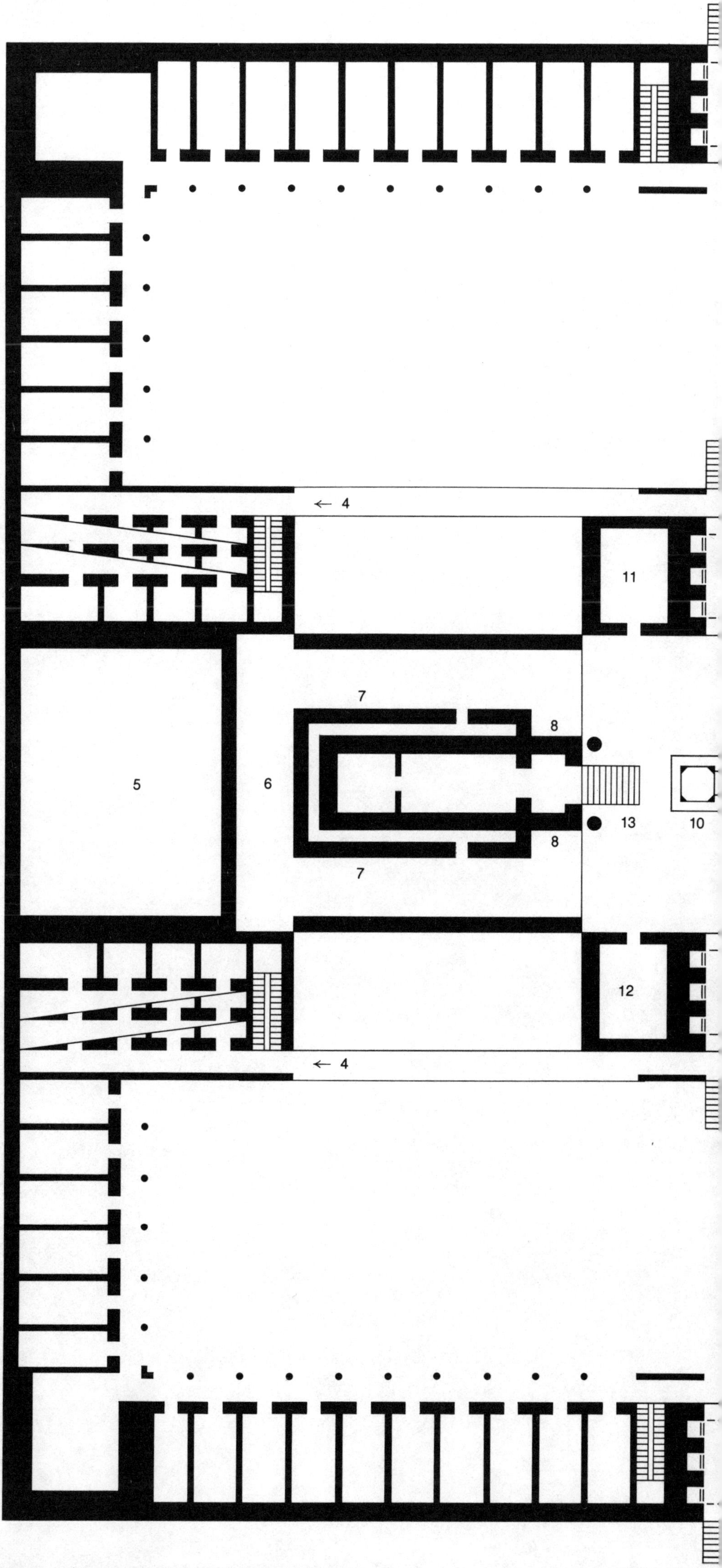

← 4
11
7
8
5
6
13
10
8
7
12
← 4

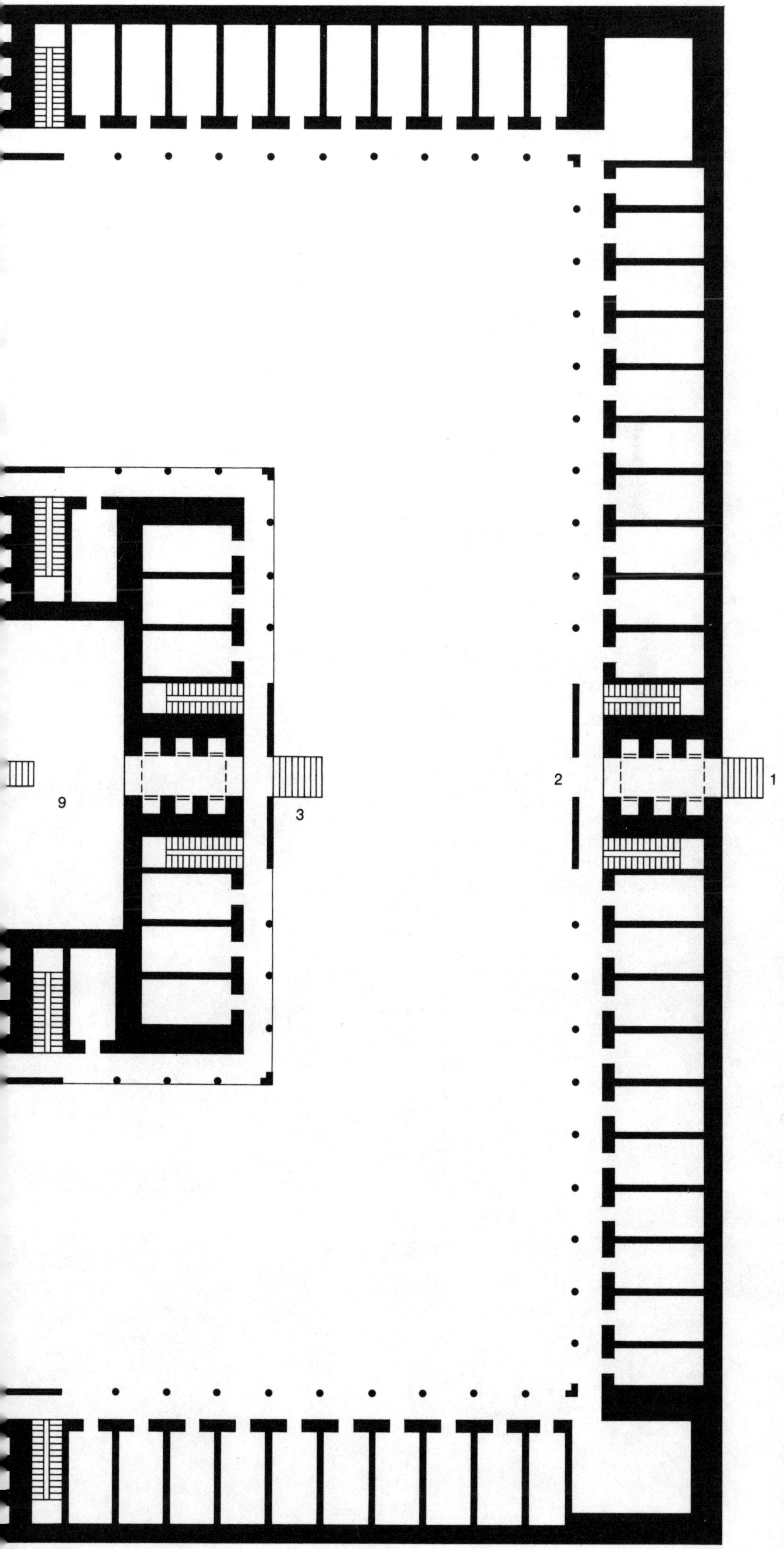
1
2
3
9

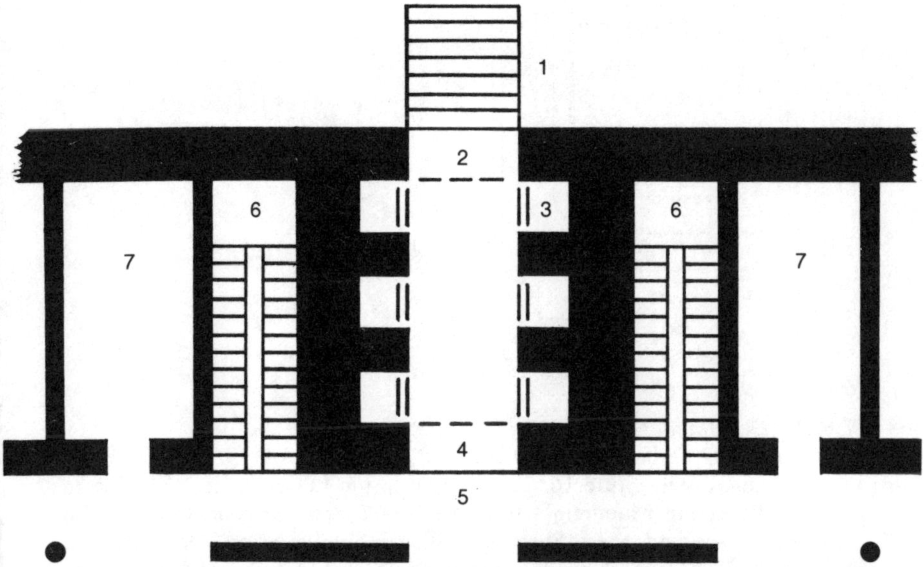

Abb. 2 *Äußeres Osttor* (40⁶⁻¹⁶)
1. Toraufgang über 7 Stufen (40^6.26). – 2. Äußere Schwelle (40^6). – 3. Torkammer; je 3 baugleiche Kammern zu beiden Seiten des Durchgangs (40^10; vgl. Abb. 3). – 4. Innere Schwelle (40^6). – 5. Vorhalle. – 6. Stiegenaufgänge zu den *lškwt*-Fluchten. – 7. (Vermutlich) dreistöckige *lškwt*-Flucht von je 10 Räumen zu beiden Seiten des Torbaus (40^17).

Abb. 3 *Torbau von Hazor*
Das sog. »salomonische« (Y. Yadin, Hazor, 1976, 195) Stadttor mit Kasematte der Schicht X von Hazor; Achsenlängsmaß: 20,30 m, Außenbreite: 18,20 m, Durchgangsbreite: 4,20 m. Gesamtmaße des Tores sowie Anzahl und Größe der Kammern entsprechen in etwa dem ez. Osttor (vgl. Abb. 2). Die über die Kasematte hinausragenden Wehrtürme entfallen beim Tempeltor.

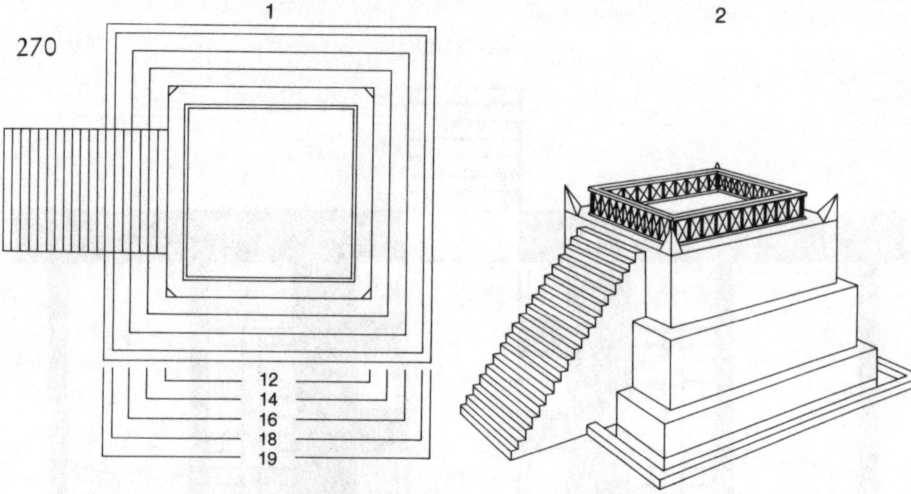

Abb. 4 *Der Brandopferaltar* (43[13–17])

1. Grundriß: Opferherd (oberste Stufe) 12 × 12 Ellen (43[16]), mittlere Stufe 14 × 14 Ellen, untere Stufe 16 × 16 Ellen, ringsum führende, je 1 Elle breite und tiefe Rinne mit Mauereinfassung (43[13]). – 2. Seitenansicht: untere Stufe 2 Ellen, mittlere und obere Stufe je 4 Ellen Höhe bei einer Verjüngung je Stufe von 1 Elle. Deutlich sichtbar die 4 Hörner des Opferherds (43[15]). Über den Stufenaufgang gibt es keine Angabe.

Abb. 5 *Babylon*

Rekonstruktion des Stadtkerns von W gesehen. Vorne der Eufrat, daran angrenzend die Stadtmauer, dahinter die Mauer des Temenos. Links die Zikkurat Etemenanki, rechts der Marduk-Tempel Esagila. Im Hintergrund die östliche Temenosmauer, die Stadt und deren östliche Mauer.

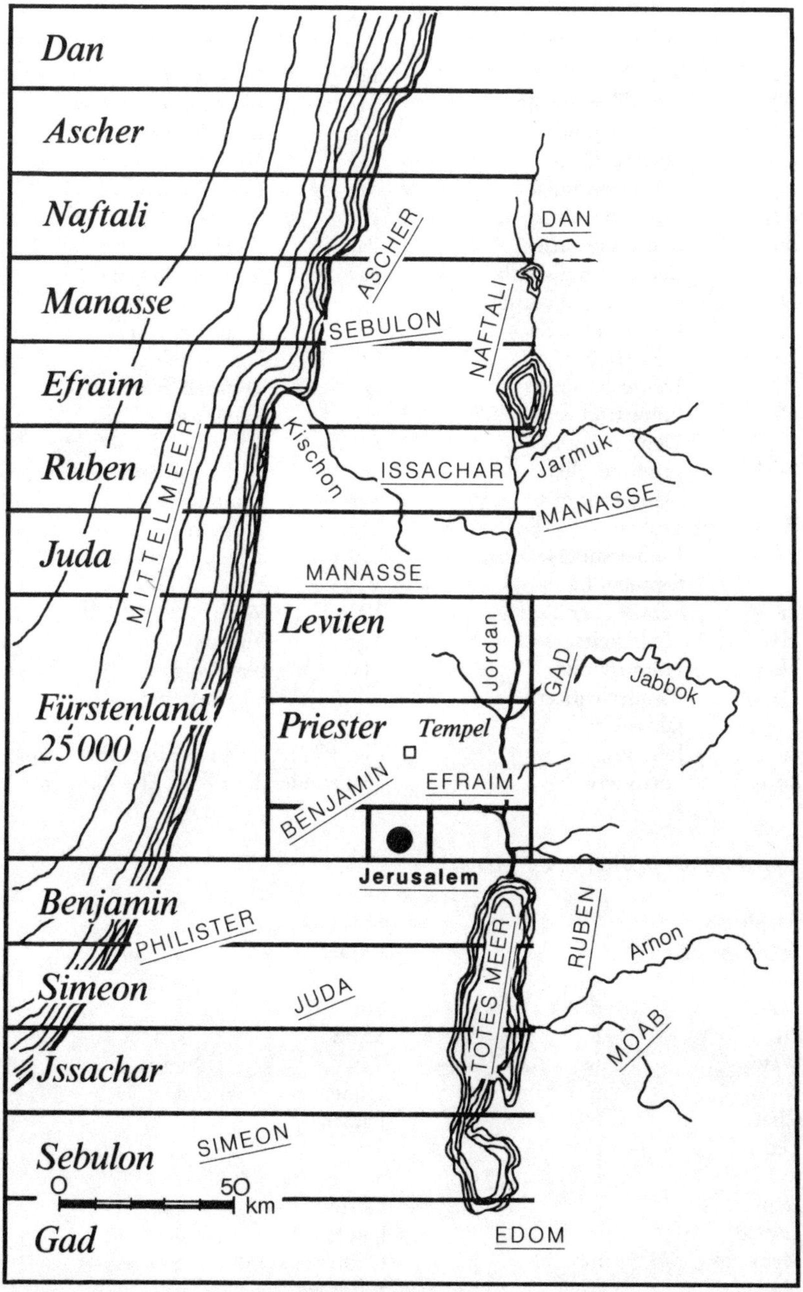

Abb. 6 *Neuverteilung des Landes* (47^{13}–48^{29})
Projektion der ez. Landverteilung auf eine Karte mit der ursprünglichen Lage der Siedlungsgebiete der israelitischen Stämme. Die stark vereinfachte und in ihren Proportionen nicht realisierbare Darstellung läßt das rein theologische Anliegen der Neuverteilung jedoch deutlich werden.

ABKÜRZUNGEN

Aq	Aquila
AT	Altes Testament
atl	alttestamentlich
chr/chron	chronistisch
D	Deuteronomist
diff	im Unterschied zu
dtn	deuteronomisch
dtr	deuteronomistisch
Dtr	Deuteronomistisches Geschichtswerk
DtrH	historischer Deuteronomist
DtrN	nomistischer Deuteronomist
DtrP	prophetischer Deuteronomist
E	Elohist
EÜ	Einheitsübersetzung
G	Septuaginta
H	hebräischer Text
HG	Heiligkeitsgesetz
Hier	Hieronymus
Hs(s)	Handschrift(en)
J	Jahwist
Je	Jehowist
korr	korrigiert
La	Vetus Latina
M	Masoretischer Text
Mur	Murabba^{c}at
NT	Neues Testament
ntl	neutestamentlich
P	Priesterschrift
Par	Parallele
par	parallele Stellen
Pg	Priesterschrift, Grundschicht
Pt	Pentateuch
Q	Qumran-Hss
R	Redaktor
S	Syrische Übersetzung
Sm	Pt der Samaritaner
Sym	Symmachus
T	Targum
Th	Theodotion
V	Vers
VV	Verse
Vg	Vulgata
NVg	Neo-Vulgata
Übs(s)	Übersetzung(en)

( ) erklärender Zusatz des Übersetzers
[ ] unechter Text bzw. alte Zusätze

Umschrift der hebräischen Lautzeichen

Aleph	’
Bet	b
Gimel	g
Dalet	d
He	h
Waw	w
Zajin	z
Chet	ḥ
Tet	ṭ
Jod	j
Kaph	k
Lamed	l
Mem	m
Nun	n
Samek	s
Ajin	‘
Pe	p bzw. f
Sade	ṣ
Qoph	q
Resch	r
Sin	ś
Schin	š
Taw	t
Qames	ā
Patach	a
Sere	e, ē
Segol	æ
Chireq	i, ī
Cholem	o, ō
Qames chatuph	ò
Schureq	ū
Qibbus	u
Sch^{e}wa mobile	e (hochgestellt)
Chateph	a, æ, o (hochgestellt)

Bei Randverweisen am Bibeltext:

‖	zeigt Parallelstellen an
+	gibt die Grundstelle oder Stellen an, wo wichtige Begriffe erläutert werden.
↗	verweist auf abhängige, insbesondere ntl Stellen.

Handbücher, Sammelwerke, Zeitschriften

AfO	Archiv für Orientforschung
AJBI	Annual of the Japanese Biblical Institute
AnBib	Analecta biblica
AncB	Anchor bible
ANEP	Ancient Near East in pictures relating to the OT
ANET	Ancient Near Eastern texts relating to the OT
AOB	Altorientalische Bilder zum AT
AOAT	Alter Orient und AT
AOT	Altorientalische Texte zum AT
APOT	Apocrypha and pseudepigrapha of the OT in English
ATD	Das Alte Testament Deutsch
AThANT	Abhandlungen zur Theologie des AT und NT
ATSAT	Arbeiten zu Text und Sprache des AT
AzTh	Arbeiten zur Theologie
BA	Biblical archaeologist
BAC	Biblioteca de autores cristianos
BAT	Die Botschaft des Alten Testaments
BASOR	Bulletin of the American Schools of Oriental Research
BBB	Bonner biblische Beiträge
BBC	Broadman bible commentary London
BET	Beiträge zur biblischen Exegese und Theologie
BC	Biblischer Commentar über das AT
BEThL	Bibliotheca ephemeridum theologicarum Lovaniensium
BEvTh	Beiträge zur evangelischen Theologie
BHBib	Bibliotheca hispana biblica
BhG	Bibelhilfe für die Gemeinde
BHTh	Beiträge zur historischen Theologie
Bib	Biblica
Bib Li	Biblia e Liturgia
BibOr	Biblica et orientalia
BibTh	Biblical theology
BiJer	La Bible de Jérusalem
BiKi	Bibel und Kirche
BiNo	Biblische Notizen
Bi OR (P)	Bibliothè Orientale. Paris
BJRL	Bulletin of the John Rylands library
BK	Biblischer Kommentar
BOT	Boeken van het OT
BS	Bibliotheca sacra
BSt	Biblische Studien
BVC	Bible et vie chrétienne
BWANT	Beiträge zur Wissenschaft des AT und NT
BZ	Biblische Zeitschrift
BZAW	Beihefte zur Zeitschrift für die alttestamentliche Wissenschaft
CAT	Commentaire de l'Ancien Testament
CBC	Cambridge bible commentary
CBQ	Catholic biblical quarterly
CNEB	Cambridge bible commentary, on the New English Bible
ConBib	Connaître la bible
Conc	Concilium
COT	Commentaar op het OT
CP	Classical philology
CSS	Cursus scripturae sacrae
CTA	Herdner, A.: Corpus des tablettes en cunéiformes alphabétiques découvertes à Ras Shamra – Ugarit de 1929–1939
CTM	Concordia theological monthly
DBS	Dictionnaire de la bible, Supplément

EB	Die Heilige Schrift in deutscher Übersetzung. »Echter Bibel«
EBiC	Everyman's bible commentary
EdF	Erträge der Forschung
EHAT	Exegetisches Handbuch zum AT
EHS	Einleitung in die Heilige Schrift
EHS.T	Europäische Hochschulschriften. Reihe 23: Theologie
EJ	Encyclopaedia Judaica
EPC	Epworth preachers commentaries
ESt	Eichstätter Studien
EtB	Etudes bibliques
EThL	Ephemerides theologicae Lovanienses
ET(h)R	Études théologiques et religieuses
EThSt	Erfurter theologische Studien
EvErz	Evangelische Erziehung
EvTh	Evangelische Theologie
ExBib	Exempla biblica
FRLANT	Forschungen zur Religion und Literatur des AT und NT
FThSt	Freiburger theologische Studien
FzB	Forschung zur Bibel
GeiS	Geistliche Schriftlesung
GTA	Göttinger Theologische Arbeiten
HAT	Handbuch zum AT
HBK	Herders Bibelkommentar
HK	Handkommentar zum AT
HSAT	Die Hl. Schrift des AT, hrsg. v. Franz Feldmann, Heinrich Herkenne
HSM	Harvard Semitic monographs
HThR	Harvard theological review
HUCA	Hebrew union college annual
ICC	International critical commentary of the Holy Scriptures
IEJ	Israel exploration journal
IntB	Interpreter's bible
Interp	Interpretation
IOVC	Interpreter's one volume commentary on the bible
JBL	Journal of biblical literature

JLW	Jahrbuch für Liturgiewissenschaft
JQR	Jewisch quarterly review
JSHRZ	Jüdische Schriften aus hellenistisch-römischer Zeit
JSJ	Journal for the study of Judaism
JSOT	Journal for the study of the OT
JThS	Journal of theological studies
KAI	Kanaanäische und aramäische Inschriften
Kairos	Kairos
KAT	Kommentar zum AT
KatBl	Katechetische Blätter
KBL	Köhler, L., u. Baumgartner, W., Lexicon in Veteris Testamenti libros
KEH	Kurzgefaßtes exegetisches Handbuch
KHC	Kurzer Hand-Commentar zum AT
KK	Kurzgefaßter Kommentar zu den Heiligen Schriften AT und NT
KKHS	Kleinkommentare zur Heiligen Schrift
KlBl	Klerus-Blatt
KT	Kaiser Traktate
LBC	Layman's bible commentary
LebW	Das lebendige Wort
LebZeug	Lebendiges Zeugnis
LeDiv	Lectio Divina
MSSOTS	Monograph Series. Society for OT Studies Cambridge
MThZ	Münchener theologische Zeitschrift
NCeB	New century bible
NCeBC	The New Century bible commentary
NEB	Die Neue Echter Bibel
NICOT	New international commentary of the OT
OBL	Orientalia et biblica Lovaniensia
OBO	Orbis Biblicus et Orientalis
Or	Orientalia
OTL	Old Testament library
OTS	Oudtestamentische studiën
PBiS/OT	Pamphlet Bible Series/ Old Testament
PC	Proclamation commentaries
PEQ	Palestine exploration quarterly
PreOT	Prediking van het OT
QuadSem	Quaderni di Semistica

RB	Revue biblique
RGG	Religion in Geschichte und Gegenwart
RHPhR	Revue d'histoire et de philosophie religieuses
RivBib	Rivista biblica
RSR	Recherches de science religieuse
SacP	Sacra Pagina
Sal	Salesianum
SAT	Schriften des Alten Testaments in Auswahl
SB (F)	Sacra bibbia. Florenz
SB (T)	Sacra bibbia. Turin
SBB	Stuttgarter biblische Beiträge
SBi	Sources bibliques
SBL, DissSer	Society of biblical literature, Dissertation Series
SBS	Stuttgarter Bibelstudien
SBT	Studies in biblical theology
SHAW	Sitzungsberichte der Heidelberger Akademie der Wissenschaften
SJTh	Scottish journal of theology
SKKAT	Stuttgarter Kleiner Kommentar AT
SSN	Studia Semitica Neerlandica
StANT	Studien zum AT und NT
StTh	Studia theologica
Tarb	Tarbiz
TB	Theologische Bücherei
TGI	Textbuch zur Geschichte Israels
THAT	Theologisches Handwörterbuch zum AT
ThBib	Theologische Bibliothek
ThGl	Theologie und Glaube
ThLZ	Theologische Literaturzeitung
ThPh	Theologie und Philosophie
ThQ	Theologische Quartalschrift
ThR	Theologische Rundschau
ThRv	Theologische Revue
ThSt	Theologische Studien
ThStKr	Theologische Studien und Kritiken
ThV	Theologische Versuche
ThViat	Theologia viatorum
ThWAT	Theologisches Wörterbuch zum AT
ThZ	Theologische Zeitschrift
TOTC	Tyndale OT commentaries
TRE	Theologische Realenzyklopädie
TThSt	Trierer theologische Studien
TThZ	Trierer Theologische Zeitschrift
UF	Ugarit-Forschungen
UUA	Uppsala universitets årsskrift
VD	Verbum domini
VF	Verkündigung und Forschung
VSal.AT	Verbum salutis. Ancien Testament
VT	Vetus Testamentum
VTS	Vetus Testamentum Supplements
WB	Die Welt der Bibel
WMANT	Wissenschaftliche Monographien zum AT und NT
ZAW	Zeitschrift für die alttestamentliche Wissenschaft
ZBK	Zürcher Bibelkommentar
ZDMG	Zeitschrift der deutschen morgenländischen Gesellschaft
ZDPV	Zeitschrift des Deutschen Palästina-Vereins
ZkTh	Zeitschrift für kath. Theologie
ZThK	Zeitschrift für Theologie und Kirche
ZWTh	Zeitschrift für wissenschaftliche Theologie